Christiane Maier

Der Bayerische Wald *für Wandermuffel*

Gemütlich unterwegs auf leichten Touren

J. BERG

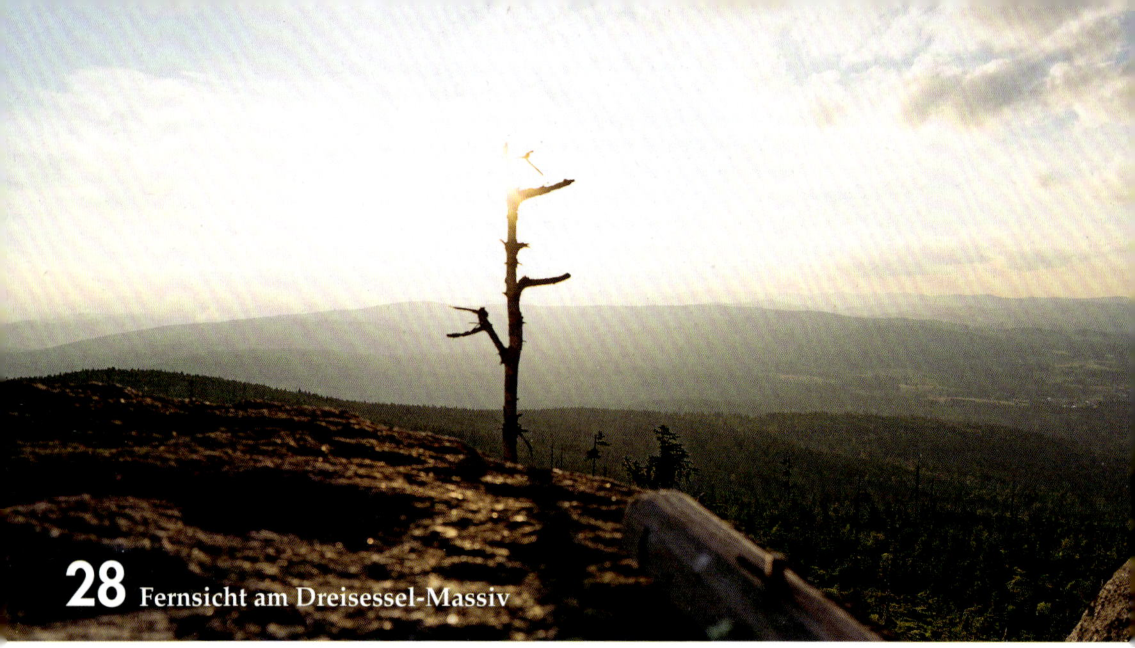

28 Fernsicht am Dreisessel-Massiv

Inhalt

Straubing-Bogen/St. Englmar 58

Naturpark Oberer Bayerischer Wald 76

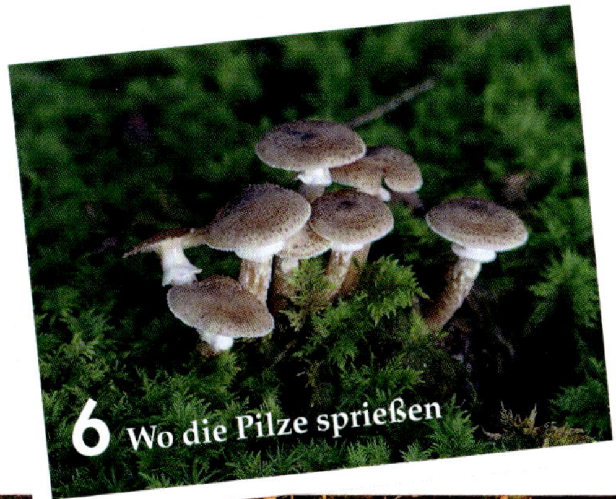

6 Wo die Pilze sprießen

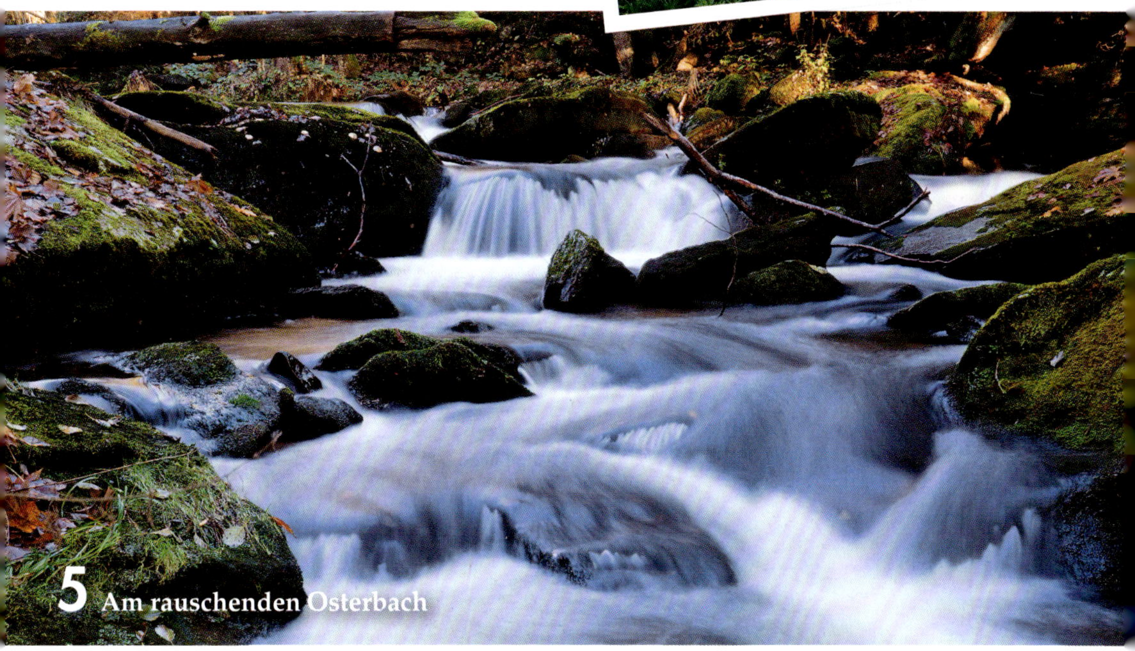

5 Am rauschenden Osterbach

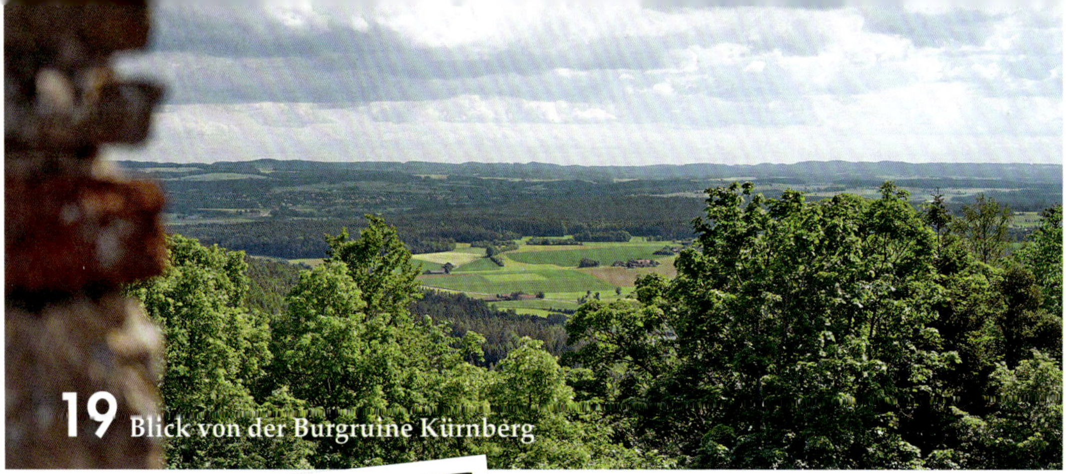

19 Blick von der Burgruine Kürnberg

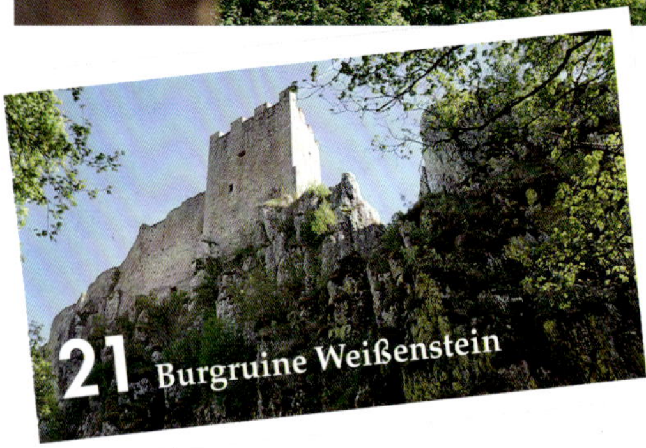

21 Burgruine Weißenstein

Tourenüberblick

Tour			km	Hm	🕒	🍴	☺	🏛	❄	☼	🌳	≈	🚌
1	●	Künstlersteig Neuburg am Inn	4,5 km	235 Hm	1.30 Std.	•	•	•			•		•
2	●	LIFE-Naturwaldweg Donauleiten	6,0 km	310 Hm	2.25 Std.	•	•			•	•		•
3	●	Englburg und Dreiburgensee	5,6 km	230 Hm	1.50 Std.		•	•		•	•	•	•
4	●	Am Ebenstein	4,1 km	240 Hm	1.25 Std.	(•)	•				•		•
5	●	Eidenberger Lusen und Bärnloch	5,7 km	210 Hm	1.55 Std.		•				•		•
6	●	Bernrieder Rundwanderweg	5,2 km	250 Hm	1.45 Std.	•	•		•	•	•		•
7	●	Naturerlebnispfad und Feng-Shui Kurpark	4,3 km	120 Hm	1.20 Std.	•	•			•	•	•	•
8	●	GEHsundheitsweg Rusel	3,4 km	120 Hm	1 Std.		•				•		•
9	●	Büchelsteinerrunde	6,0 km	305 Hm	2 Std.						•		•
10	●	Brotjacklriegel und Turmstüberl	5,9 km	310 Hm	2 Std.	•	•				•		•
11	●	Auf zur Käsplatte	6,9 km	260 Hm	2.15 Std.					•	•		•
12	●	Flussromantik im Perlbachtal	3,7 km	115 Hm	1.15 Std.	•	•	•			•		•
13	●	Unterwegs im Vilsmoos	8,9 km	195 Hm	2.45 Std.	•	•			•	•		•
14	●	Nagelsteiner Wasserfälle	4,9 km	200 Hm	1.45 Std.	•	•				•		•
15	●	Gallnerberg bei Konzell	6,7 km	260 Hm	2.20 Std.	•	•	•		•	•		•
16	●	Panoramaweg Lam	8,7 km	340 Hm	2.35 Std.	•	•		•	•	•		•
17	●	Großer und Kleiner Riedelstein	9,5 km	490 Hm	3.30 Std.	•					•		
18	●	Drachensee und Bayernwarte	9,4 km	360 Hm	3.15 Std.	•	•			•	•	•	•
19	●	Burgruine Kürnberg	1,6 km	85 Hm	0.50 Std.		•	•			•		•
20	●	Kirnstein- und Grottenweg	3,5 km	155 Hm	1.10 Std.	(•)	•				•		•
21	●	Burglehrpfad Weißenstein	1,1 km	30 Hm	0.20 Std.	•	•	•	•		•		•
22	●	Patersdorfer Panoramablick	4,2 km	150 Hm	1.20 Std.	•	•				•		•
23	●	Flusswanderung Schnitzmühle	8,9 km	280/305 Hm	3.10 Std.	•	•				•		•
24	●	Bier-Ge(h)nuss	9,3 km	210/290 Hm	3 Std.	•	•	•		•	•		•
25	●	Wanderung zum Hochfall	4,3 km	200 Hm	1.35 Std.		•				•		•
26	●	Barrierearme Runde an der Ilz	4,1 km	90 Hm	1 Std.	•	•		•		•		•
27	●	Mystische Martinsklause	4,4 km	155 Hm	1.30 Std.	•	•				•		•
28	●	Dreisessel über das Steinerne Meer	8,8 km	295 Hm	3 Std.	•	•			•			•
29	●	Nationalpark-Wanderung Rachelsee	7,9 km	355 Hm	2.30 Std.	•					•		•
30	●	Saußbachklamm in Waldkirchen	5,4 km	115 Hm	1.35 Std.	•	•			•	•		•

Vorwort

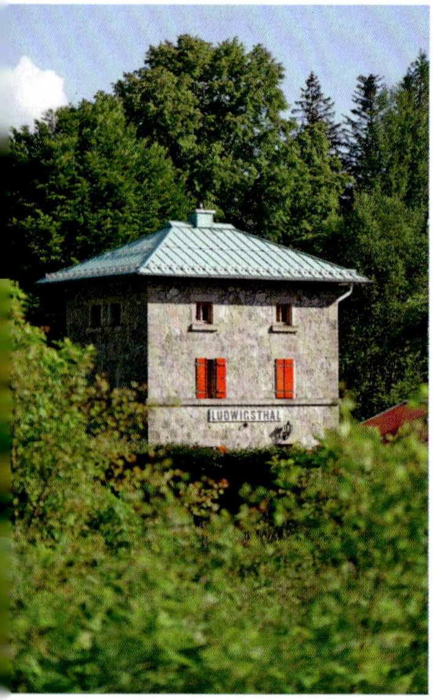

Aussicht auf Baudenkmal: ehemaliges dreigeschossiges Wasserhaus der früheren Bahnhaltestelle Ludwigsthal (Tour 24)

Kurz und erlebnisreich! Der Bayerische Wald gilt mit dem »Goldsteig« – dem längsten und vielfältigsten Wanderweg Deutschlands – als Eldorado für Outdoor-Enthusiasten. Und nun sollen Wandermuffel angelockt werden?

Na ja, die kleinen Dinge machen das Leben oft erst großartig und das schließt das Wandern per se nicht aus. Es zählen nicht nur ambitioniert zurückgelegte Höhenmeter und Kilometer, sondern vor allem das Eintauchen in die außergewöhnliche und wilde Schönheit unserer Natur. Ein leises Plätschern des Bachs, blitzende Sonnenstrahlen zwischen gigantischen Fichten oder wabernde Nebelschwaden über dem friedlichen Moor. All die einzigartigen Momente nimmt man doch viel bewusster ohne körperliche Höchstleistung wahr. Obwohl ich kein Wandermuffel bin, erkunde ich gerne die kurzen und häufig unbekannteren Wanderrouten in meiner Heimat. Im Alltag bleibt kaum Raum für lange Tagestouren und als Urlauber soll schließlich die Erholung nicht zu kurz kommen.

Der Bayerische Wald beeindruckt mit einer einzigartigen Landschaftskulisse und wohlbehüteten Naturschutzgebieten. Er ist ein Relikt eines 600 Millionen Jahre alten Riesengebirges, geprägt von Felsformationen aus Gneis, Granit und Glimmer. Wer sich auf das Abenteuer Bayerischer Wald einlässt, läuft im Sommer größtenteils auf schattigen, geheimnisvollen Pfaden dichter Bergmischwälder und wird gleichzeitig mit herrlichen Fernsichten überrascht. Abwechslungsreich zeigt sich das Landschaftsbild dank romantischer Flüsse, mystischer eiszeitlicher Karseen sowie stiller Klausen.

Mit einer Gesamtfläche von 6000 km² bildet die Region zusammen mit dem benachbarten Böhmerwald das größte zusammenhängende Mittelgebirge Europas. Nicht umsonst wird sie in Werbebroschüren und Magazinen mit dem klangvollen Namen »Grünes Dach Europas« geschmückt. Unverwechselbar ist das ungestüme Gesicht des Nationalparks Bayerischer Wald. Der älteste Nationalpark in Deutschland bietet Kraftorte der besonderen Art. »Natur Natur sein lassen« – unter diesem Leitsatz wird das Areal auch nach verheerenden Stürmen oder Borkenkäferbefall weitgehend sich selbst überlassen. Ziel ist es, das wertvolle Naturerbe für die nachfolgenden Generationen zu schützen. Zu den Schätzen des Nationalparks zählen u. a. Hochwälder aus Fichten, Buchen und Tannen. Die Schachten, welche in früheren Zeiten zur Viehweide genutzt wurden, bilden Kontraste durch weitgehend baumfreie, grüne Inseln. Moore und echte Urwaldbestände finden sich eingebettet zu Füßen der Gipfel Großer Rachel und Falkenstein.

Wer heimische Tiere wie Luchs, Wolf oder Auerhuhn in artgerechter Umgebung beobachten möchte, kann dies in einem der beiden Tierfreigelände der Nationalparkzentren Lusen oder Falkenstein erleben. Alle im Buch beschriebenen Entdeckertouren sind weniger als zehn Kilometer lang und bieten somit viel Zeit, um auf Gipfeln, Rastbänken, See- oder Flussufern längere Pausen zum Verweilen und Genießen einzulegen. Um Wandermuffel zu motivieren, enthalten die Strecken stets eine Art kleine Belohnung für den Fußmarsch. Manchmal ist es eine herrliche Panoramaaussicht, eine ausgefallene Einkehrmöglichkeit, prächtige Burgen oder spielerische Naturlehrpfade für Kinder. Neben ein paar populären Highlight-Wanderungen werden im Buch mehrheitlich ruhige und weniger touristische Routen vorgestellt. Die Auswahl der 30 Touren verteilt sich über den gesamten Bayerischen Wald mit Einteilung in die sechs großen Ferienregionen. Sie führen den Besucher nicht nur durch den Wald, sondern auch immer wieder durch idyllische Dorfstraßen. Wer nicht genug von der Natur im Bayerischen Wald bekommen kann, findet im Buch die ein oder andere Verlängerungsoption.

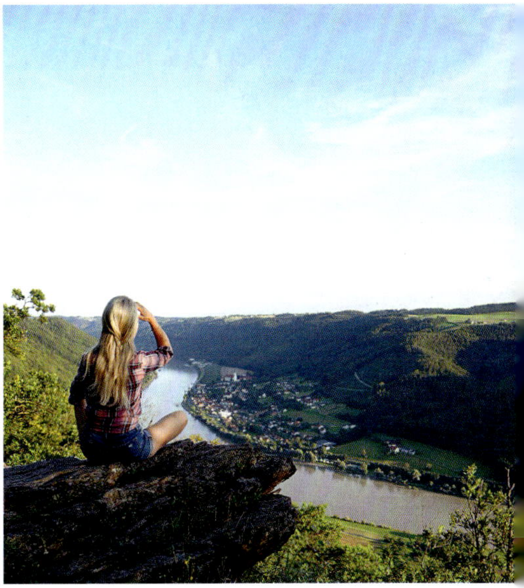

Grenzenlose Weitblicke am Ebenstein (Tour 4)

Egal ob Wandermuffel oder nicht, ich wünsche allen großen und kleinen Abenteurern viel Spaß beim Entdecken der gemütlichen Wanderungen.

Herzlichst Eure

Christiane Maier

Einleitung

Anreise

Die meisten Startpunkte der Wanderungen lassen sich am einfachsten und bequemsten mit dem Auto erreichen. Bei manchen Touren im Nationalpark Bayerischer Wald ist je nach Uhrzeit und Jahreszeit eine weitere Kombination mit den umweltschonenden Igelbussen notwendig. Im Buch sind bei betroffenen Wanderungen entsprechende Informationen vermerkt. Ein landschaftlich reizvolles Erlebnis bietet die Fahrt mit der Waldbahn. Zwei einfache Touren werden speziell mit der Waldbahn vorgestellt. Öffentliche Verkehrsmittel wie Bahn und Bus können manchmal ebenfalls zur Anreise von Wanderungen genutzt werden, allerdings ist in kleinen Dörfern die Flexibilität extrem eingeschränkt.

Marterl und Kreuz bei Obermühlbach (Tour 14)

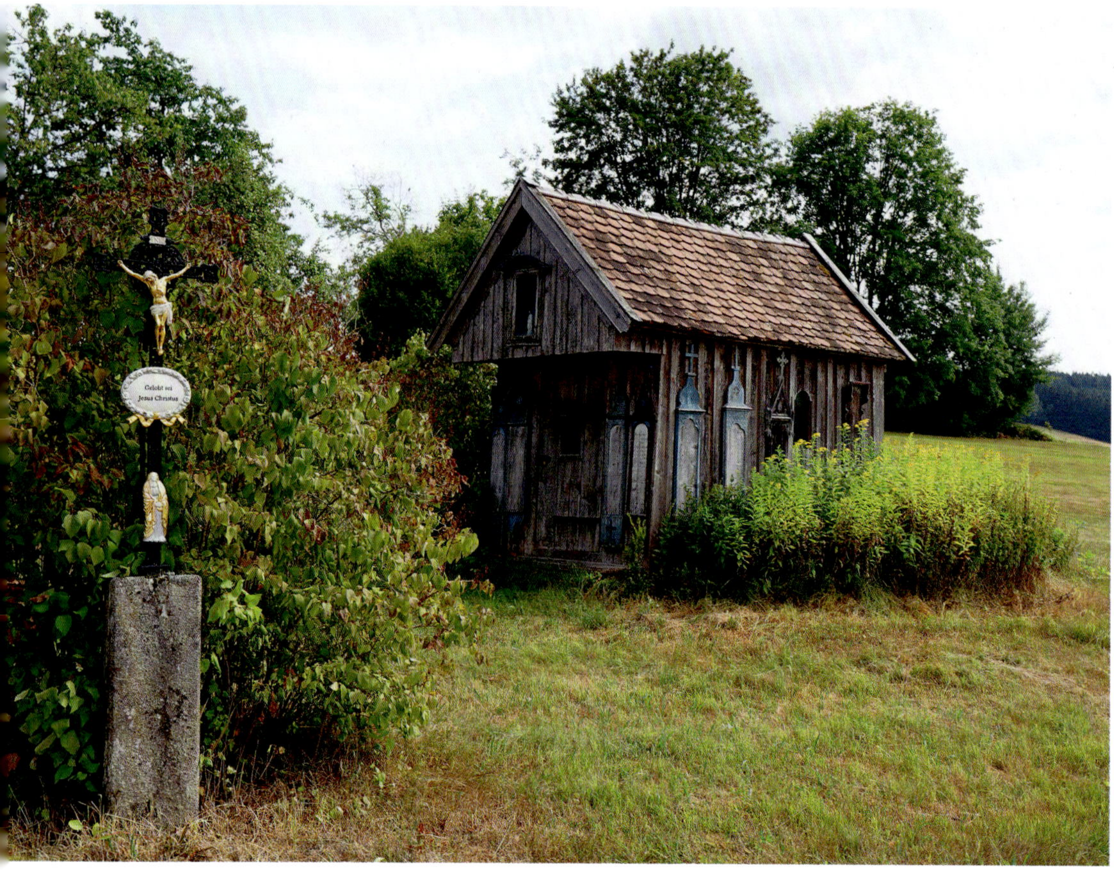

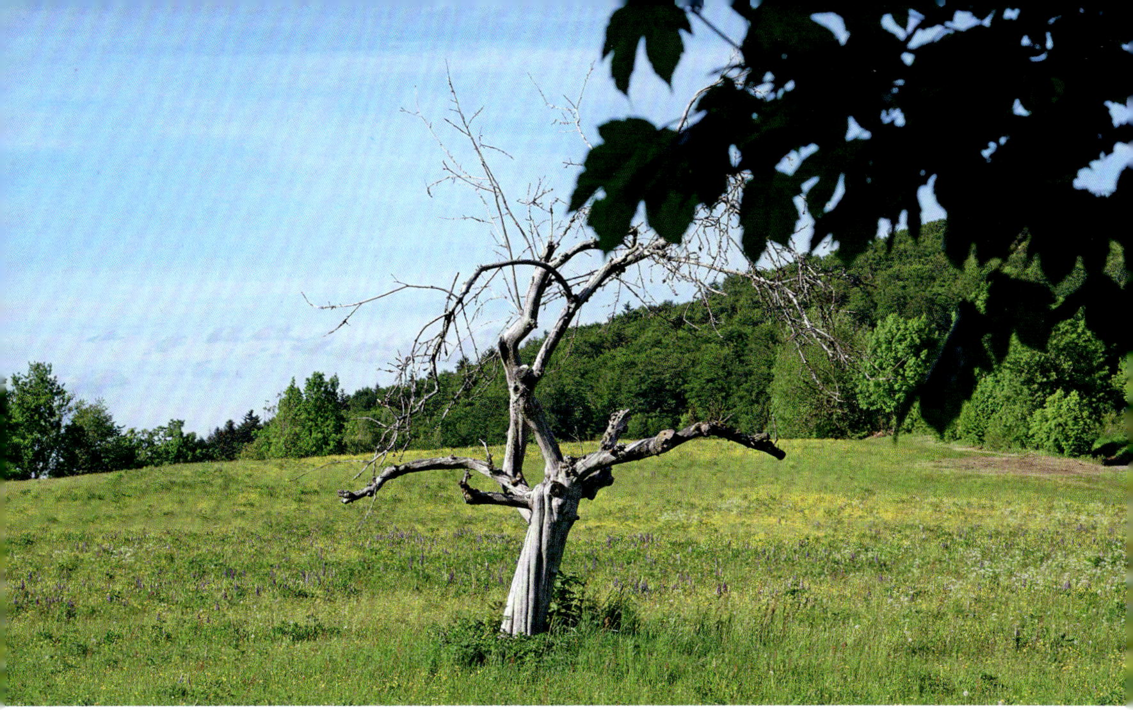

Ein Baum wie eine Skulptur (Tour 9)

Das Streckennetz der Waldbahn verkehrt zwischen den Knotenpunkten Grafenau, Spiegelau, Bodenmais, Viechtach, Zwiesel und Bayerisch Eisenstein. Für Ausflügler eignet sich das Tagesticket, Kinder dürfen kostenlos mitfahren. Wochentags ist es ab 8.00 Uhr gültig, an Wochenenden und Feiertagen ganztägig. Das Bayerwald-Ticket beinhaltet neben der Nutzung der Waldbahn zusätzlich die Busse im Landkreis Freyung-Grafenau und Landkreis Regen. Urlaubsgäste erhalten an teilnehmenden Orten in ihrer Unterkunft oder dem Hotel gratis das GUTi-Ticket (Gästeservice Umwelt-Ticket). Es ersetzt das Bayerwald-Ticket und darf für Busse und Bahnen genutzt werden.

Bahn und Bus

Weiterführende Informationen zu Abfahrplänen, Linien und Tickets für Bahn und Bus: www.bahn.de, www.länderbahn.com/waldbahn, www.bayerwald-ticket.com, www.ostbayern-tourismus.de

Ausrüstung

In den Sommermonaten können länger andauernde Hitzewellen auftreten, die nicht selten mit überraschenden Regenschauern oder Gewittern enden. Sonnenschutz und Regenjacke sollten deswegen immer im Gepäck enthalten sein. Kühlere Temperaturen oder Wind herrschen im Sommer vor allem in den Höhenlagen zur frühen Morgenstunde. Für Sonnenaufgangs-Wanderungen ist deswegen wärmende Kleidung wie ein Fleecepullover

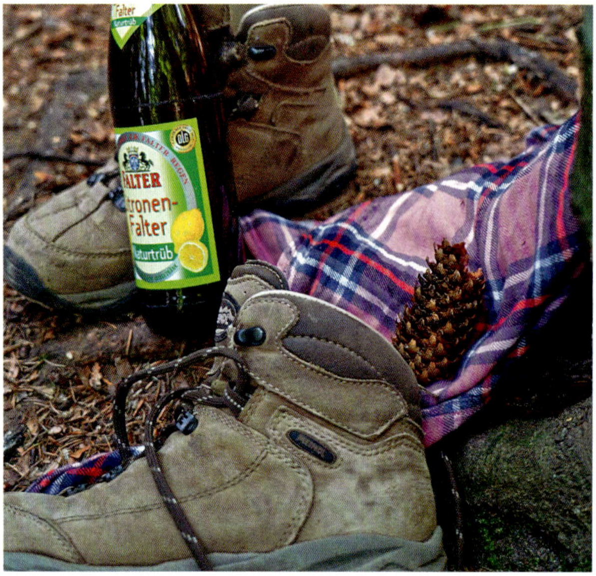

Festes Schuhwerk und Lieblingsproviant sind für jede Tour Pflicht.

oder eine winddichte Jacke zu empfehlen. Während der Übergangsmonate im Frühling und Herbst eignet sich Kleidung im Zwiebellook. Auch bei kurzen Wanderungen sollte an ausreichend Trinkwasser, Brotzeit, Notfallapotheke und ein Smartphone für Notrufe gedacht werden. Festes Schuhwerk mit gutem Profil ist im Bayerischen Wald nahezu unverzichtbar. Oftmals führen die Wege über Wurzelpfade, welche Konzentration und Trittsicherheit fordern. Bei steilen Abstiegen können Teleskopstöcke das Wandern auf felsigem Grund erleichtern.

Tourenplanung

Für ein sicheres Wandererlebnis sorgt die Tourenplanung vorab. Alle Routen wurden zum Zeitpunkt der Anfertigung des Buchs gewandert, trotzdem können Änderungen der Wege nie ausgeschlossen werden. Zusätzliche Literatur ist nicht zwingend erforderlich, Wanderkarten jedoch immer hilfreich. Für Tour 1 wird das Kompass-Karten-Set 160 (Niederbayern, 1:50 000) benötigt. Die Touren 2 bis 30 werden mit dem Kompass-Karten-Set 198 (Bayerischer Wald, 1:50 000) abgedeckt. Auch GPS genauso wie die Recherche, ob das Gelände zugänglich ist, sind zu empfehlen. Aufgrund von Unwetter oder Wegeänderungen können jederzeit Abweichungen der Routen zu den Beschreibungstexten entstehen. Informationen sind im Internet bei den entsprechenden Tourismuszentralen der Ferienregionen zu entnehmen. Bei Wanderungen mit der Waldbahn oder dem Transport durch Igelbusse bietet sich eine Kontrolle der aktuellen Abfahrtszeiten an. Änderungen können beispielsweise aufgrund von Baumaßnahmen entstehen. Auskunft geben die Websites der Fahranbieter.

Wetter

Wandern ist prinzipiell das ganze Jahr über möglich. Im Winter werden vereinzelt sogar extra Winterwanderwege ausgewiesen.

Die beste Zeit für Wanderungen ohne Einschränkungen liegt zwischen April und Oktober. Durch den Klimawandel ändert sich das Wetter jedoch zunehmend. Im Frühling und Herbst muss in den Bergen gelegentlich mit Schneefall gerechnet werden. Die Sommer können von Dauerhitze oder auch von Dauerregen geprägt sein. Bei prognostiziertem Sturm, Starkregen und Gewittern wird dringend von Wanderungen abgeraten. Aufgrund von umstürzenden Bäumen oder Steinschlag besteht bei Extremwetter Lebensgefahr. Besonders nachmittags brauen sich bei hohen Sommertemperaturen in den Bergen häufig Gewitter zusammen. Eine frühe morgendliche Startzeit ist deswegen oftmals die bessere Wahl.

Auf dem Markt existieren zahlreiche Wetter-Apps, die eine einigermaßen zuverlässige Wetterprognose zulassen. Im Buch werden Empfehlungen zur Jahreszeit abgegeben, dennoch liegt die Verantwortung in der Hand des Wanderers, sich vor jeder Tour über das Wetter zu informieren.

Notfälle

Bei einem Notfall gilt es, in erster Linie Ruhe zu bewahren und wenn möglich erste Hilfe zu leisten. Der Rettungsdienst kann per Mobilfunk erreicht werden. Die internationale Notrufnummer für Polizei, Notarzt, Feuerwehr und Bergwacht lautet 112.

Folgende Angaben werden beim Telefonat abgefragt:
- Wo ist der Unfall passiert?
- Was ist passiert?
- Wie viele verletzte Personen gibt es?
- Welche Verletzungen weisen die betroffenen Personen auf?

Im Anschluss folgen eventuell Rückfragen. Nach dem Gespräch

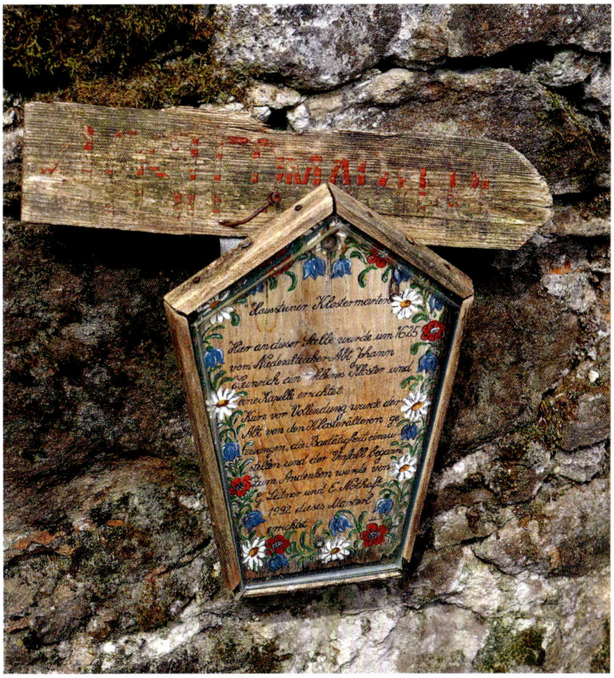

Detailreicher GEHsundheitsweg (Tour 8)

sollte das Smartphone in Betrieb bleiben und nicht telefoniert werden, damit eine Erreichbarkeit durch die Rettungskräfte gewährleistet wird.

Gefahren

Wie bereits angemerkt, birgt ein Wetterwechsel potenzielle Gefahren wie umknickende Äste, Bäume oder Steinschlag. Bei starkem Regen oder Schneeeinbruch im Frühling bzw. Herbst kann das Gelände zu einer rutschigen Angelegenheit werden. Im Falle eines drohenden Gewitters sollte wegen Blitzschlaggefahr unverzüglich der Rückweg angetreten werden. Gipfel oder wasserführende Gräben gilt es zu meiden, ebenso wie sich unter einem Baum zu platzieren. Schutz kann entweder in einer Hütte oder auf einer isolierenden Unterlage wie einem Rucksack gesucht werden. Um dem Blitz im Freien möglichst wenig Angriffsfläche zu bieten, ist die Position in Hocke mit angewinkelten Beinen besser geeignet, als stehen zu bleiben. Nicht zu unterschätzen ist die Gefahr von Zeckenstichen. Sie können Krankheiten wie FSME (Frühsommer-Meningoenzephalitis) oder Borreliose übertragen. Nach einem Stich sollte das

Aussicht bei Wiesenfelden (Tour 13)

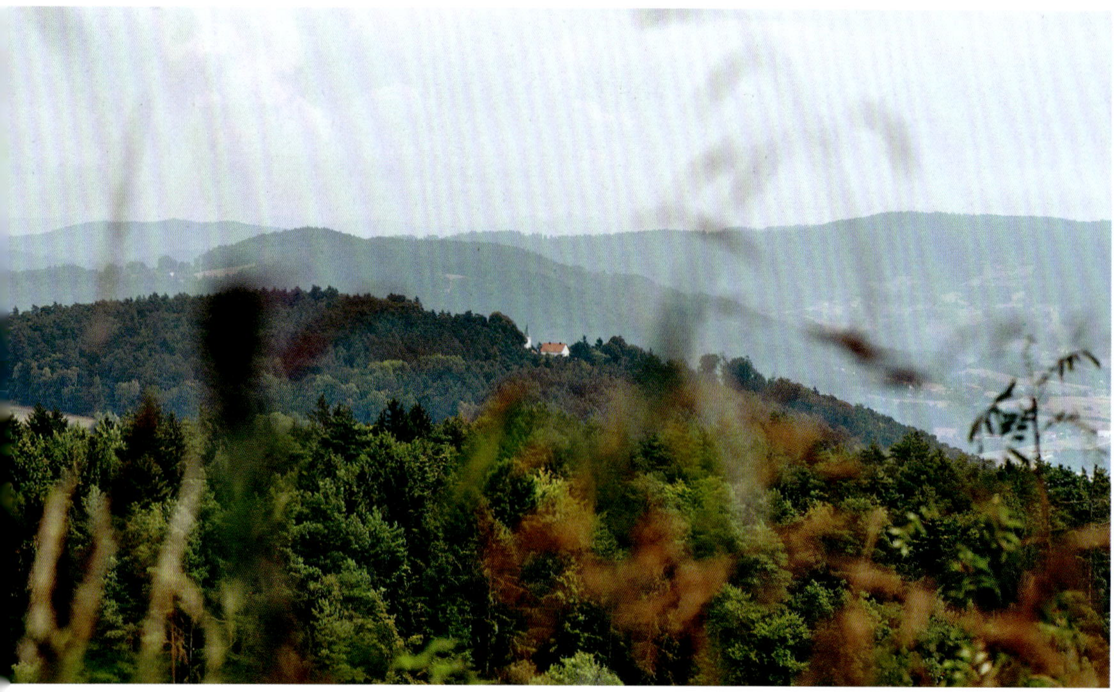

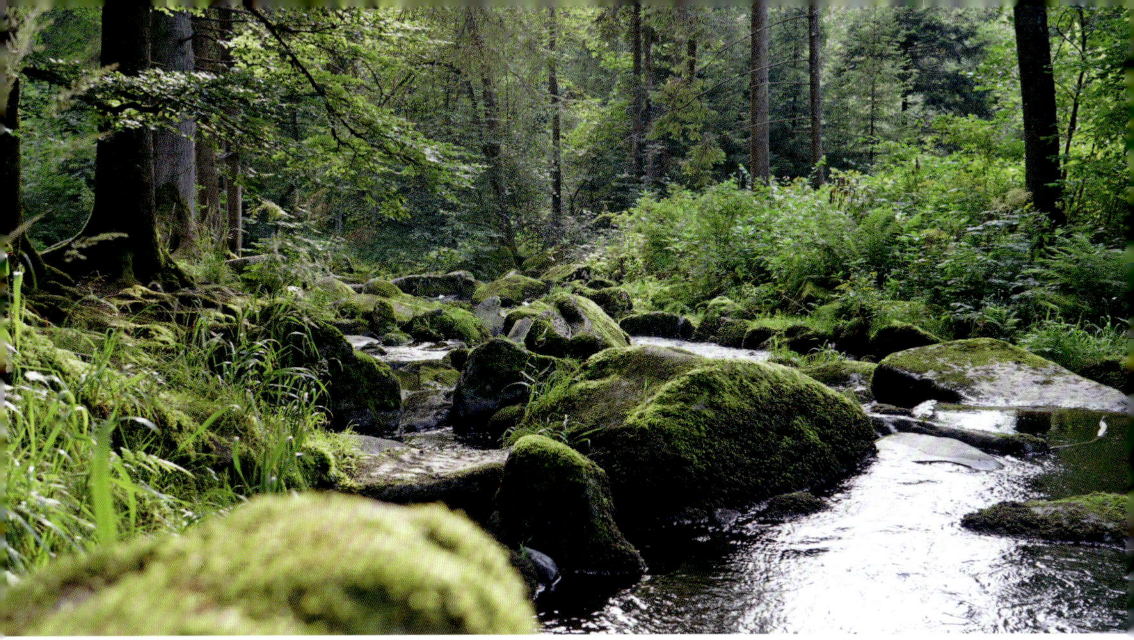

Erfrischende Saußbachklamm (Tour 30)

Tier idealerweise mit einer speziellen Zeckenpinzette entfernt werden. Nach jeder Wanderung ist es empfehlenswert, Kleidung und Körper nach Zecken abzusuchen. Vorbeugen lässt sich am besten mit speziellen Hautsprays oder dem Tragen von langer, geschlossener Kleidung. Neben Gefahren durch äußere Einflüsse sollte man auch seine eigene körperliche Verfassung und Leistungsfähigkeit einzuschätzen wissen. Im Idealfall wandert man zu zweit oder in der Gruppe. Im Notfall kann leichter Hilfe gerufen werden und Geselligkeit draußen macht zusätzlich mehr Spaß.

Umweltschutz

Im Bayerischen Wald führen die meisten Touren den Wanderer entweder durch den Nationalpark Bayerischer Wald oder durch einen der beiden Naturparks. Um Flora und Fauna zu schützen, gibt es im Kerngebiet des Nationalparks ein Wegegebot. Der Wanderer darf sich ausschließlich in dezidiert ausgeschilderten Wegebereichen bewegen. Vor allem wegen des empfindlichen Auerhuhns wurden Schutzzonen eingerichtet. Zum Erhalt der einzigartigen Natur und seltener Tiere sollten auch außerhalb des Nationalparks die markierten Wege nicht verlassen werden. Bei Wanderungen durch Dörfer gilt es, die Privatsphäre der Anwohner zu respektieren und keine fremden Grundstücke zu betreten. Selbstverständlich wird Müll wieder mit nach Hause genommen, ebenso werden die Hinterlassenschaften von Hunden durch den Wanderer ordnungsgemäß entsorgt.

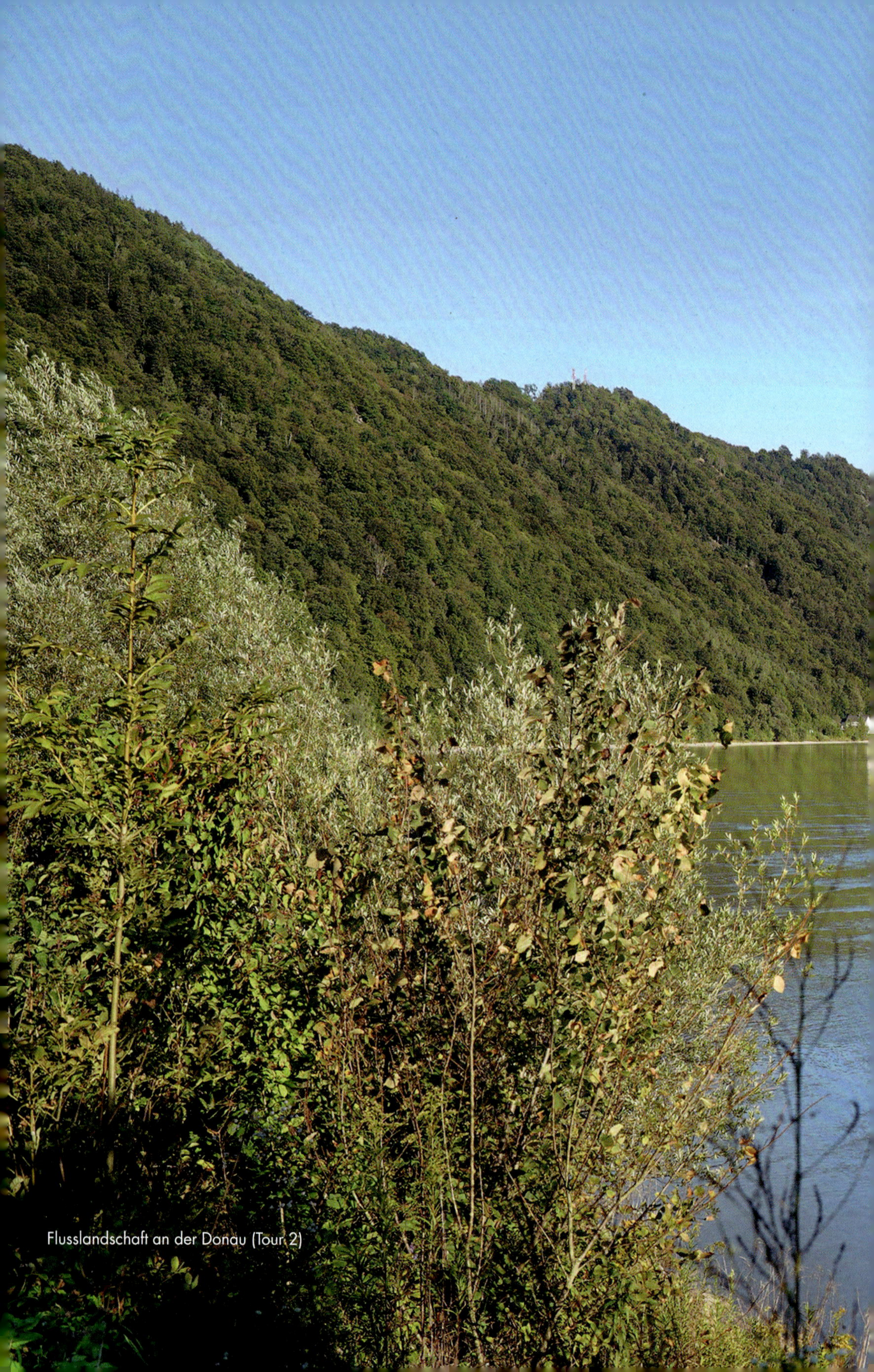

Flusslandschaft an der Donau (Tour 2)

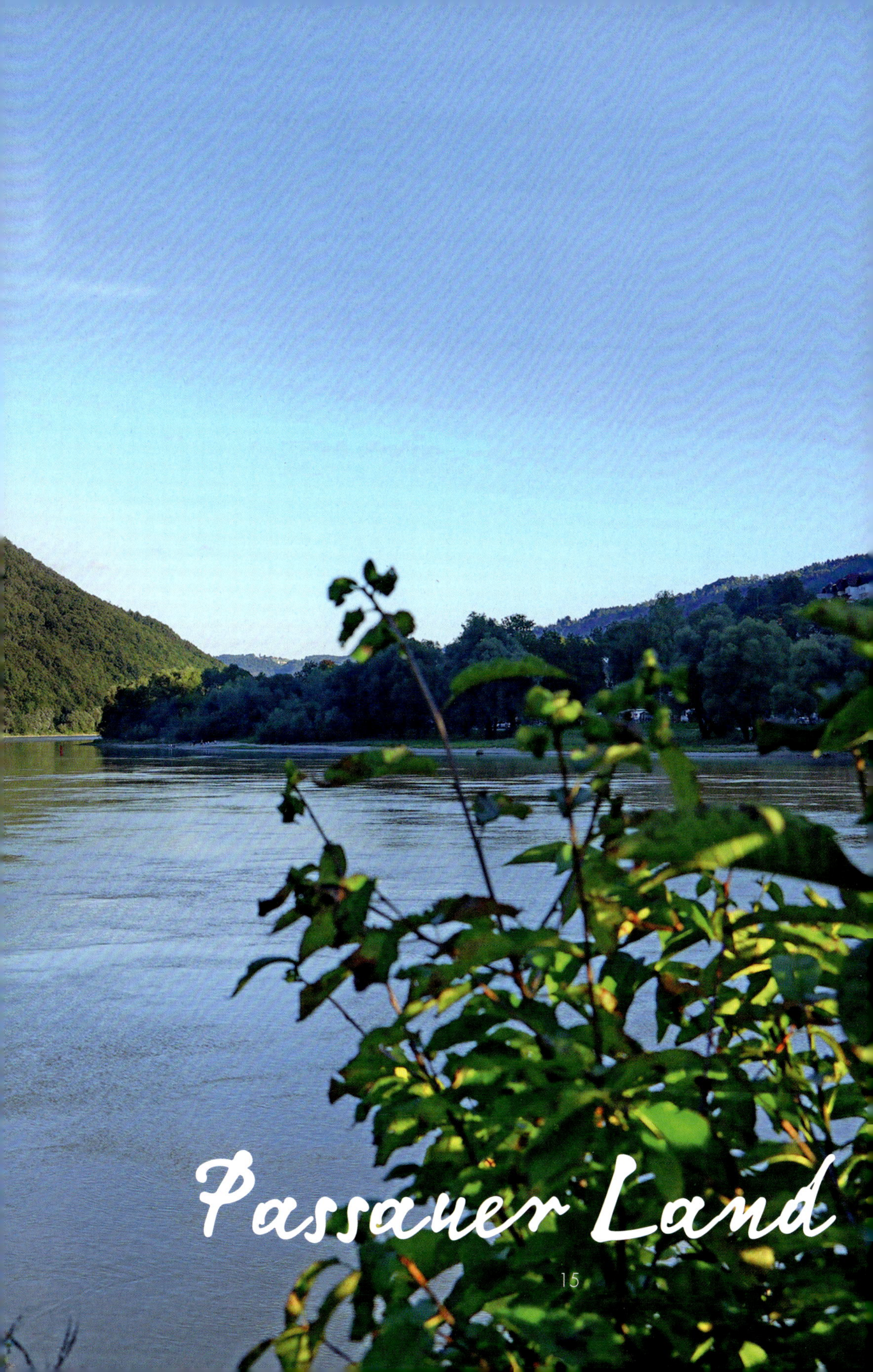

Passauer Land

1 Künstlersteig am Schloss Neuburg am Inn

Grenzenlose Flusswanderung

Mittel | 4,5 km | 235 Hm | 1.30 Std.

Tourencharakter
Leichte Rundtour mit angenehmen Wald- und Schotterwegen und tollen Flussblicken; ein kleines Stück führt auf Asphalt mit Steigung, am Ufer des Inn ebene Strecke, eher schattig.

Ausgangs-/Endpunkt
Schloss Neuburg am Inn

GPS-Daten
48.507100, 13.449380

Anfahrt
Bus: Ab Passau (6106) nach Neuburg am Inn
Auto: Von Passau auf Neuburger Straße Richtung A3 (Ausfahrt Passau Süd), ca. 800 m vor Autobahnauffahrt Passau Süd links auf St2110 (Passauer Straße) in Richtung Neuburg a. Inn; A3 Passau–Suben, Ausfahrt Passau Süd in Richtung Passau, nach ca. 800 m rechts auf St2110 (Passauer Straße) in Richtung Neuburg a. Inn; von Pocking/Schärding auf St2110 (Passauer Straße) in Richtung Passau

Einkehr
Keine auf direktem Weg, Einkehrmöglichkeiten in Neuburg am Inn

Information
www.passauer-land.de

Wandern am grünen Fluss! Der Inn ist einer der drei Hauptdarsteller der Dreiflüssestadt Passau. Am Künstlersteig wandern wir an der deutsch-österreichischen Grenze und genießen beispiellose Weitblicke bis ins österreichische Wernstein am Inn. Zu guten Aussichten kommen wir auch am Schloss Neuburg am Inn.

Kultur und Natur Los geht's direkt beim Parkplatz Schloss Neuburg am Inn. Wir halten uns rechts und wandern um das eindrucksvolle Schloss herum. Beim Blick zurück können wir es in den Frühlingsmonaten noch einmal in ganzer Pracht bestaunen. Im Sommer verdecken die Blätterdächer der Bäume weitgehend die Sicht.

Die Anfänge des Schlosses Neuburg am Inn reichen bis ins 11. Jahrhundert zurück. Erbaut wurde es von den Grafen von Formbach. Im Jahre 1158 wechselte es in den Besitz der Grafen von Andechs. Seit 1248 zählt es zum Eigentum von Bayern und wurde wegen der strategisch günstigen Lage zum Streitpunkt von Bayern und Österreich, sodass die Besitzer fortan häufig wechselten. Nach einem verheerenden Burgbrand 1810 wurde das Schloss erst 1908 durch den Bayerischen Verein für Heimatschutz und den Passauer Kunstverein wiederaufgebaut.

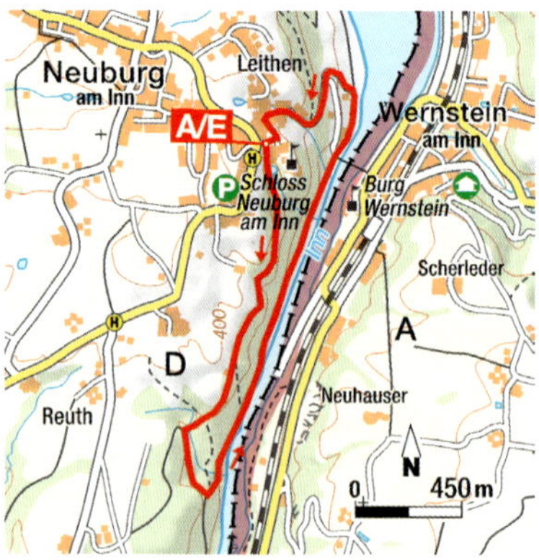

Gleich nach dem Schloss biegen wir in den beschilderten Künstlersteig ein. Der schmale Pfad lässt sich einfach begehen und führt uns zunächst durch den schattigen, grün wuchernden Wald. Nach 150 Metern sehen wir rechts eine erste kleine Felsformation und bleiben weiter auf dem Weg.

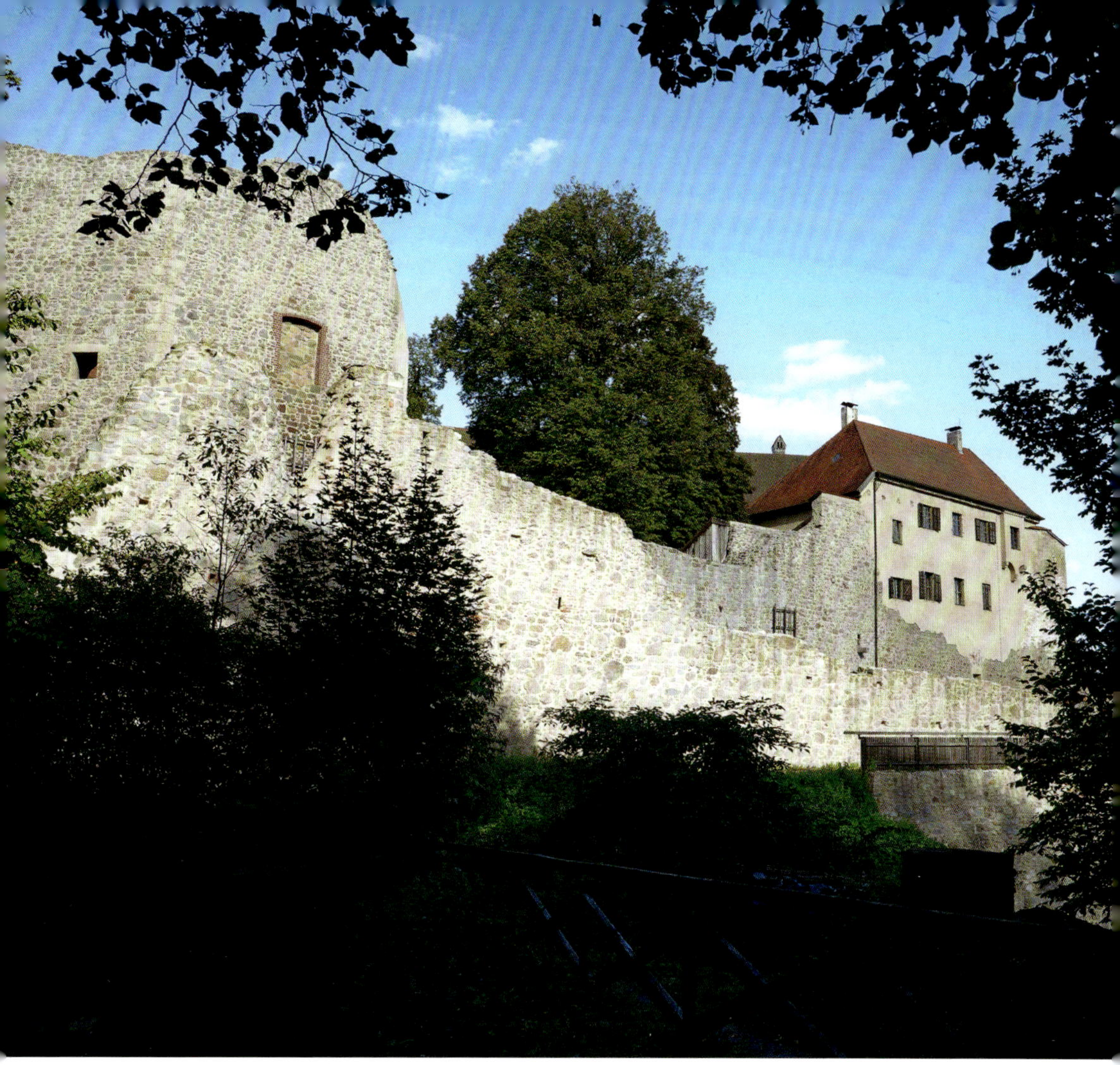

Über zwei Holzbrücken und Steinstufen setzen wir die Route mit ein wenig Steigung fort. An der nächsten Kreuzung laufen wir einfach geradeaus weiter. Nur 200 Meter danach biegen wir links ab und kommen nach Regentagen an einem kleinen glucksenden Bach vorbei.

Aussicht auf Schloss Neuburg am Inn

Flusslandschaft Inn Nun beginnt der schönste Teil der Strecke, denn der Weg führt direkt am Ufer des Inn entlang.
Der 517 Kilometer lange rechte Nebenfluss der Donau hat bereits einen langen Weg hinter sich. Er entspringt in der Schweiz im Kanton Graubünden, in der Nähe des Lunghinsees. Bei Nauders fließt der Inn nach Österreich in Tirol und passiert zwischen Erl und Kufstein die deutsch-österreichische Grenze. In Passau mündet der Inn letztendlich in die Donau. Fast helltürkis sticht

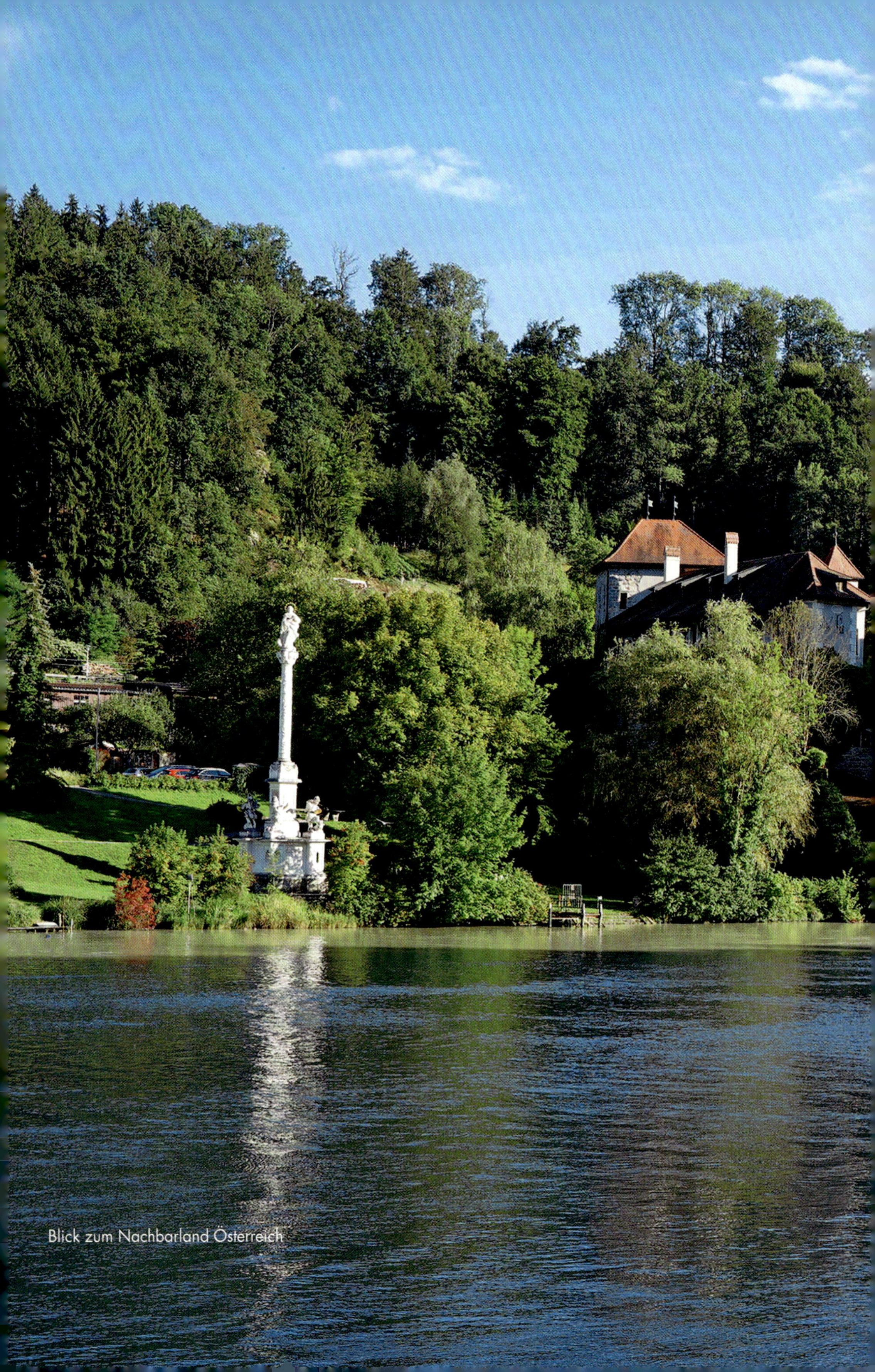

Blick zum Nachbarland Österreich

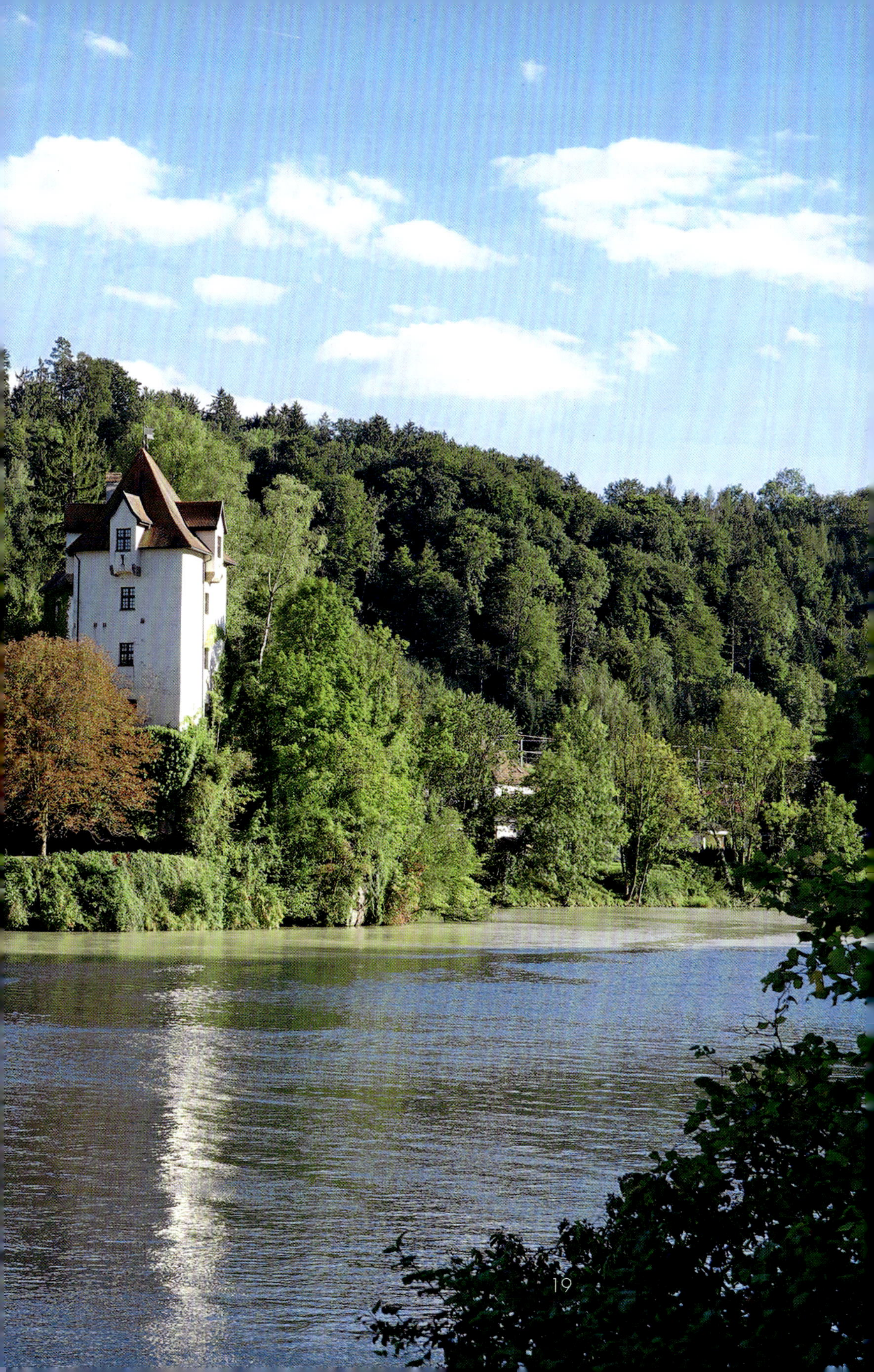

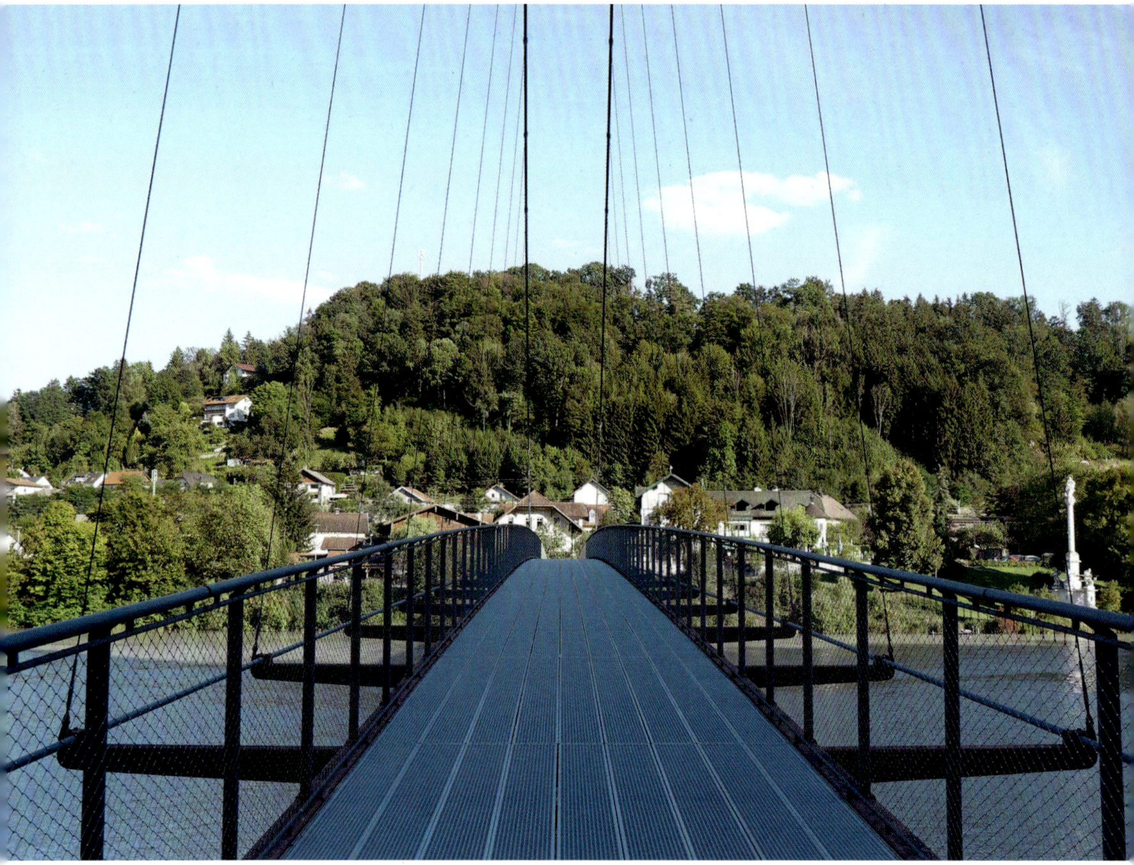

Schloss Neuburg am Inn mit Landkreisgalerie

Das Schloss Neuburg am Inn ist seit 1998 im Besitz des Landkreises Passau. Sehenswert ist das barocke »Prunkgärtl«. Im Schloss befindet sich ein Hotel, ein grenzüberschreitendes Tagungszentrum und seit 2003 die Landkreisgalerie mit Werken von lokalen und überregionalen Künstlern (Di–So 11–17 Uhr; der Eintritt für die Ausstellung im Schloss Neuburg am Inn ist kostenlos).

er besonders in den Winter- und Frühlingsmonaten hervor, wenn er von frischem Gletscherwasser gespeist wird. Während der warmen Sommermonate treten milchige Eintrübungen aufgrund von feinem Gesteinsmehl auf.

Eine Rastbank lädt zum Sitzen mit Flussblick ein. Links des Wegs türmen sich mächtige Kletterfelsen neben knorrigen Bäumen auf und zur gleichen Seite wartet eine zweite Sitzgelegenheit. Am unteren Inn befinden sich entlang des Flusslaufs insgesamt sieben Lauf- und Bewegungsstrecken und vier Bewegungsparks, sodass sich zu den Wanderern und Spaziergängern auch immer wieder Sportler gesellen, die sich an der frischen Luft auspowern. Auf ebener Strecke wandeln wir gemütlich weiter bis zur Geh- und Radwegbrücke Mariensteg. Die unsymmetrische, 145 Meter lange Brücke verbindet Deutschland mit dem Nachbarland Österreich. Wer sie überquert, kann auf der österreichischen Seite in einem Biergarten einkehren.

Wir bleiben noch rund 200 Meter bis zum nächsten Rastplatz zur rechten Seite auf dem breiten Weg. Links gegenüber setzen wir nun steil bergauf auf einer schmalen Asphaltstraße die Route fort. Nach nur wenigen Schritten entdecken wir noch einmal ein »Sitzbankerl«, das uns erneut malerische Blicke bis ins österreichische Wernstein erlaubt.

Bergauf nähern wir uns nun mit langsamen Schritten dem Schloss Neuburg am Inn. Wer im Frühling wandert, wird bereits die roten Ziegel des Schlossdachs durch die blattlosen Äste erspähen. Im Sommer erfreuen wir uns am Schatten spendenden Grün. Wir folgen der Straße weiter und entdecken links ein Gehege mit grasenden Alpakas. Beim Gasthof Ritzer bleiben wir auf dem Weg und wandern zurück bis zum Ausgangspunkt am Schloss.

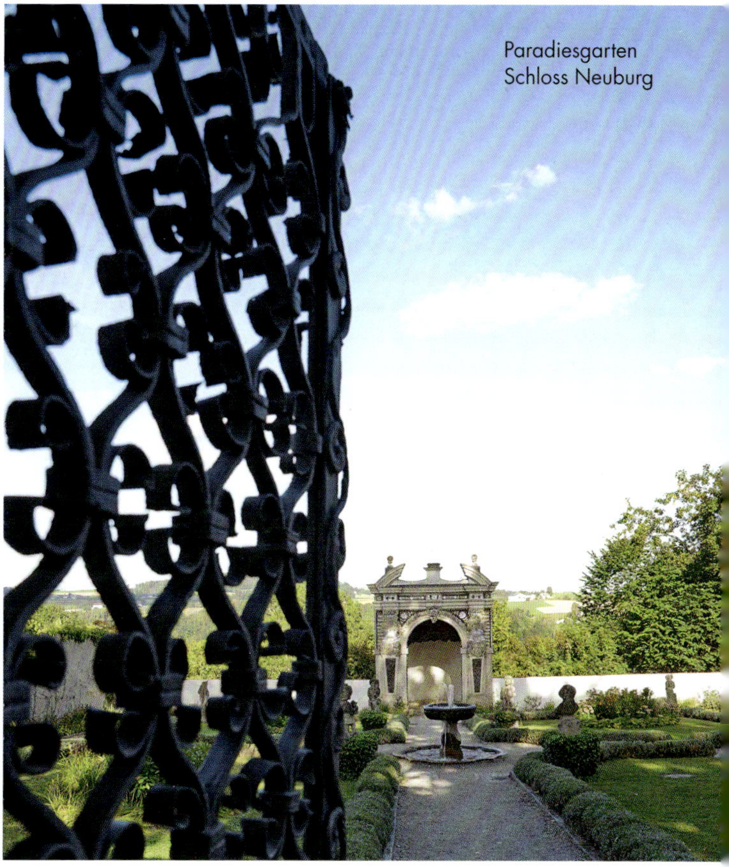

Paradiesgarten Schloss Neuburg

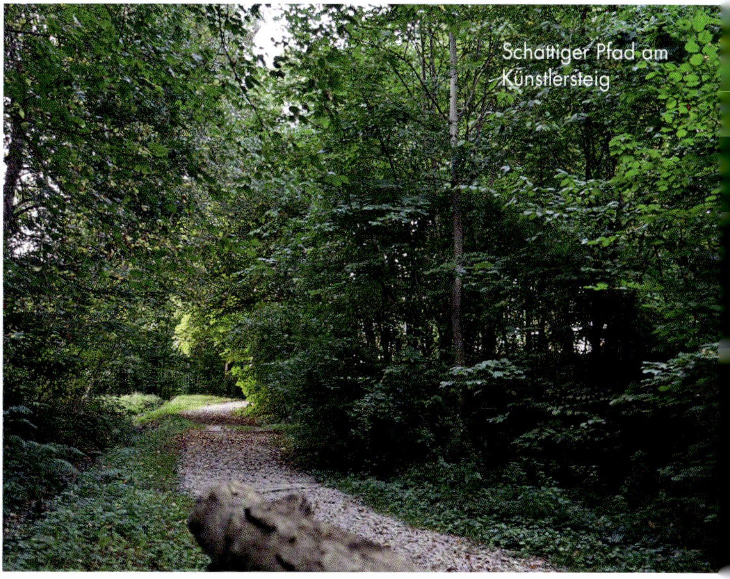

Schattiger Pfad am Künstlersteig

2 LIFE-Naturwaldweg Donauleiten

Erlebnisweg und Natur an der Donau

Mittel | 6,0 km | 310 Hm | 2.25 Std.

Tourencharakter
Landschaftlich reizvoll durch Fluss, Wald und Wiesen, teils Asphalt, überwiegend Wald- und Wiesenwege, sonnige Abschnitte an der Donau, im Wald schattig

Ausgangs-/Endpunkt
Haus am Strom

GPS-Daten
48.520450, 13.707654

Anfahrt
Bus: Ab Passau (101) nach Jochenstein
Auto: Von Passau auf der B 388 (linke Donauseite) über Obernzell, Richtung Jochenstein; von Österreich auf B 130 Richtung Passau, durch Passau über Schanzlbrücke fahren, dann rechts auf B 12 und anschließend rechts die B 388 über Obernzell nach Jochenstein

Einkehr
Bistro & Biergarten im Haus am Strom, Am Kraftwerk 4, 94107 Untergriesbach, Tel. 08591/4629962, www.hausamstrom.de

Information
www.passauer-land.de

Inmitten einer der schönsten Flusslandschaften Mitteleuropas tauchen wir am LIFE-Naturwaldweg in das artenreiche Schutzgebiet Donauleiten zwischen Deutschland und Österreich ein. Vom Ufer der Donau wandern wir zu den imposant bewaldeten Hängen und entdecken die Burgruine Altjochenstein.

An der Donau Zu Beginn spazieren wir auf der Asphaltstraße links an der Erlebnisausstellung vorbei. Wir umgehen das monströs wirkende Kraftwerk Jochenstein in Richtung Donau und folgen anschließend dem Linksschwenk flussabwärts. Die unscheinbare Markierung für den LIFE-Naturwaldweg entdecken wir erst nach ungefähr einem Kilometer. Alsbald setzen wir die Wanderung auf einem angenehmen, weichen Wiesenpfad fort. Die folgende Etappe überschneidet sich mit dem

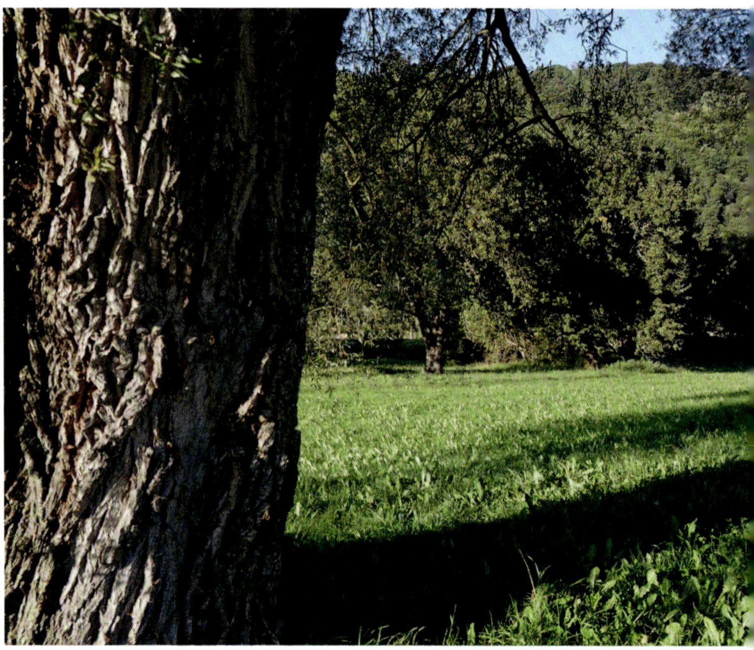

Saftige Wiesen entlang des Erlebniswegs

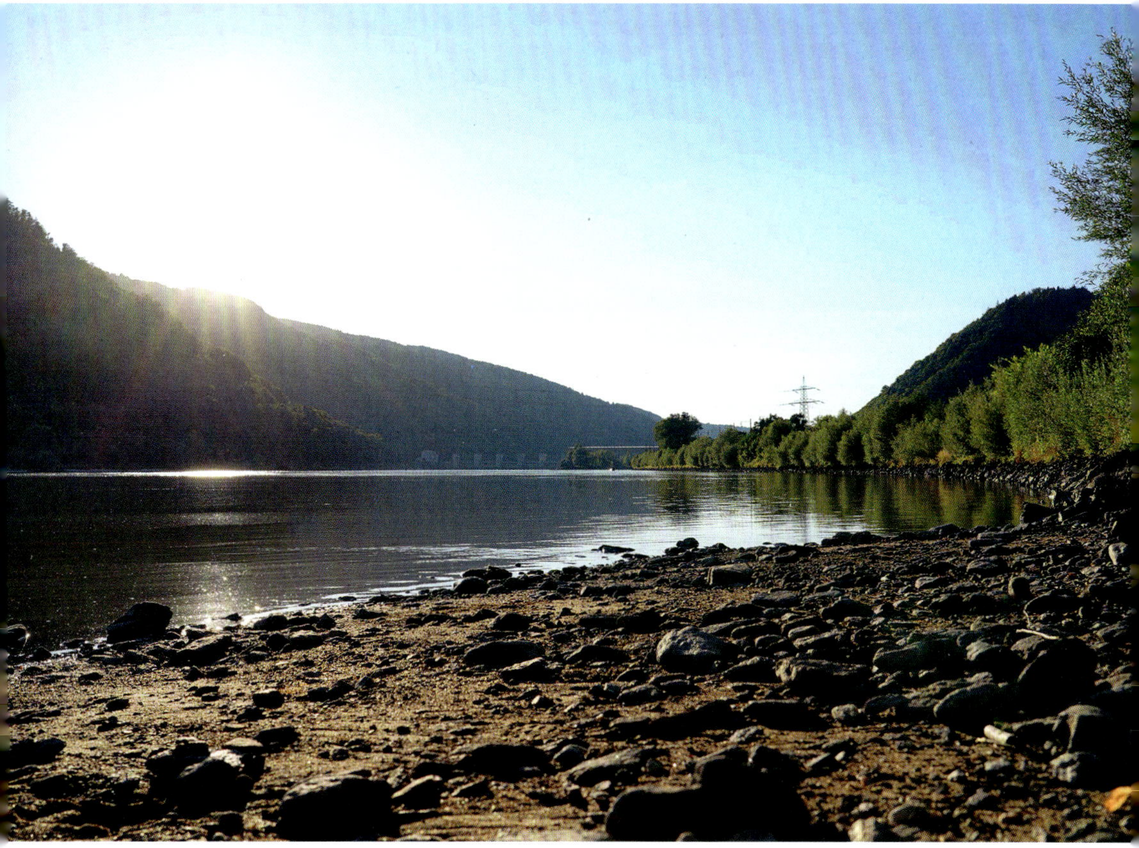

Nachmittagssonne über der Donau

Erlebnisweg und ist besonders für Kinder wegen der spielerischen Lernstationen empfehlenswert. Wir entdecken unter anderem ein buntes flatterndes Windrad, welches den Nutzen und die Funktion der Windkraft erklärt, oder einen riesigen Bleistift, der uns das einzige Graphitbergwerk Deutschlands im nahe gelegenen Kropfmühl veranschaulicht. Gleich am Anfang der »Lernstrecke« dürfen wir die kunstvoll geschnitzte »Nixe Isa« bewundern. Die Schwester der »Loreley« soll laut der Sage unter der kleinen Felseninsel Jochenstein ihr Unwesen treiben. Wer davor keine Angst hat, kann in der großzügigen Hängeschaukel neben der »Nixe Isa« Platz nehmen und mit Blick auf die Donau die Seele baumeln lassen. Insgesamt 18 Stationen mit Lern- und Spielspaß begleiten uns entlang des Flusses. Als Alternative für kleine Wandermuffel kann statt des LIFE-Naturwaldwegs die Route verkürzt werden, indem lediglich die 18 Stationen am Erlebnisweg erkundet werden. Der Weg ist auch mit einem Kinderwagen befahrbar. Gut zu wissen: Die

Rechte Seite oben: Sagenumwobener Fels Jochenstein

Rechte Seite unten: Nixe Isa mit Hängeschaukel

Installationen der Lernstationen werden nur in den Sommermonaten aufgebaut. Ohne Spielspaß ist die Etappe ein echtes Naturerlebnis! Das idyllische Landschaftsbild ist geprägt von satten Wiesen, dem mächtigen Strom der Donau sowie den charakteristisch bewaldeten Steilhängen der Donauleiten. Am Ende des Wiesenpfads wandern wir auf Asphalt zwischen den opulenten Maisfeldern hindurch und erreichen anschließend eine Kiesbank an der Donau. Hier gibt es leider keine Sitzgelegenheit. Die grandiose Aussicht auf die Donau aus nächster Nähe lädt naturbegeisterte dennoch sicherlich zu einem Stopp ein. Mit imponierender Breite bahnt sie sich ihren kurvigen Weg durch das einzigartige Landschaftsbild der Steilhänge und verschmilzt am Horizont mit der deutsch-österreichischen Waldlandschaft. Über die kleine unauffällige Fuß-/Radwegbrücke setzen wir nach dem Bewundern der Donau die Route oberhalb des Flusses fort.

Links: Lernstation am Erlebnisweg

Rechts: Bleistift in XXL

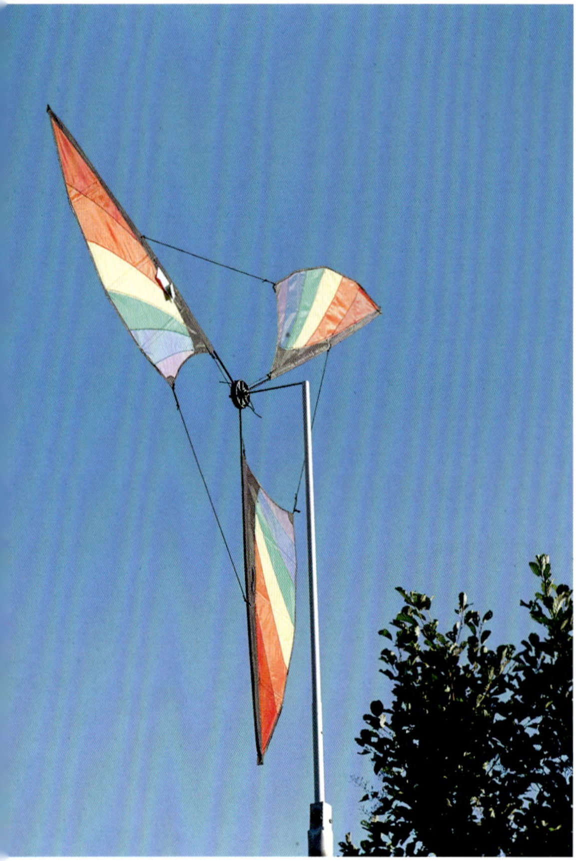

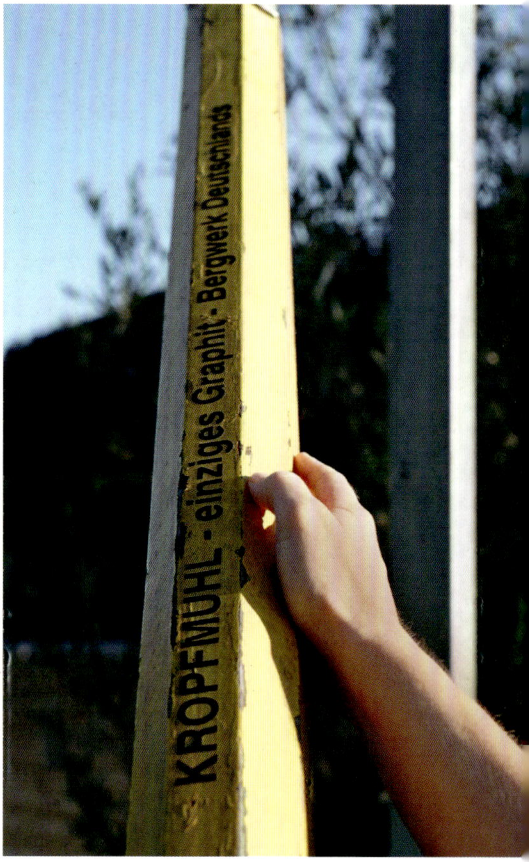

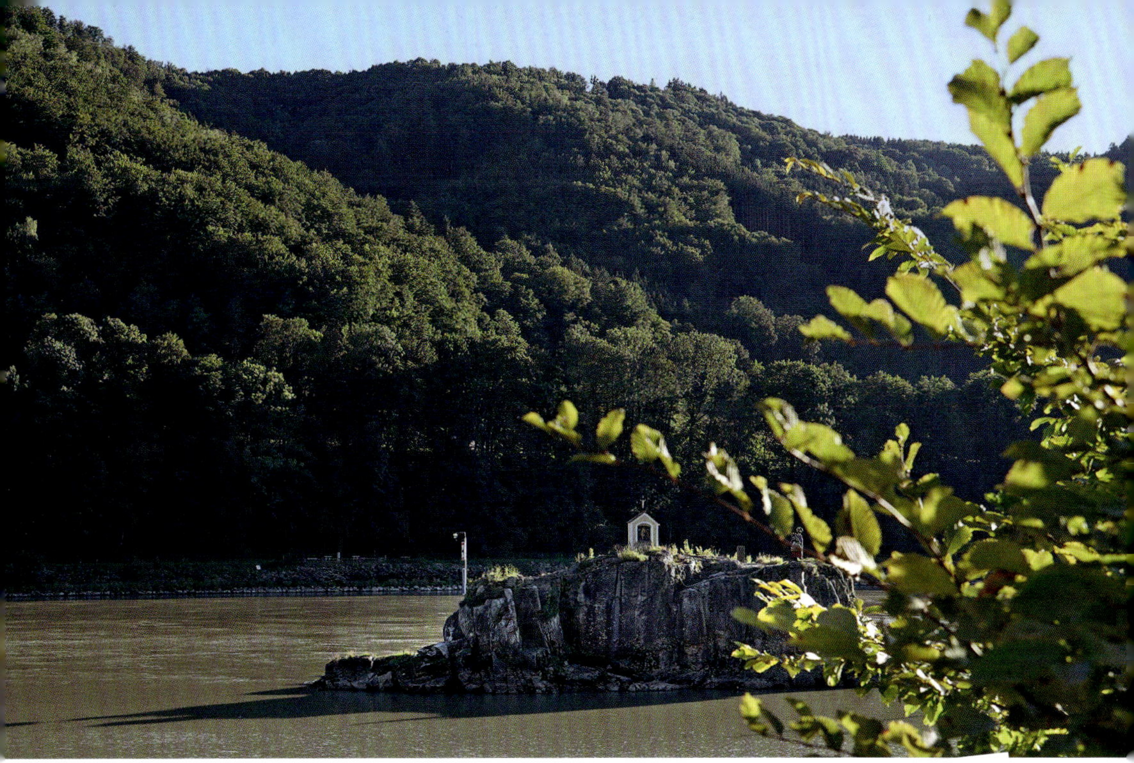

Donauleiten Bei der nächsten Beschilderung verlassen wir das Donaupanorama und biegen scharf links in Richtung »Öttlsteig« in einen Wiesenpfad ein. Nur wenige Hundert Meter weiter mündet er in einen schmalen Trampelpfad und führt uns serpentinenartig an den markanten Hängen der Donauleiten hinauf. Wir durchqueren das Waldgebiet mit den teils kolossalen Felsen und entfernen uns immer weiter vom Flusslauf. Ein kurzes Stück zeigt sich die Etappe steinig, nach regenergiebigen Tagen zusätzlich gepaart mit

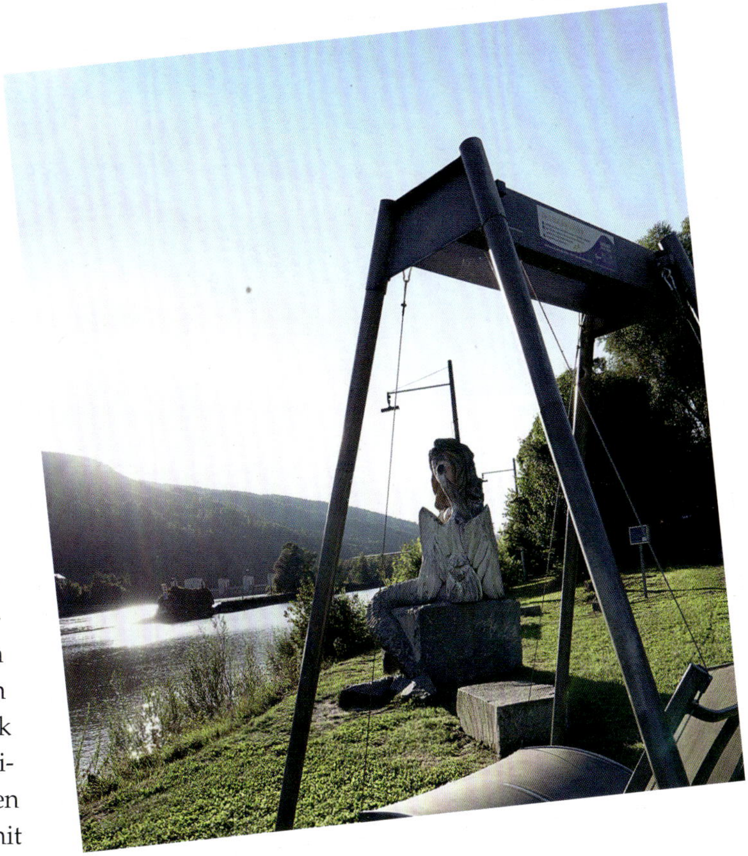

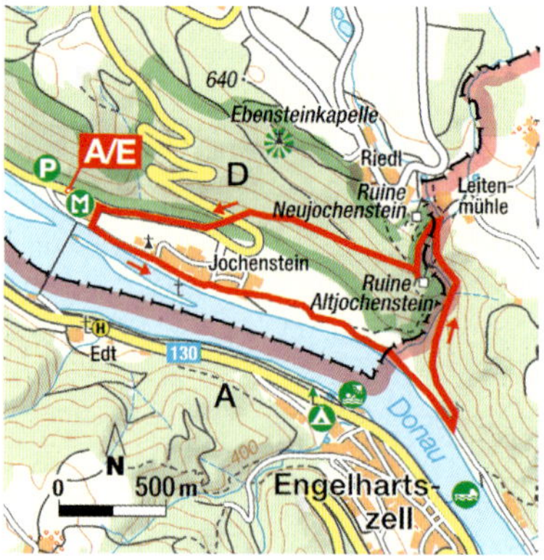

einem kleinen Bachlauf. Wir schwenken nun links auf den breiten Waldweg. In den Donauleiten ist das Klima nahezu mediterran und schafft Lebensraum für eine ausgefallene Flora und Fauna. Die Wärme können wir Menschen hier oben in den Hängen teils deutlich spüren. Auf der folgenden Passage begleiten uns weitere Schautafeln. Sie informieren über Hirschkäfer, Alpenveilchen oder die östliche Smaragdeidechse. Rund 450 Pflanzenarten und 1600 Tierarten sind in den kaum erschlossenen Donauleiten beheimatet. Das Gebiet ist vor allem wegen der einzigartigen Reptilienfauna Deutschlands geschützt. Seit 1986 befinden sich die steilen Talhänge unter Naturschutz und seit 2003 zählen sie außerdem zum europaweit bedeutenden Natura-2000-Schutzgebiet. Unseren nächsten Kreuzungspunkt bildet eine kleine Steinbrücke. Wir biegen links ein und unmittelbar danach erneut links auf den Schotterweg. Die kommende Etappe wandern wir gemütlich bergab.

Abstecher zur Burgruine Altjochenstein

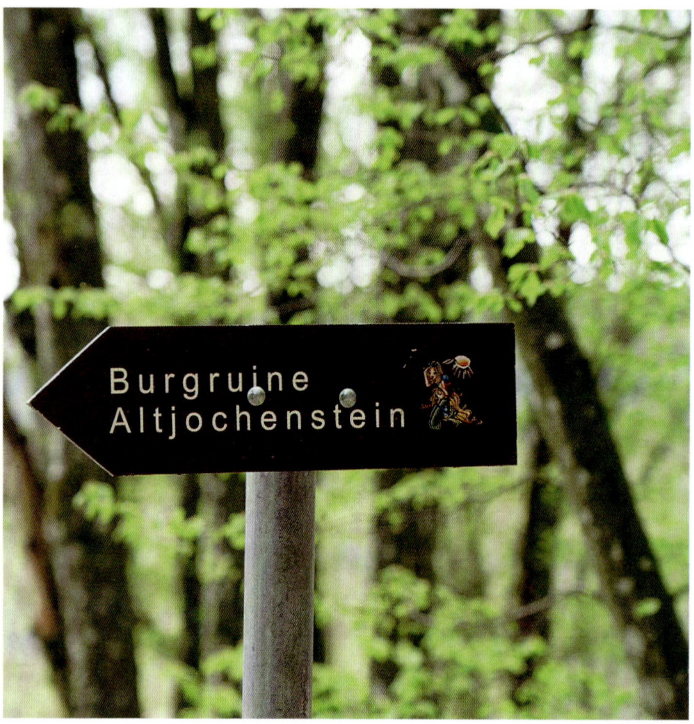

Bald können wir einen kleinen Abstecher auf der linken Seite zur Burgruine Altjochenstein einlegen. Wer jetzt allerdings Massen an geschichtsträchtiger Bausubstanz erwartet, wird wohl ziemlich enttäuscht sein. Es sind nur noch sehr wenige Überreste der Burg erhalten. Schätzungen nach wurde sie in der ersten Hälfte des 12. Jahrhunderts erbaut und wahrscheinlich bereits im 13. Jahrhundert aufgegeben. Die Überbleibsel der Mauern

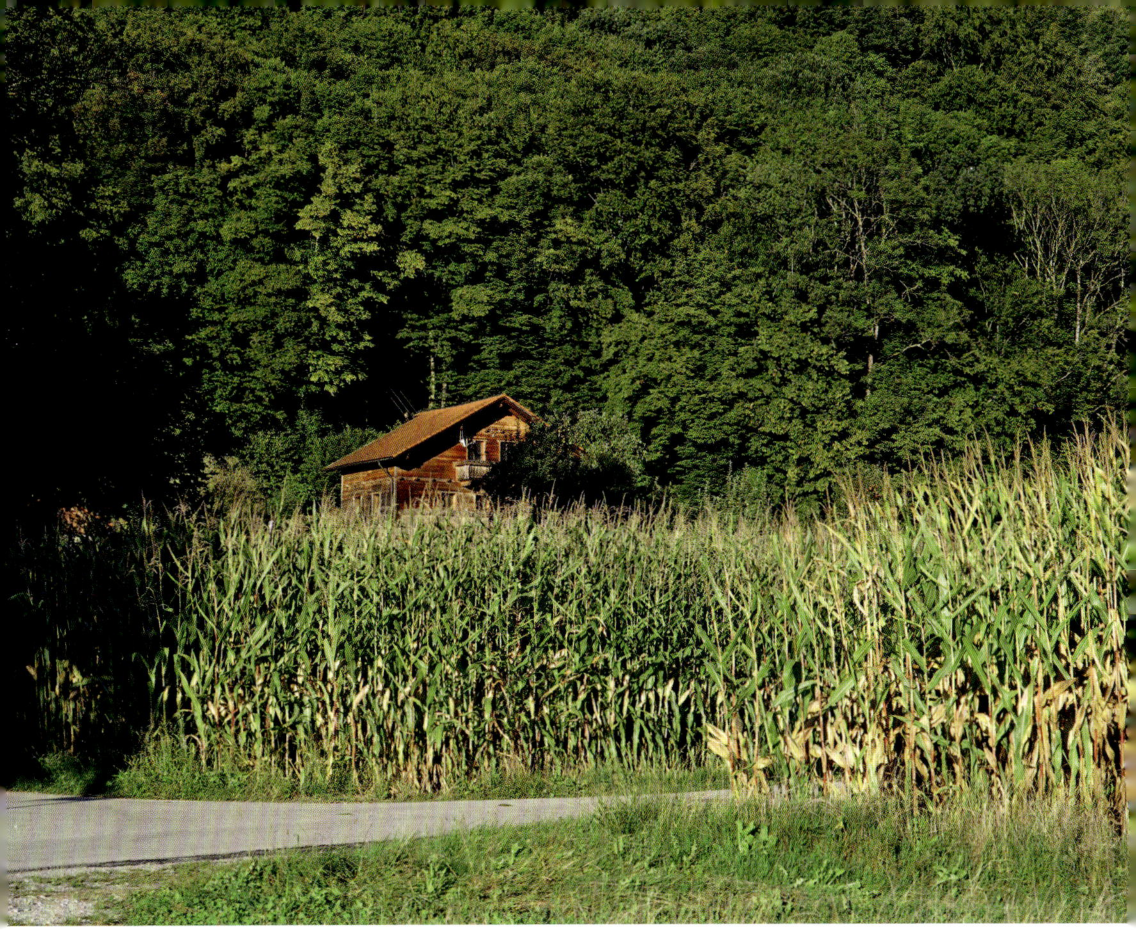

liegen bestens getarnt auf einem Bergsporn mitten in den Wäldern der Donauleiten. Wer sich vorher nicht damit beschäftigt hat, wird sie vermutlich übersehen. Nach dem Abstecher des historischen Baudenkmals setzen wir die Wanderung bergab fort. Wegen des wuchernden Walds aus Hainbuchen und Eichen bleibt der Flussblick vor allem im Sommer stark eingeschränkt. Die Asphaltstraße nach dem Waldgebiet überqueren wir einfach und wandern auf der Flurstraße weiter. Nach insgesamt ca. sechs Kilometern befinden wir uns auf dem Donauradweg und erreichen nach wenigen Hundert Metern wieder den Ausgangspunkt.

Kurze Etappe zwischen Maisfeldern

Haus am Strom Erlebnisausstellung

Das Haus am Strom verbindet Technik und Natur. Die Wanderung kann mit einem Besuch der Erlebnisausstellung kombiniert werden. Auf spielerische Art werden die Themen des Donauengtals vor allem Kindern verständlich dargestellt. Ein Spielplatz und Bistro runden das Angebot am Haus am Strom ab.
Im Jahr 2023 bleibt das Nebengebäude des Hauses am Strom wegen Sanierung geschlossen. Das Hauptgebäude ist für Besucher geöffnet (Mo–Sa von 9–18 Uhr; Eintritt für Erwachsene 5 € / Kinder bis 14 Jahre 3 €).

3 Englburg und Dreiburgensee

Burgen, Museumsdorf und Baden

Mittel | 5,6 km | 230 Hm | 1.50 Std.

Tourencharakter
Rundweg auf Asphaltstraßen, Wald- und Wiesenpfaden, leichter Anstieg im Wald, abwechslungsreich mit Burgblicken und Badesee, wechselnd sonnig und schattig

Ausgangs-/Endpunkt
Museumsdorf Bayerischer Wald in Tittling

GPS-Daten
48.741343, 13.348616

Anfahrt
Bus: Ab Passau (6113/6124) nach Tittling und von Tittling (202) nach Dreiburgensee
Auto: A3 Deggendorf–Passau, Ausfahrt Aicha v. Wald, St2127 in Richtung Aicha vorm Wald, nach ca. 3,5 km links auf St2126 und der Beschilderung folgen; B85 Grafenau–Passau, Abfahrt bei Tittling auf St2128 (Museumstraße) Richtung Eging am See

Einkehr
Snack & Imbiss beim Hotel Tauer, Seestraße 20, 94104 Tittling, Tel. 08504/760

Information
www.passauer-land.de

Fürstliche Burgen, Weitblicke über das Ilztal und Badespaß begleiten uns während der gemütlichen Rundwanderung am Englburg-Steig. Wem das noch nicht genug ist, kann im Museumsdorf in Tittling sehenswerte Höfe und Stadel der Vergangenheit bewundern.

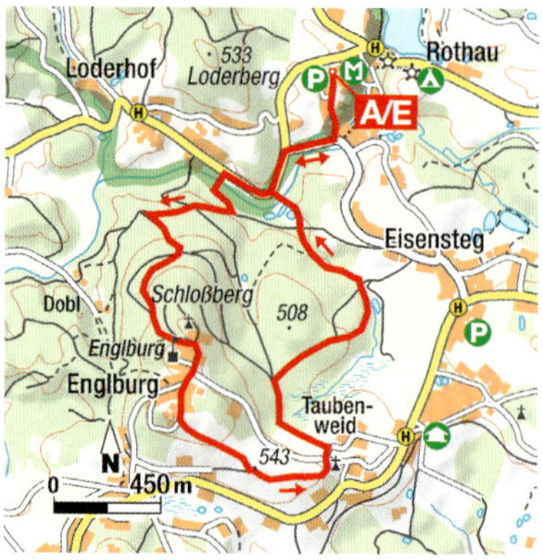

Zur Englburg Beim Parkplatz in Tittling wandern wir bergab an den ausgestellten Häusern des Museumsdorfs vorbei und folgen der roten Markierung mit der Nummer 12 rechts auf die Asphaltstraße. Dabei passieren wir auch einen kleinen Teil des insgesamt 27 Kilometer langen Flusses der Kleinen Ohe. Nach 500 Metern laufen wir links auf der Asphaltstraße in Richtung Loderhof (Pfeilmarkierungen mit Spray auf der Straße). Anschließend führt uns die Route erneut links auf einen Schotterweg und wir überqueren eine Miniholzbrücke, welche die Kleine Ohe überspannt. Nach der Kurve nimmt die Steigung zu und wir kommen auf Wanderbetriebstemperatur.

Richtung Wald streben wir bergauf zum Schlossberg. An der Gabelung marschieren wir geradeaus und folgen als nächstes dem Schild links in den Waldweg bergauf. Nur wenige Meter weiter endet die Route auf einer Feldstraße. Wir biegen kurz darauf links ein, orientieren uns entsprechend der Markierung und landen in einem wunderschönen Mischwald. Manchmal schenken uns Baumlücken Panoramablicke über die grüne Kulisse. Nach rund zwei Kilometern lässt sich das Schloss Englburg bereits aus der Entfernung betrachten. Beim Ortseingang folgen wir rechts der asphaltierten Straße Richtung Burganwesen.

Die Englburg stammt aus dem 11. Jahrhundert und zählt zu den schönsten Bauten im Passauer Land. Sie befindet sich in Privatbesitz, deswegen kommen wir leider nur in den Genuss der prächtigen Außenansicht. Neben der Ritterveste Saldenburg und Schloss Fürstenstein ist sie die dritte Burg im Dreiburgenland und ebenfalls Namensgeber der Region. Weil die Innenräume nicht besichtigt werden dürfen, wandern wir geradeaus um sie herum und laufen leicht links zwischen den Häusern der Siedlung hindurch.

Weitsichten über das Ilztal Nach Verlassen des Orts marschieren wir bergab auf einem Feldweg. Wenige Gehminuten weiter lohnt es sich, zur linken Seite Ausschau zu halten. Zwischen den Bäumen reicht der Blick bis zur Burg Fürstenstein. Der Schotterweg führt uns weiter bergab, und es eröffnen sich traumhafte Fernsichten über das Ilztal und den Nordostkamm des Bayerischen Walds. Das Panorama wird von einer hügeligen Landschaft aus Wald, Wiesen und dem Tal bestimmt. Am Wegrand entdecken wir eine Sitzbank, die sich als Pausenstation anbietet, gegenüber ein großes, steinernes Flurbereinigungsdenkmal. Nachdem der Feldweg endet, laufen wir auf

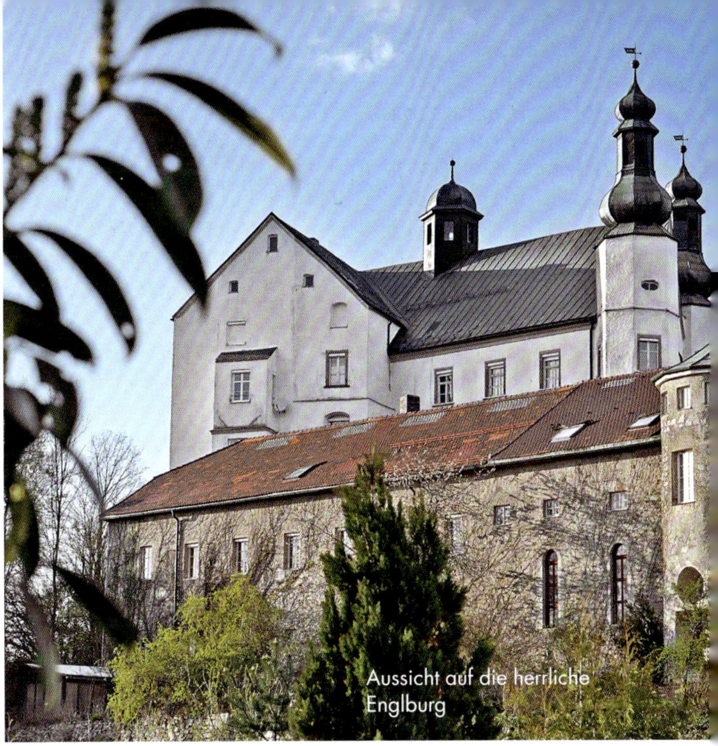

Aussicht auf die herrliche Englburg

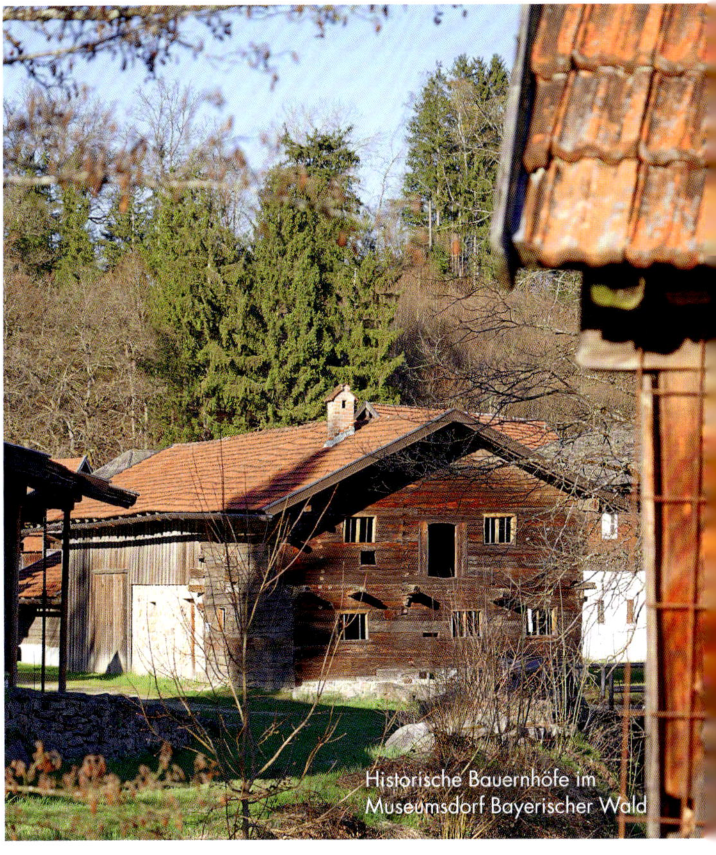

Historische Bauernhöfe im Museumsdorf Bayerischer Wald

Museumsdorf Bayerischer Wald

Das Museumsdorf Bayerischer Wald zählt zu den größten Freilichtmuseen in Europa und zeigt über 150 Gebäude samt Mobiliar. Die ehemaligen Bauernhöfe und Scheunen aus dem Bayerischen Wald wurden zwischen 1580 und 1850 erbaut und sind als Denkmal im Museum ausgestellt (Am Dreiburgensee, 94104 Tittling, Tel. 08504/8482, www.museumsdorf.com; tgl. 9–16 Uhr; Eintritt 2 €).

der Asphaltstraße bergab. Beim Hirschgehege wandern wir auf der Schotterstraße weiter Richtung Wald und passieren bald eine Waldlichtung. Danach marschieren wir entlang eines kleinen Bachs im Waldgebiet Wiesreiten und alsbald neben großzügigen Wiesen. Nach Regenergüssen bildet sich auf dem Areal ein enormer Wasserdümpel, man könnte fast sagen

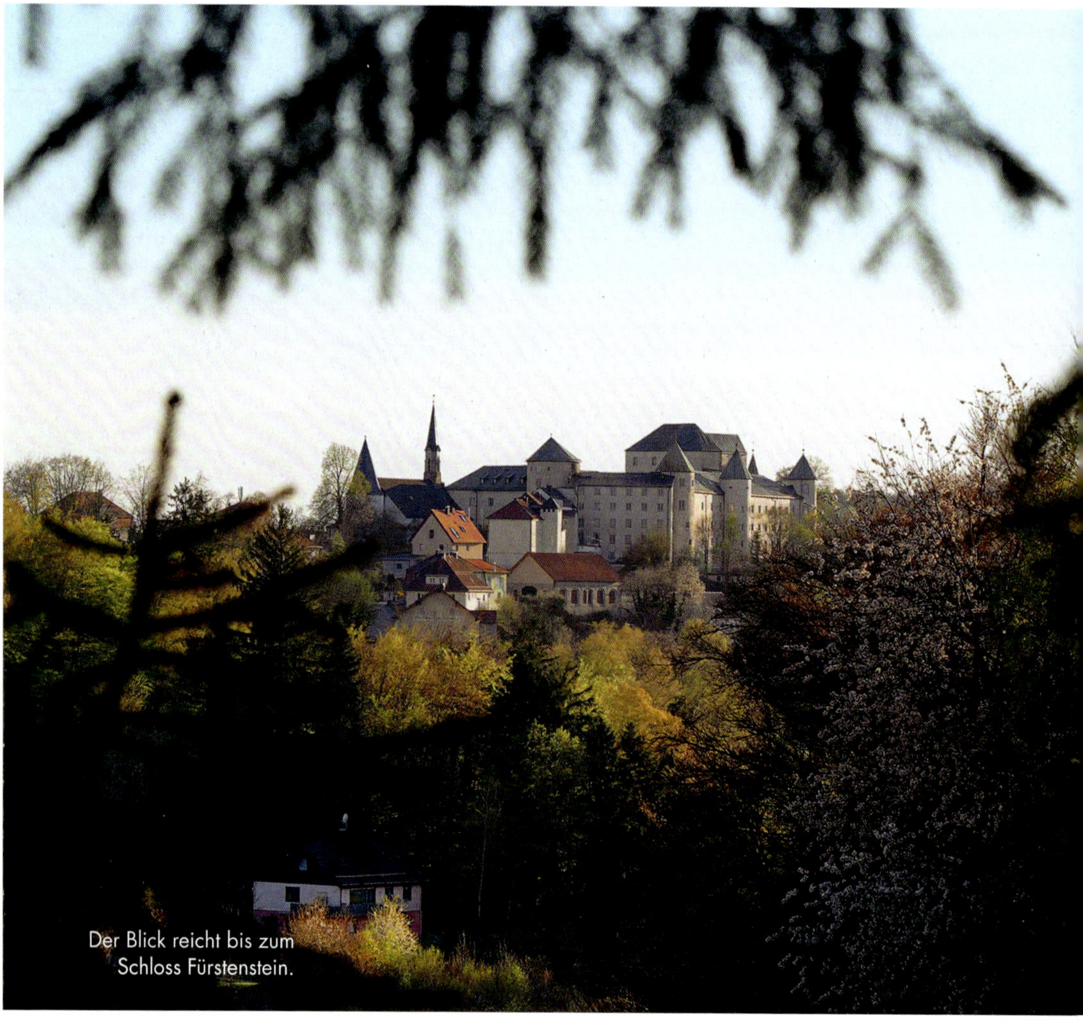

Der Blick reicht bis zum Schloss Fürstenstein.

Weiher. Geradeaus leitet uns die Route zur steinernen Brücke über die Kleine Ohe und wir schwenken als Nächstes rechts, um wieder zum Ausgangspunkt zu gelangen.

Wer im Sommer gerne einen Tag am See verbringt, findet nach der Wanderung am Dreiburgensee (frühere Bezeichnung: Rothauer See) Erfrischung im kühlen Nass. Alternativ schwingt man sich nach Belieben in eines der Leihtretboote (Ausleihmöglichkeit beim Hotel Tauer). Gastronomische Versorgung, ein Kinderspielplatz und »Barfußpfad« runden das Freizeitangebot am See ab. Um den See führt außerdem ein ca. zwei Kilometer langer Rundweg. Für den Dreiburgensee wird kein Eintritt verlangt und er ist jederzeit zugänglich.

Entspannung an den Ufern des Dreiburgensees

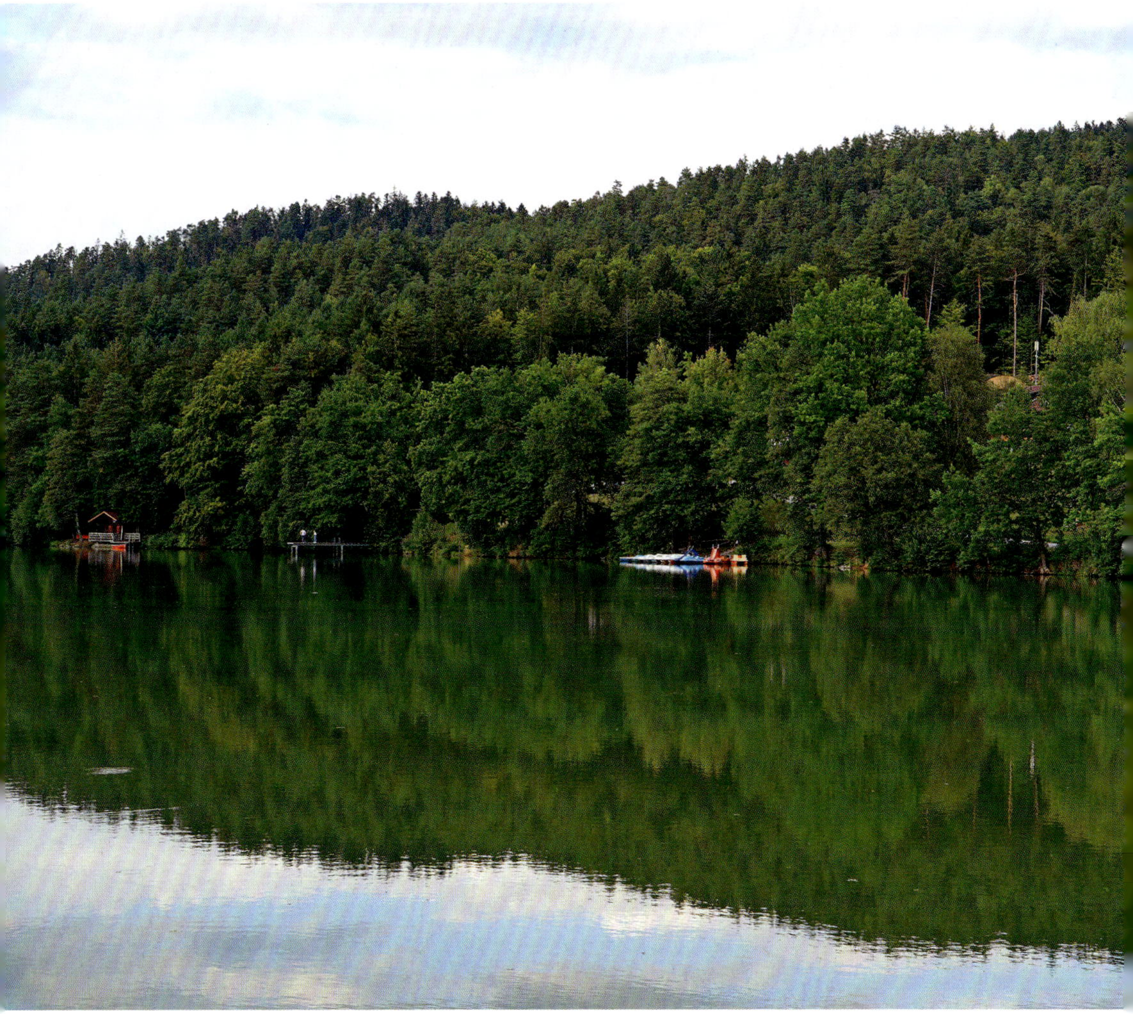

4 Am Ebenstein

Donaublick und Burgruine Neujochenstein

Mittel	4,1 km	240 Hm	1.25 Std.

Tourencharakter
Rundweg überwiegend auf Wald- und Wiesenpfaden mit Weitblicken über die Donau, mäßiger schattiger Anstieg

Ausgangs-/Endpunkt
Pension Zum Ebenstein, Riedl 7, 94107 Untergriesbach

GPS-Daten
48.521106, 13.727686

Anfahrt
Bus: Ab Passau (6101) nach Gottsdorf; ca. 1,5 km Anmarsch bis Ausgangspunkt
Auto: Von Passau auf der B388 (linke Donauseite) über Obernzell und Jochenstein Richtung Gottsdorf. Eine Parkmöglichkeit besteht direkt bei der Pension Zum Ebenstein.

Einkehr
Keine Einkehr auf direktem Weg
Landhotel Zum Lang, Alte Dorfstraße 29, 94107 Untergriesbach (ca. 1,5 km Entfernung)

Information
www.passauer-land.de

Phänomenale Fernsichten über die Donau, das Passauer Land und Österreich locken auch eingefleischte Wandermuffel zum Aussichtsfelsen am Ebenstein. Die Rundwanderung führt uns durch die beeindruckenden Schluchtwälder des Donausteigs und zur Burgruine Neujochenstein.

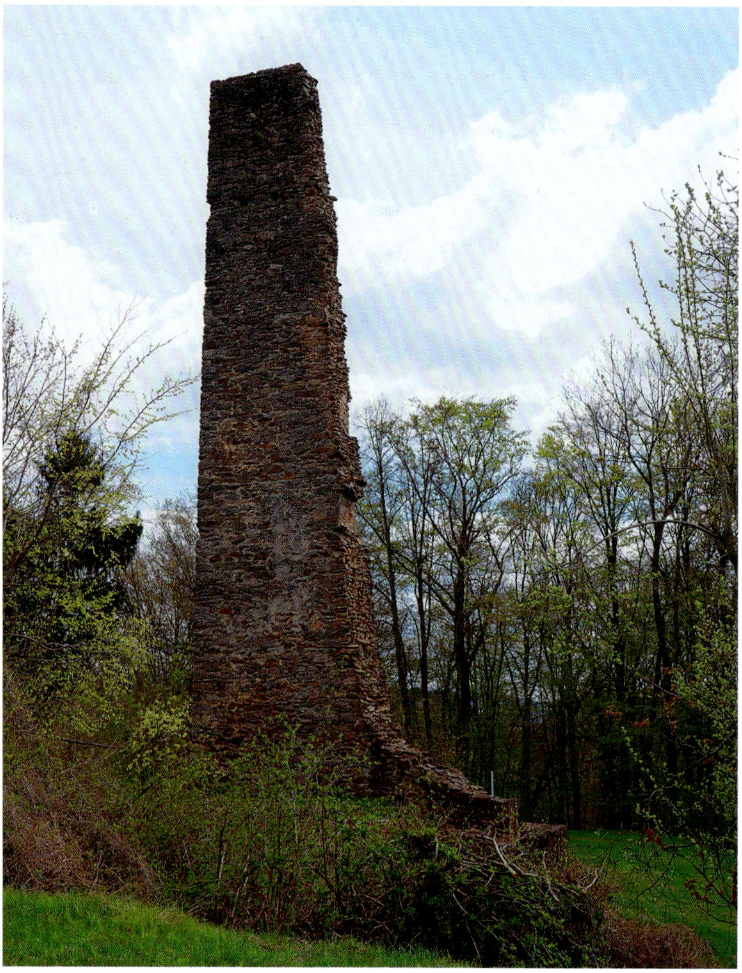

Burgruine Neujochenstein

Zur Ruine Neujochenstein Die kurze aussichtsreiche Wanderroute startet beim Parkplatz der Pension Zum Ebenstein in der Ortschaft Riedl. Wir biegen rechts auf die Asphaltstraße in den Ort ein und wandern geradeaus weiter auf Schotter gemäß der Beschilderung zur Burgruine Neujochenstein. Nach nur wenigen Metern erreichen wir die mahnvoll in die Luft ragenden Überreste der Burg. Erwähnt wurde sie erstmals im Jahre 1222 und diente neben der ländlichen Erschließung der Region auch zur Sicherung und Kontrolle des Schiffsverkehrs auf der Donau. Neben der Burgruine Jochenstein befindet sich eine Schautafel mit weiteren Informationen zur touristischen Attraktion.
Anschließend setzen wir den Weg links steil bergab im Wald fort. Kurz darauf folgen wir der Schotterstraße, die zugleich einen Teil des LIFE-Naturwaldwegs Donauleiten (Tour 2) beinhaltet. Wer sich für Geschichte interessiert, kann links zu den wenigen Burgresten von Altjochenstein marschieren. Die Route führt uns weiter bergab durch einen von Hainbuchen geprägten Wald. Die sogenannten Leitenwälder der Donau werden vor allem zur Brennholzgewinnung genutzt, selbstverständlich unter Einhaltung des Naturschutzes. Zur linken Seite fließt unterhalb des steilen Berghangs die Donau. Leider verliert sich unser Blick im dichten Laubwald, sodass wir den Fluss nur erahnen können. Bald gabelt sich die Strecke und wir nehmen den rechten Pfad bergauf bei der Rastmöglichkeit. Ab und zu türmen sich am Wegrand Felsen auf, ansonsten führt die Markierung ungefähr einen

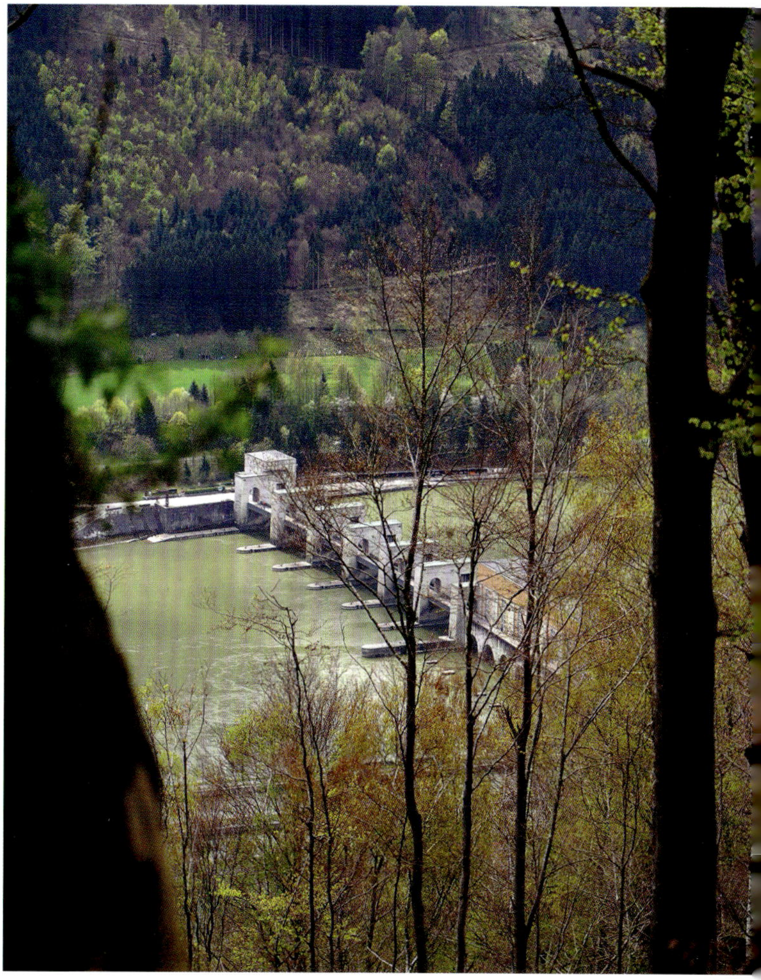

Aussicht auf das Kraftwerk Jochenstein

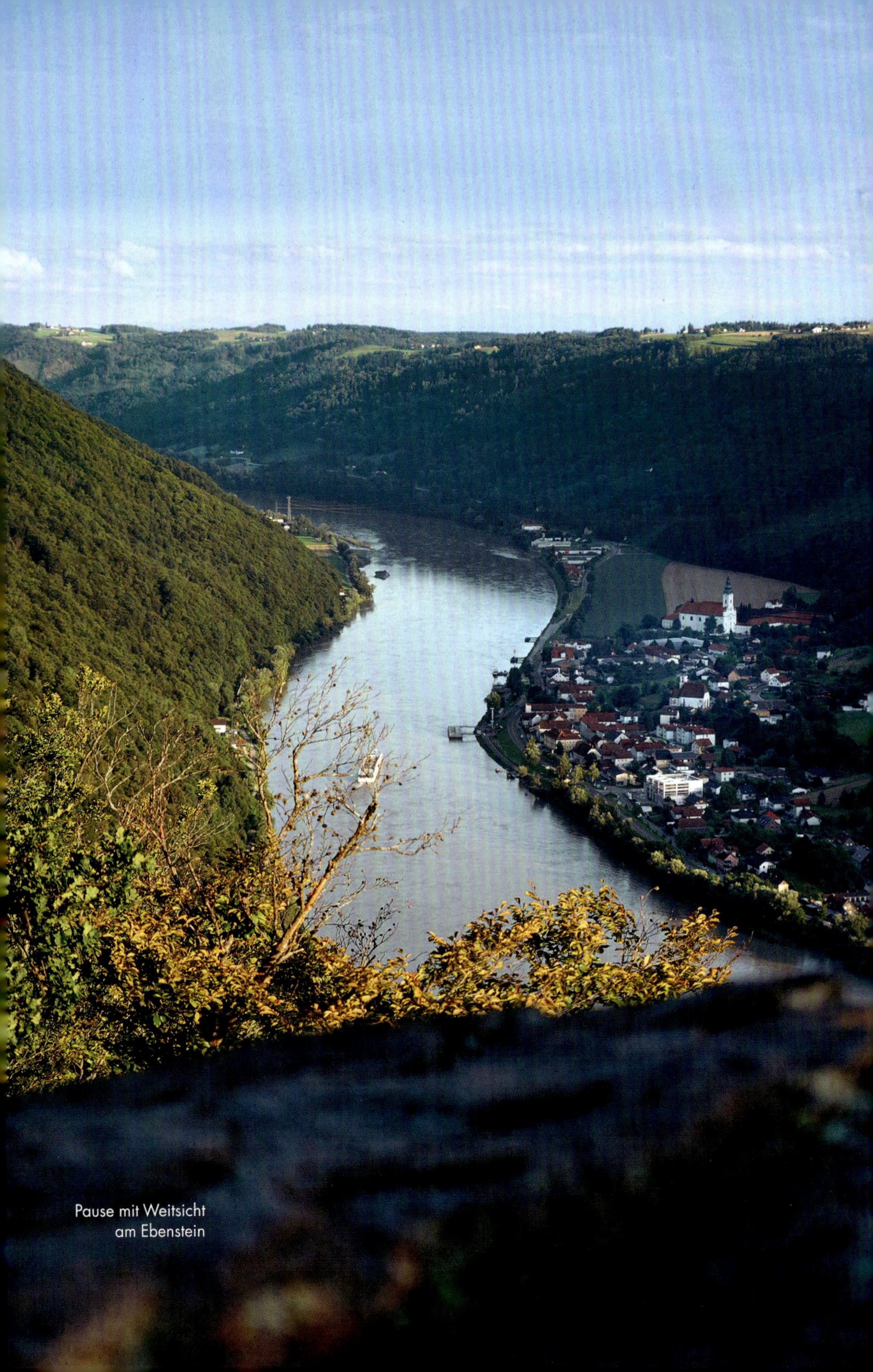

Pause mit Weitsicht
am Ebenstein

Kilometer lang fast schnurgerade und steil hinauf. Erholung bietet die gemäßigte Folge-Etappe. Nach ungefähr 2,6 Kilometern nehmen wir in der Nähe der Staatsstraße den Pfad geradeaus (Markierung fehlt). Kurz darauf verlassen wir den Wald und laufen am Waldrand entlang. An der nächsten gelben Markierung folgen wir dem »Sonnenweg«. Zur linken Seite zeigt sich die weitläufige, fast unberührte Naturkulisse besonders malerisch. Grün leuchtende Wiesen gesellen sich neben den Waldrand der Donauleiten. Nur vereinzelt entdecken wir Höfe oder Häuser in der ländlichen Kulisse.

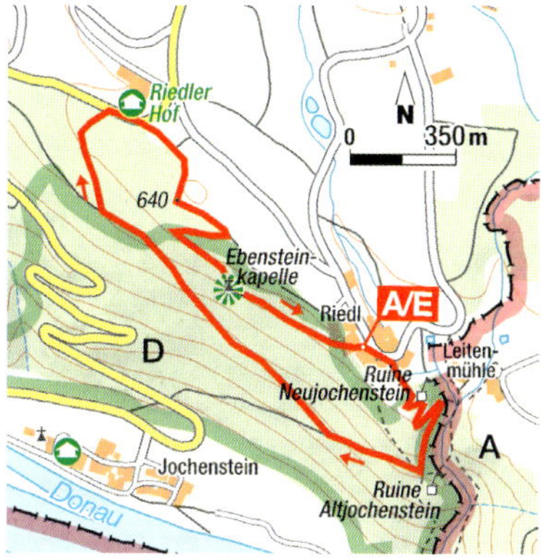

Zum Ebenstein Nach 500 Metern biegen wir bei der Rastbank mit Markierung scharf rechts ein. Ein kleines Stück marschieren wir bergab und nach weiteren 100 Metern verläuft der Weg in einer scharfen Linkskurve. Wir folgen ihm bis zur steinernen Ebensteinkapelle. Gleich hinter der Kapelle befindet sich der Aussichtsfelsen Ebenstein auf einer abenteuerlichen Höhe von 586 Metern über dem imposanten Fluss. Der magische Weitblick reicht über die Donau, den österreichischen Sauwald und das Kraftwerk Jochenstein. Wer keine Höhenangst hat, wird sich hier sehr wohlfühlen und gerne etwas länger auf dem Steinfelsen verweilen. Vom Ausgangspunkt trennen uns nun nur noch wenige Hundert Meter. Nach der Kapelle wandern wir rechts geradeaus weiter und verlassen den Weg zwischen den Häusern, bis wir wieder beim Parkplatz ankommen.

Runde zum Ausblick Ebenstein

Wer einfach nur die Aussicht über die Donaulandschaft erleben möchte, läuft bis zum Ebenstein in entgegengesetzter Richtung. Der Aussichtsfelsen ist innerhalb von 15 Minuten erreichbar. Am Ebenstein befindet sich keine Sicherung vor Stürzen. Kinder sollten deswegen fest an der Hand gehalten werden.

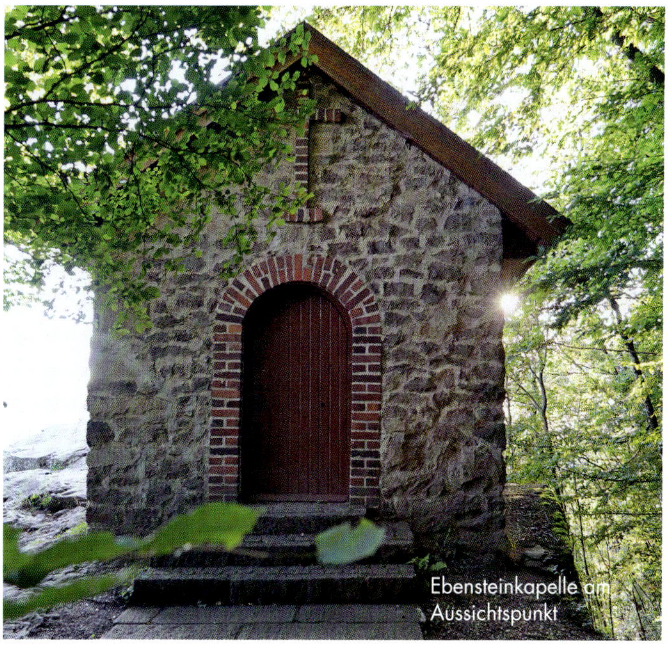

Ebensteinkapelle am Aussichtspunkt

5 Eidenberger Lusen und Bärnloch

Gipfelglück und Wildwasser

Mittel | 5,7 km | 210 Hm | 1.55 Std.

Tourencharakter
Rundwanderung auf teils wurzeligen Waldpfaden zum Gipfel und am Bach entlang, kaum Steigungen, meist schattig

Ausgangs-/Endpunkt
Wanderparkplatz Bärnlochweg

GPS-Daten
48.562926, 13.775304

Anfahrt
Bus: Ab Passau (6101) nach Eidenberg
Auto: A3 Deggendorf–Passau, Ausfahrt Passau-Nord, Autobahnzubringer Richtung Passau, B388 Richtung Wegscheid, unmittelbar nach dem Rannastausee rechts und nach ca. 1,5 km links abbiegen. Der Ort Eidenberg befindet sich kurz darauf auf der rechten Seite.

Einkehr
Keine

Information
www.passauer-land.de

Der Bärnlochweg verläuft in abgeschiedener Lage entlang der deutsch-österreichischen Grenze und punktet mit mehreren Wander-Highlights. Auf urwüchsigen Pfaden wandern wir zur Waldkapelle und zum 733 Meter hohen Eidenberger Lusen. Am Osterbach bestaunen wir das Wildwassertal und gönnen uns eine Pause in Ufernähe.

Zum Eidenberger Lusen Beim Wanderparkplatz beginnen wir unsere Wanderung Richtung Ortsmitte auf der Dorfstraße und folgen der Beschilderung »Bärnlochweg« mit der rot markierten 1. Anschließend leitet uns die Markierung entlang saftiger Wiesen in Richtung Wald. Dort setzen wir die Route auf einem kleinen

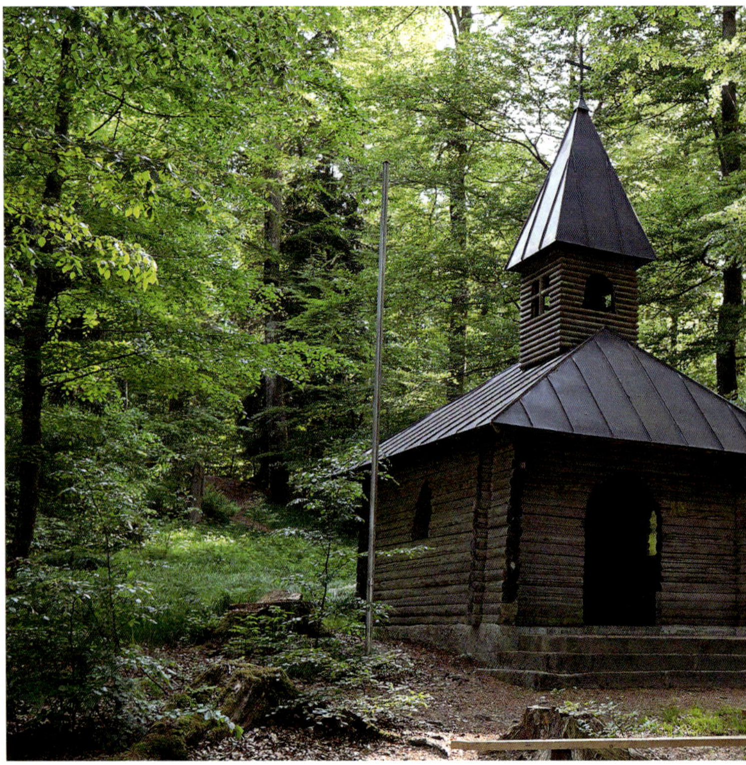

Die Kapelle lädt zum Verweilen ein.

malerischen Pfad zwischen den schattigen Bäumen fort. Obwohl der Weg mit Steinen und Wurzeln durchzogen ist, kann er als wenig anspruchsvoll eingestuft werden. Bald sehen wir am Wegrand einige Felsen, bevor wir eine Waldlichtung mit zarten Gräsern durchqueren. Die Strecke wird nun flacher und wir erreichen die hübsche Holzkapelle mit Sitzbänken. Danach wandern wir links 250 Meter knackig steil bergauf, passieren riesige Felsen und landen beim Gipfel des 733 Meter hohen Eidenberger Lusens. Neben dem filigranen hohen Kreuz begeistert der Berg mit einer zauberhaften Aussicht. Über die Baumwipfel hinweg blicken wir an klaren Tagen bis zum markanten Dreisesselmassiv (Tour 28). Die Bezeichnung »Lusen« ist auf das Verlosen der Grundstücke am Fuße des Bergs zurückzuführen. Eidenberg leitet sich vom altbayerischen »aiten«, dessen Bedeutung

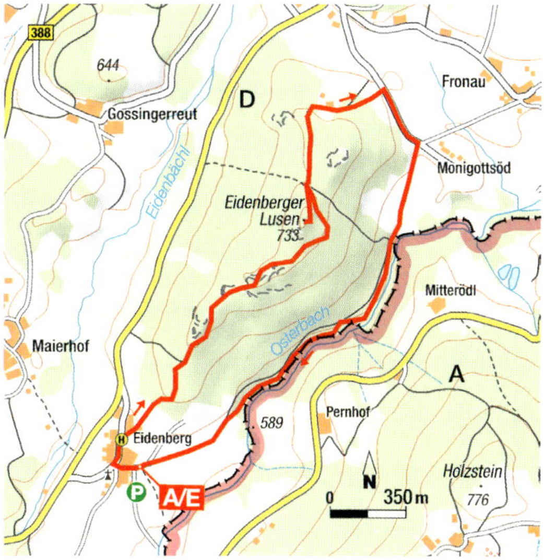

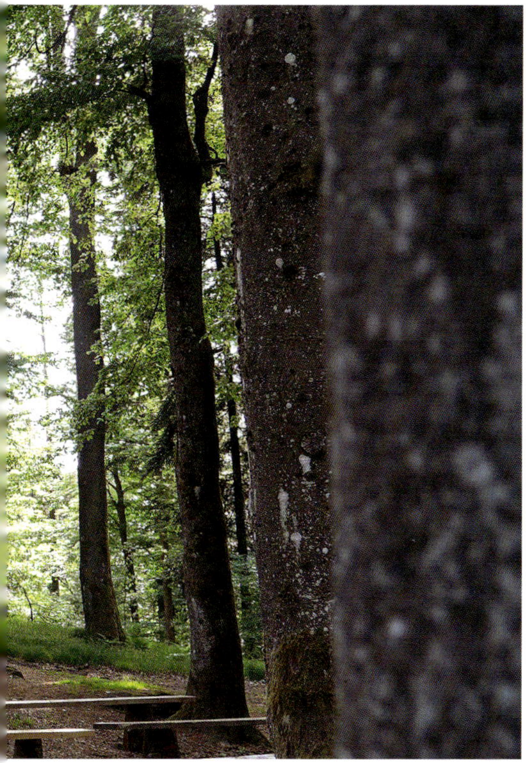

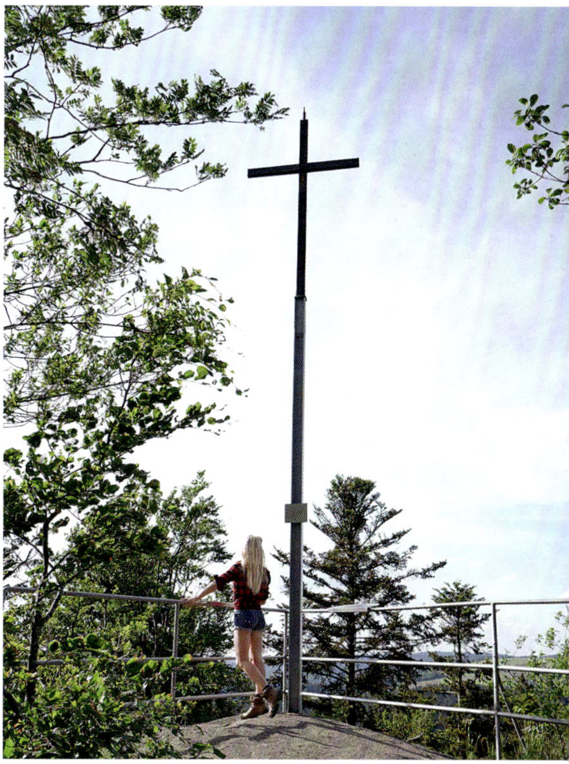

Am Gipfelkreuz lassen wir den Blick über den Bayerischen Wald schweifen.

Landschaftsschutzgebiet Eidenberger Lusen & Bärnloch

Im vorigen Jahrhundert plante ein Unternehmer, im Bärnloch ein Wasserkraftwerk zu errichten. Durch die Initiative des damaligen Bürgermeisters Otto Able wurde von der niederbayerischen Gemeinde das Gebiet als Landschaftsschutzgebiet erklärt und somit ein massiver Eingriff in das Wildwassertal vermieden.

»brennen« meint, ab. Der Begriff gibt Hinweise auf den Standort eines Kohlemeisters. Das Kreuz auf dem Felsgipfel stammt vom Turm der ehemaligen Wegscheider Pfarrkirche. 1969 wurde sie durch einen modernen Sakralbau ersetzt.

Zum Bärnloch Richtung Wildwassertal laufen wir nun entspannt bergab. Beim alleinstehenden Haus verlassen wir kurz den Wald. Bis zur Schotterstraße folgen wir dem Weg und biegen an dessen Ende rechts auf die Asphaltstraße ein. Ungefähr 350 Meter weiter wandern wir beim Ortsschild Monigottsöd erneut rechts, während uns traumhafte Ausblicke über die hügelige Landschaft begleiten. Bald vereint sich der Asphaltweg mit einem Schotterweg und wir erreichen wieder das naturbelassene Waldgebiet. Bereits nach wenigen Metern hören wir das muntere Rauschen des Osterbachs.

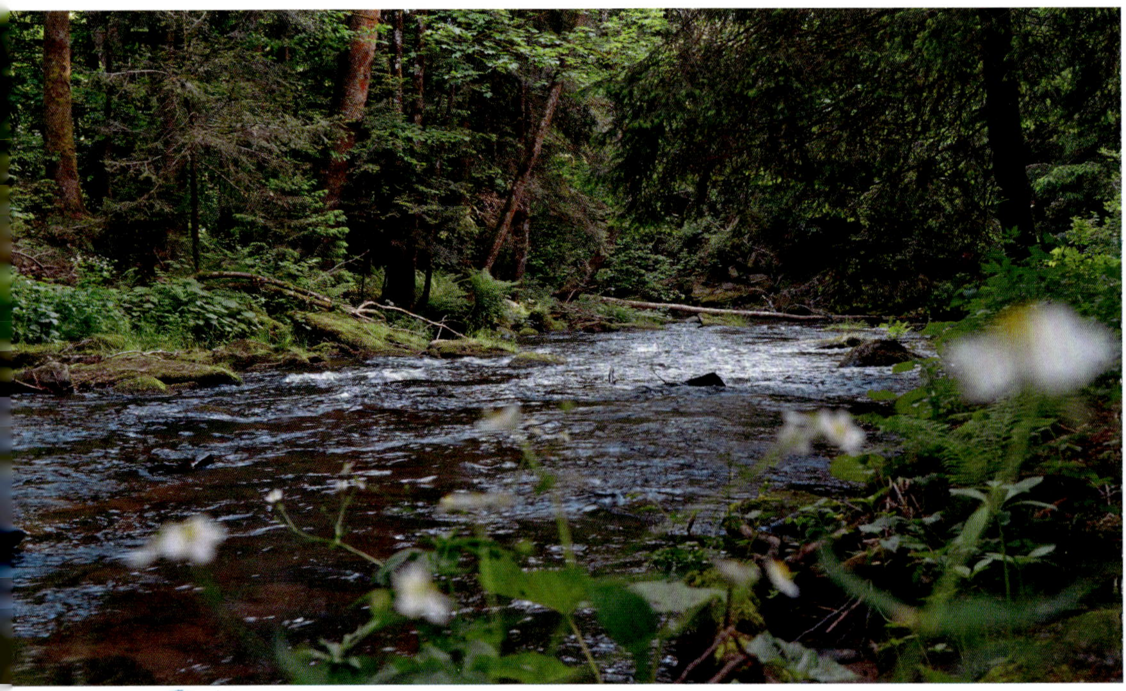

An der Grenze fließt der Osterbach.

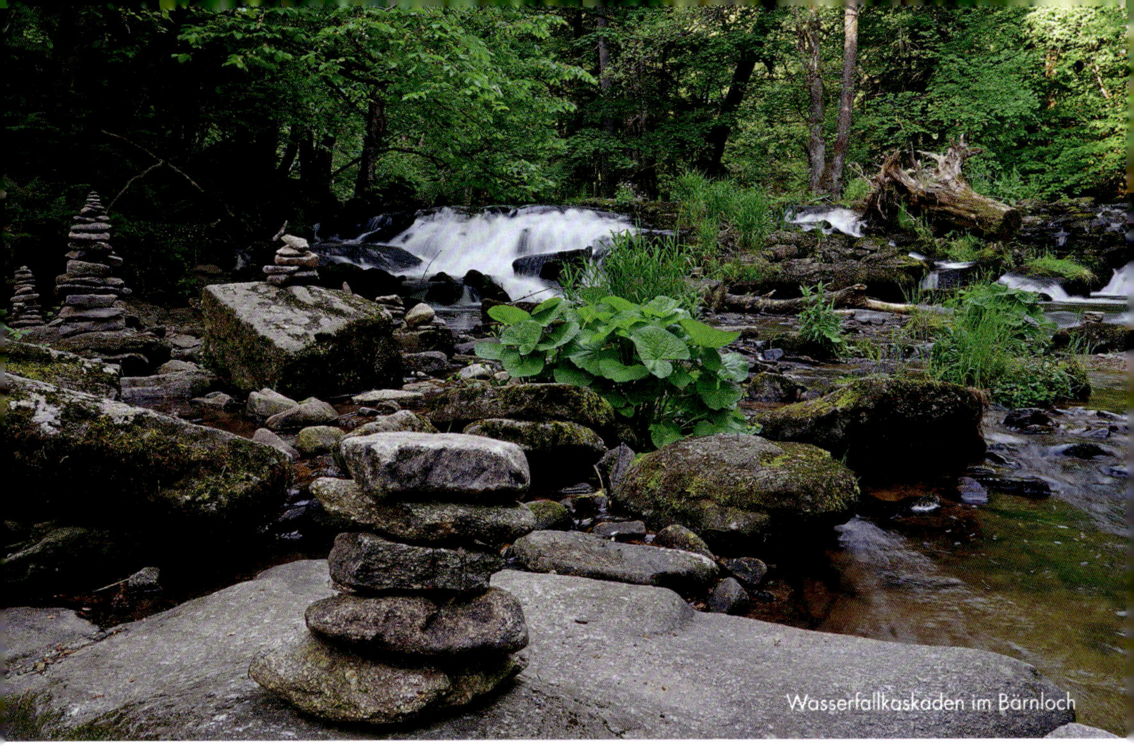

Wasserfallkaskaden im Bärnloch

An der nächsten Abzweigung wandern wir links weiter in Richtung Bärnloch und werden immer wieder mit Ausblicken auf den Osterbach belohnt. Der Name »Bärnloch« rührt wohl noch aus der früheren Zeit, als im Bayerischen Wald Braunbären beheimatet waren. Bald laufen wir direkt am Ufer und können vor allem nach Regen wunderschöne Wasserfallkaskaden bestaunen. Nachdem wir eine kleine Metallbrücke überqueren, erwarten uns einige der größten Wasserfälle des Osterbachs. Schautafeln am Wegrand informieren über das ehemalige Sägewerk. Ab und zu laden Holzbänke zu einer Pause am Wasser ein und auch eine Schutzhütte bietet sich zur Rast an. Die folgende Wegstrecke bleiben wir weiter am Osterbach und wir entdecken bald das weiße Schild für die Landesgrenze. Nach rund 4,5 Kilometern verlassen wir den Wald und laufen ein kleines Stück bergauf über einen Wiesenpfad. Am Ende mündet er in einen Schotterweg und bringt uns zum Ausgangspunkt zurück.

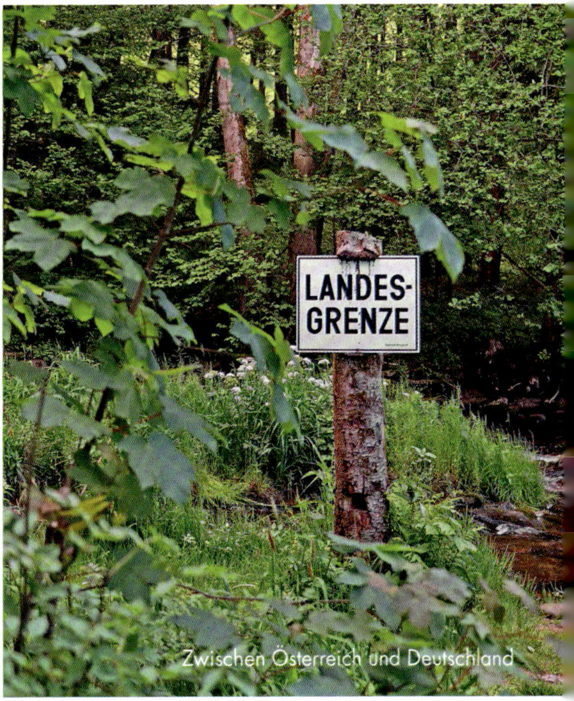

Zwischen Österreich und Deutschland

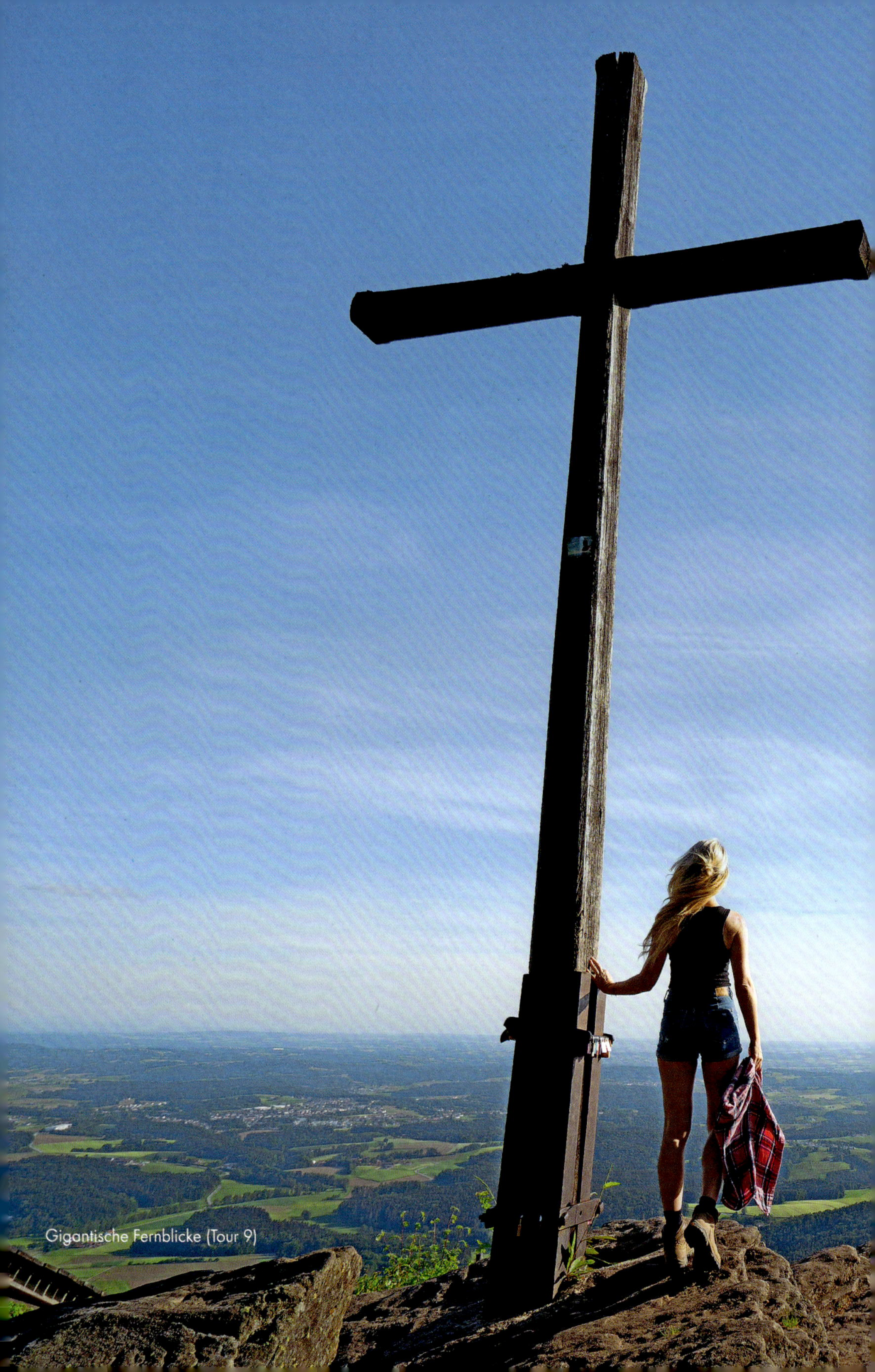

Gigantische Fernblicke (Tour 9)

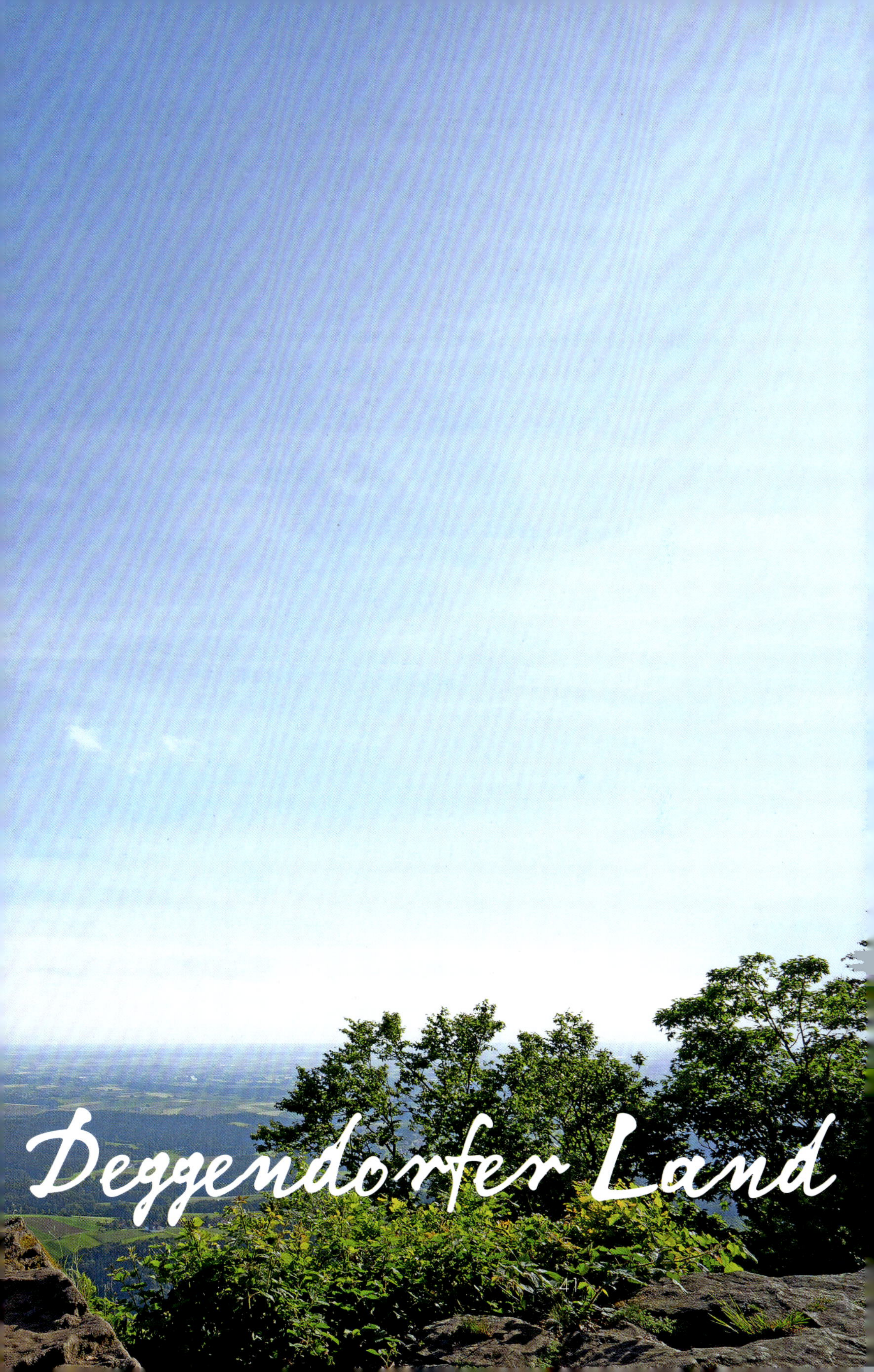
Deggendorfer Land

6 Bernrieder Rundwanderweg

Burgruine, Weitblicke und Museumsstadel

Mittel | 5,2 km | 250 Hm | 1.45 Std.

Tourencharakter
Aussichtsreicher Rundweg im Wechsel mit sonnigen und schattigen Abschnitten; Asphaltwege, Wald- und Wiesenpfade, wenig Steigung. Sehenswerter Museumsstadel, Wanderung kombinierbar mit Kneippanlage oder Freibad

Ausgangs-/Endpunkt
Parkplatz Touristinfo Gemeinde Bernried, Engerlgasse 25A, 94505 Bernried

GPS-Daten
48.920002, 12.882187

Anfahrt
Bus: Ab Deggendorf (4113) nach Bernried
Auto: A3 Regensburg–Deggendorf, Ausfahrt Schwarzach, über St2147 nach Bernried; A92 München–Deggendorf, Kreuz Deggendorf, A3 Richtung Regensburg, dann wie beschrieben; Deggendorf, bei Autobahntunnel der Egger Straße bis Egg folgen und kurz nach Schloss Egg links die Birketäcker in Richtung Bernried nehmen

Einkehr
Hotel/Restaurant Winterl, Engerlgasse 18, 94505 Bernried, Tel. 09905/8141, www.hotel-winterl.de

Information
www.landkreis-deggendorf.de (Region Hirschstein/Bernried)

Beim wunderschönen Museumsstadel mit Heimat- und Handwerkskunst reisen wir in die Vergangenheit. Wir erleben immer wieder herrliche Landschaftsausblicke und entdecken die versteckten Überreste der Burgruine Pitzen. An heißen Sommertagen finden wir Erfrischung in der Kneippanlage oder im Freibad Bernried.

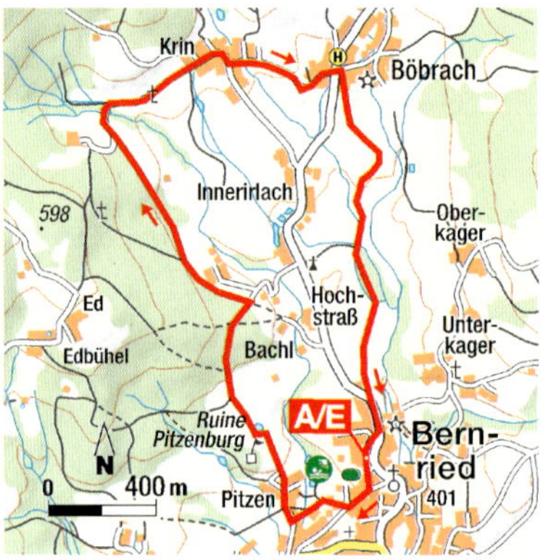

Zum Museumsstadel Bei der Touristinformation wandern wir zunächst bergab in Richtung Fußballplatz und Gasthaus Hotel Winterl. Unmittelbar danach sehen wir auf der linken Seite viele verschiedene Wegweiser. Wir folgen der runden, roten 2 und biegen kurz nach dem Friedhof rechts in Richtung Freibad ab. Nach nur weiteren 100 Metern führt uns links ein enger, geheimnisvoller Pfad über den Schwarzbach und anschließend zum 500 Quadratmeter großen Museumsstadel. Wer schon schwitzt, wandert vor dem Pfad am besten rechts weiter und kommt so direkt zur Kneippanlage.

Der Museumsstadel in Bernried schenkt uns vor allem interessante Einblicke in heimische Handwerksberufe aus drei Jahrhunderten. Im Stadel erwartet uns neben einem Aufenthaltsraum eine Fläche mit wechselnden Sonderausstellungen. In den Nebengebäuden werden Maschinen und Geräte aus vergangenen Zeiten präsentiert. Der Außenbereich ist frei zugänglich und zeigt weitere sehenswerte Exponate bäuerlicher Herkunft. Die Ausstellungsstücke in dem herrlichen Stadel können wir ausschließlich nach vorheriger telefonischer Anmeldung besuchen (Termine von Mai–Oktober; Museumsleitung

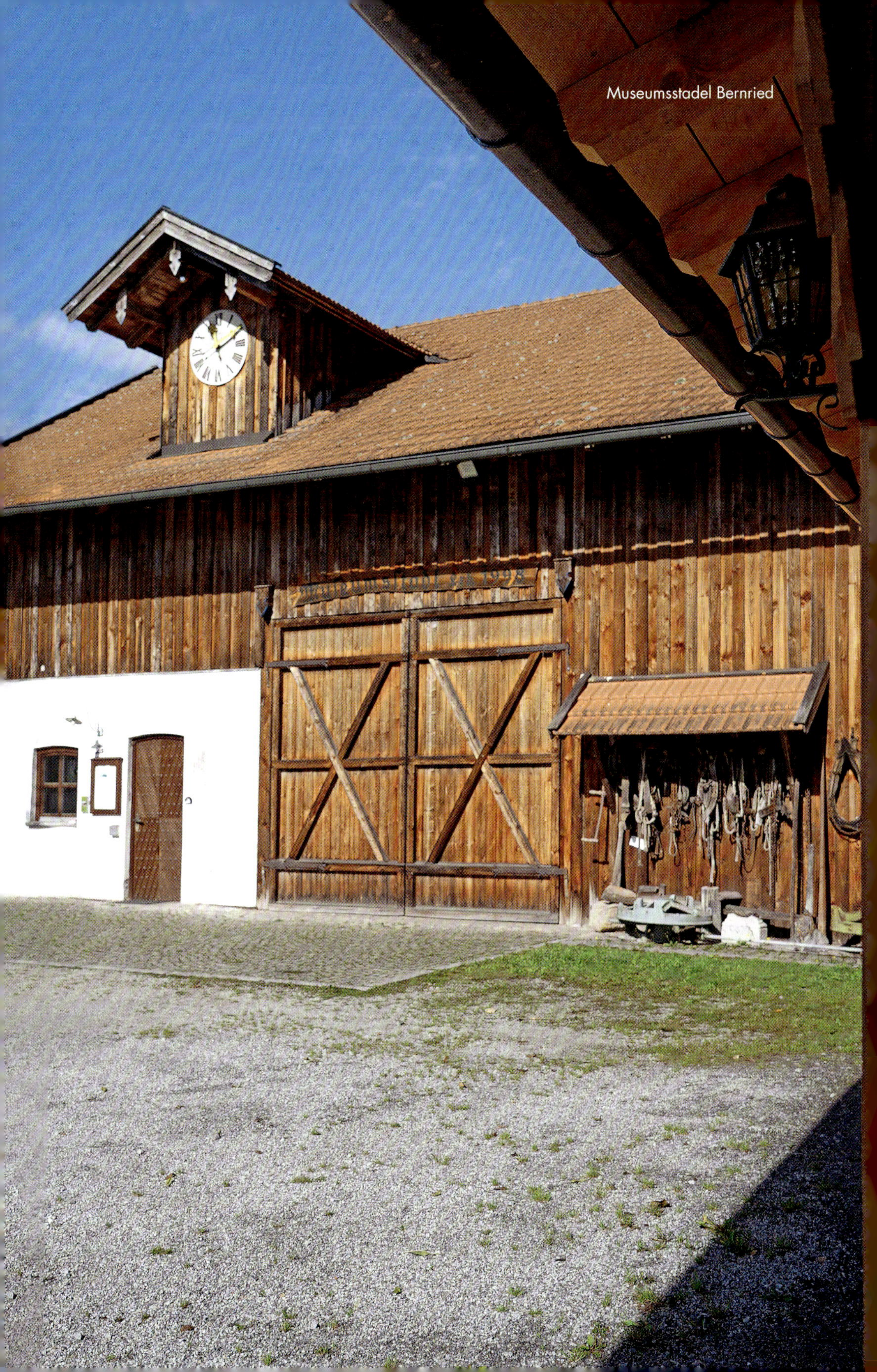

Museumsstadel Bernried

Museumsstadel Bernried

Im Museumsstadel bleibt altes Handwerk lebendig! Bereits in den 1960er-Jahren startete man mit dem Aufbewahren und Sammeln von Exponaten aus den Bereichen Handwerk, Landtechnik und Heimatkunde. Erbaut wurde der Museumsstadel erst in den Jahren 1996 bis 1998 durch den Bayerischen Wald-Verein der Sektion Bernried.
Mit Kindern kann die Wanderung anschließend mit einem Besuch im Freibad Bernried kombiniert werden (Alkofer-Weg 10, 94505 Bernried, Tel. 0151/12355050).

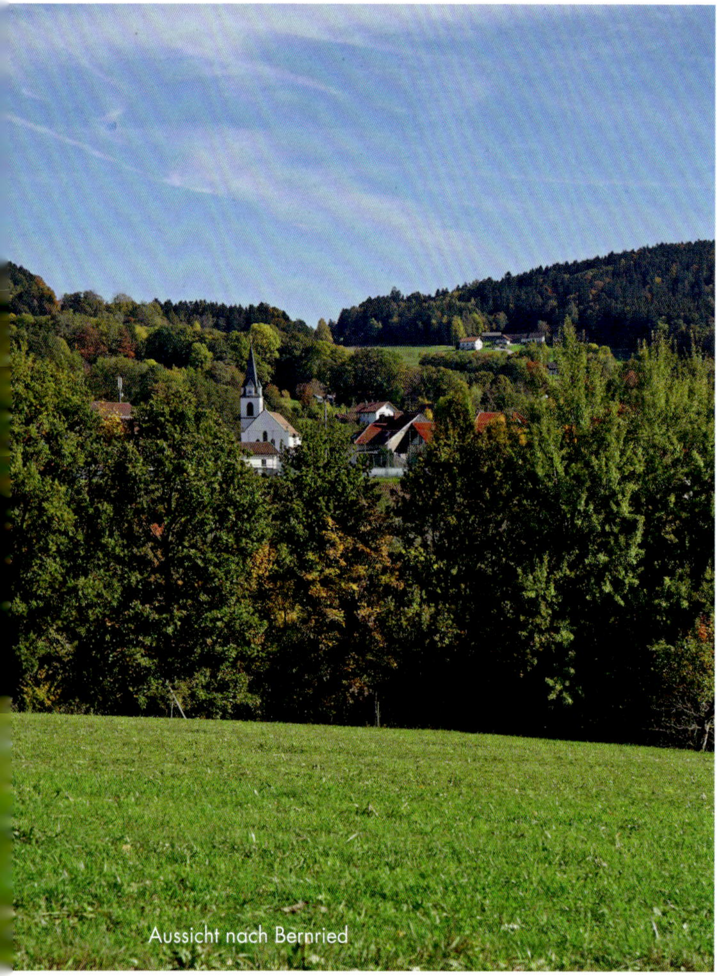

Aussicht nach Bernried

Wald-Verein: Rudolf Feldmeier, Tel. 09905/1893; Touristinfo Bernried: Tel. 09905/740024, E-Mail: info@hirschenstein-bayerischer-wald.de).

Zur Burgruine Pitzen Nach dem Museumsstadel biegen wir scharf rechts auf einen gepflasterten Feldweg zwischen urigen Bauernhöfen ein. Die Steigung nimmt nun etwas zu und wir bewegen uns Richtung Burgruine Pitzen. Die wenigen Mauerreste ruhen auf einem bewaldeten Hügel. Erbaut wurde sie während des 12. Jahrhunderts durch die Grafen von Bogen. Zuletzt fand sie im Jahr 1628 Erwähnung. Vermutlich wurde sie Opfer des Dreißigjährigen Kriegs oder des früheren Böcklerkriegs in den Jahren 1468 und 1469. Herrlich weit reicht hier der Blick bis nach Bernried.

Richtung Krin Für die folgende Etappe wechseln wir auf einen Wald- und Wiesenpfad und entdecken die beschilderte Ruhebank »Schloßtanet«. Dort werden wir ein zweites Mal mit einer wunderschönen Fernsicht nach Bernried belohnt. Bergauf wandern wir weiter in den dichten Nadelwald und folgen im Wald geradeaus der Beschilderung. Beim Waldausgang halten wir uns links, überqueren den Schwarzbach und mar-

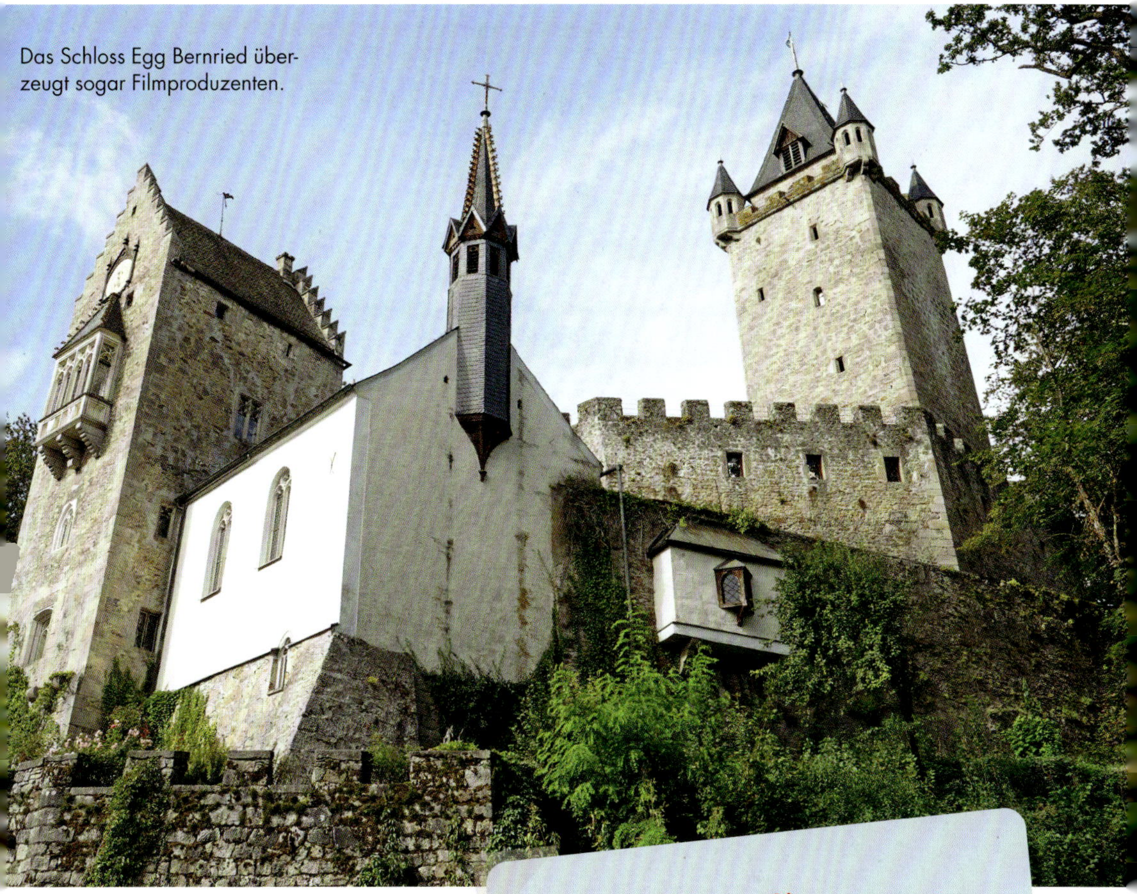

Das Schloss Egg Bernried überzeugt sogar Filmproduzenten.

schieren über Kasloch nach Krin. Zur rechten Seite befindet sich ein weitläufiges Wildgehege, während sich zur linken Seite zwei schön gelegene Rastplätze für eine Pause anbieten. Über reizende, großflächige Wiesen wandern wir begleitet von fantastischen Ausblicken weiter talwärts. Am Ende halten wir uns halb rechts und laufen nun entlang des ruhigen, dunklen Bachs. Nach der kleinen Brücke schwenken wir links auf den Wiesenpfad, welcher schließlich in die Asphaltstraße von Bernried mündet. Die Markierung weist uns den Weg zurück zur Touristinformation.

Mein Extratipp

Ein Besuch der filmreifen Kulisse des 900 Jahre alten Schlosses Egg Bernried! Die ehemalige Wasserburg wurde zwischen 1838 und 1842 im neugotischen Stil bewohnbar gestaltet und zum prächtigen Schloss umgebaut. Der Großteil der sehenswerten Anlage ist heute noch im Originalzustand zu bestaunen. Führungen für die opulenten Innenräume finden meist stündlich statt. Schloss Egg wird gerne für Feierlichkeiten wie Hochzeiten gebucht und diente in der Vergangenheit bereits als Filmkulisse für Bibi Blocksberg, Bullyparade und Fünf Freunde (Egg 2, 94505 Bernried, Tel. 09905/289).

7 Naturerlebnispfad Lalling

Wandern und Baden am Feng-Shui Kurpark

Leicht | 4,3 km | 120 Hm | 1.20 Std.

Tourencharakter
Rundwanderung mit Dorfstraßen, Feldwegen, Schotterwegen und Waldpfaden; keine nennenswerte Steigung, schönes Ausflugsziel mit Badesee und Spielplatz für Kinder, wechselnd sonnige und schattige Abschnitte

Ausgangs-/Endpunkt
Parkplatz Touristinfo Lallinger Winkel, Hauptstraße 10, 94551 Lalling

GPS-Daten
48.845313, 13.139874

Anfahrt
Bus: Ab Deggendorf (6149) nach Lalling
Auto: A3 Regensburg–Passau, Ausfahrt Hengersberg, B533 Richtung Grafenau bis zur Abfahrt Lalling; A92 München–Deggendorf, bis Autobahnende Deggendorf, dann Richtung Schaufling/Lalling; LK Freyung-Grafenau, auf der B533 Richtung Deggendorf, dann rechts auf St2133 nach Lalling; LK Regen, Richtung Bischofsmais über den Ranzinger Berg nach Lalling oder Richtung Kirchberg i.W. über Hangenleithen auf die B533 Richtung Deggendorf nach Lalling

Einkehr
Terrassen-Café Feng-Shui Kurpark Lalling, Am Kurpark 1, 94551 Lalling, tgl. ab 11 Uhr

Information
www.landkreis-deggendorf.de (Region Lallinger Winkel)

Während der Wanderung zum Naturerlebnispfad bei Lalling lernen wir nicht nur die bayerische Natur anhand von Schautafeln kennen, sondern wir dürfen wortwörtlich in die Lehre des Feng-Shui eintauchen. Der Wanderweg führt am Badesee im ersten Feng-Shui Kurpark Deutschlands vorbei. Auf dem Areal wird einiges geboten.

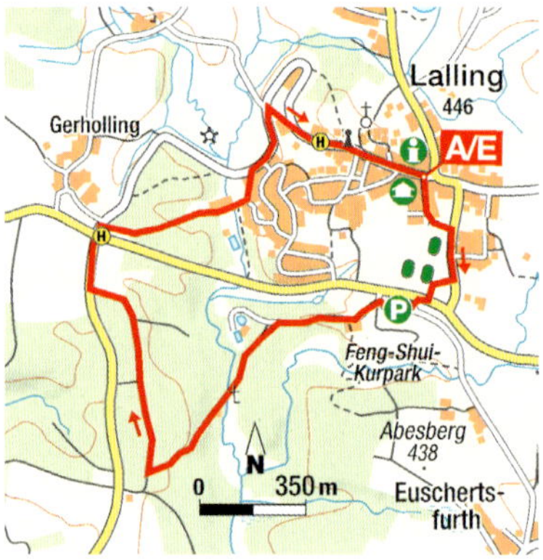

Zum Naturlehrpfad Wir starten gegenüber der Touristinfo in Lalling. Beim Pfarramt biegen wir in den Pfarrweg auf die Asphaltstraße ein. Zwischen den Dorfhäusern laufen wir durch und gehen am Ende des Wegs rechts auf die St.-Gunther-Straße. Nach dem Fußballplatz spazieren wir auf dem Fuß- und Radweg, und nach wenigen Hundert Metern führt uns der Weg links auf eine Holzbrücke mit der Beschilderung »Naturerlebnispfad«. Wir laufen geradeaus auf den Schotterweg und erreichen sogleich den Feng-Shui Park, dessen Mittelpunkt der wunderschön gestaltete See bildet. Der ca. sechs Hektar große Park vermittelt als Schwerpunktthemen »Altes Wissen« und »Feng-Shui«. Dem Besucher wird die Betrachtung der Natur aus westlicher und östlicher Sichtweise anhand von zahlreichen Informationstafeln erklärt.

Angelegt wurde der Badesee mit den Holzstegen als liegende Acht, welche die Energiepunkte Yin und Yang symbolisieren. Hier lässt es sich nach der Wanderung wunderbar entspannen oder auch schwimmen. Der Park ist immer zugänglich, Eintritt wird nicht verlangt. Wir setzen die Route rechts am Seeufer entlang fort und treffen als Nächstes auf die Kurparkstraße. Nach den Tennisplätzen begeben wir uns links Richtung Waldstraße.

Zu Beginn ist der Weg noch asphaltiert, umzingelt sind wir bereits von zahlreichen Bäumen. Bald marschieren wir auf einem Pfad mitten im lauschigen Wald weiter. Von nun an lohnt es sich, den Infotafeln am Wegrand Beachtung zu schenken. Die Schilder erklären das Ökosystem des Walds sowie Tier- und Pflanzenarten der Umgebung. An der Gabelung wandern wir auf dem Schotterweg mit dem Namen »Waldpfad 9« rund 200 Meter bergab. Rechts verläuft der fast geräuschlose Ranzingerbach, den wir gleich über eine kleine Brücke überqueren. Anschließend nimmt die Steigung etwas zu. Rechts neben dem Weg entdecken wir eine Rastbank, die zum Sitzen und Ausruhen einlädt.
Die Strecke führt weiter durch den Wald und wir biegen als Nächstes zweimal in Folge rechts ab. Das Waldende empfängt uns mit einer malerischen Lichtung. Wer zurückblickt, kann die herrliche Aussicht über die Hügel des Bayerischen Walds bestaunen. Eine traumhafte Rastmöglichkeit im Grünen findet sich mit Tisch und Bänken unter einem einzelnen kleinen Baum auf der großen Wiese. Bald überqueren wir die Hauptstraße und die Beschilderung weist uns rechter Hand zu einem Waldpfad. An der Asphaltstraße angelangt, überqueren wir den Lallinger Bach. Links zeigt die Beschilderung den Weg zur Kneippanlage. Wer an heißen Sommertagen unterwegs ist, kann im Wasser die müden Wanderbeine kühlen. In der nächsten Kurve biegen wir dem Wegweiser folgend rechts ab und laufen wenige Meter auf einem steilen, engen Pfad, der zur Ortsmitte in Lalling führt. Wir folgen ihm bis zum Schluss der Wanderung.

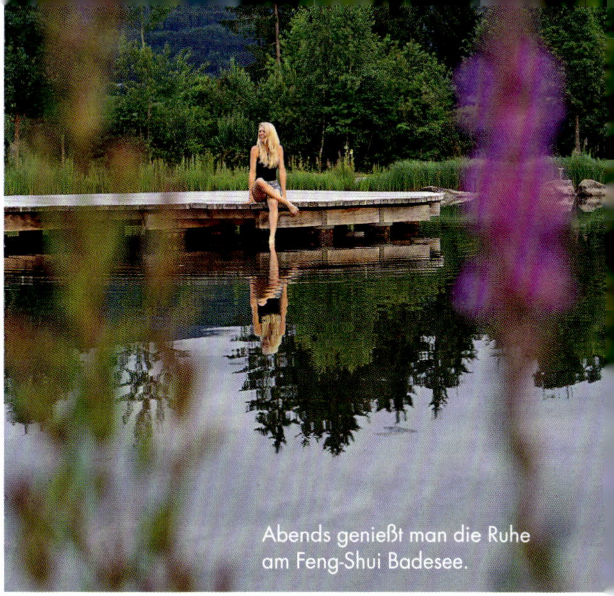
Abends genießt man die Ruhe am Feng-Shui Badesee.

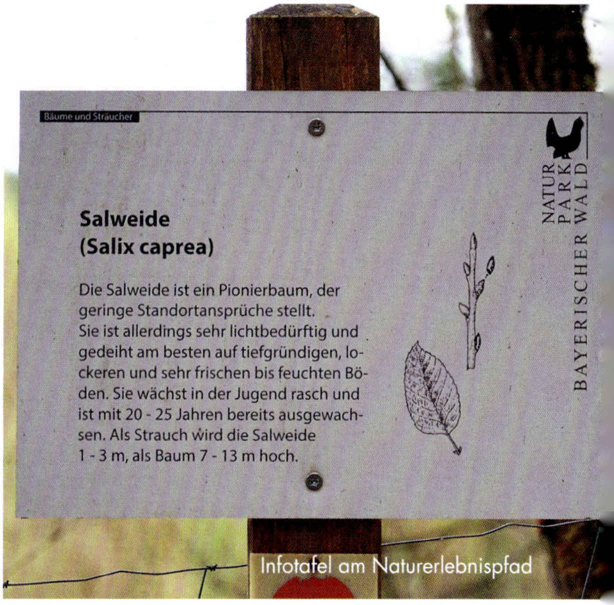

Infotafel am Naturerlebnispfad

Feng-Shui Kurpark Lalling

Das Erholungs- und Freizeitangebot auf dem Areal eignet sich als Ausflugsziel für Familien. Neben See, Themengärten, Restaurant oder Grillplatz können sich Kinder auf dem Spielplatz austoben oder im See baden.

8 GEHsundheitsweg Rusel

Aussicht am Geßingerstein und Königstein

Leicht	3,4 km	120 Hm	1 Std.

Tourencharakter
Rundweg überwiegend auf Naturgelände mit wurzeligen Pfaden, Lehr- und Experimentierstationen, tollen Aussichten; meist schattig

Ausgangs-/Endpunkt
Wanderparkplatz Ruselabsatz

GPS-Daten
48.875668, 13.065678

Anfahrt
Bus: Ab Deggendorf (4116) nach Ruselabsatz
Auto: A92 München–Deggendorf, Autobahnende Deggendorf B11, in Deggendorf auf die Ruselstraße (St2135); LK Regen, über St2135 Richtung Deggendorf; LK Freyung-Grafenau, B533 Richtung Deggendorf, St2133 Richtung Lalling, bei Schaufling über Ruselstraße zur St2135

Einkehr
Keine

Information
www.landkreis-deggendorf.de

Beim GEHsundheitsweg verbinden wir Gehen mit Gesundheit. Verschiedene Stationen zeigen Möglichkeiten zur Entspannung und schärfen das Bewusstsein zur Wahrnehmung der Natur. Atemberaubende Gipfelblicke bescheren der Geßingerstein (874 Meter) und der Königstein (850 Meter).

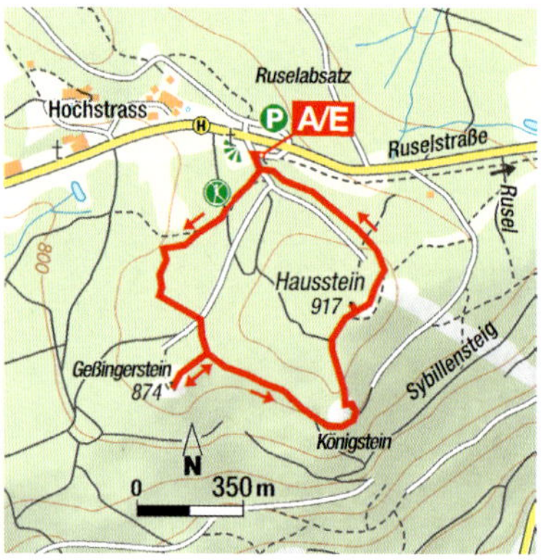

Zum Geßingerstein Beim großen Parkplatz am Ruselabsatz laufen wir zur rechten Seite auf den Waldpfad. Die Beschilderungen zu den Stationen des GEHsundheitswegs begleiten uns bereits während des ersten Teilstücks. Wer Lust hat, die Natur auf besondere Art und Weise zu spüren, kann sich dafür Zeit nehmen und die Übungen ausprobieren. Beim »Summfelsen« können wir z.B. mit dem Felsen kommunizieren, während wir an einer anderen Station »dynamisches Sitzen« lernen.

Nach rund 400 Metern überqueren wir einen kleinen Holzsteg, anschließend verlassen wir den weichen Waldpfad und erreichen geradeaus weiter einen Schotterweg. Danach leitet uns die Markierung über einen Wurzelweg zum Geßingerstein. Der Felsen bietet eine wirklich wunderbare Fernsicht. Wir gönnen uns ein paar Minuten Wanderpause und genießen den Blick über den Lallinger Winkel und die Donauebene des Deggendorfer Lands. Über die kleine Stichstraße geht es wieder zurück auf den Wanderweg durch den Wald.

Bei der nächsten Kreuzung halten wir uns links. Wir wandern leicht bergauf und folgen der Linkskurve. Steintreppen führen uns auf einem schmalen Pfad nach oben zum Königstein, während sich zur rechten Seite mächtige Fichten ausbreiten. Beim Königstein können wir uns auf eine der beiden Rastbänke setzen, um erneut die Aussicht zu bestaunen. Auf dem Gedenkstein erinnert die Inschrift an den Besuch von König Max II. und Königin Marie im Jahr 1849.

Rechts bergauf wandern wir anschließend über Felsen zu einer geschmückten Gedenkstätte des Haussteiner Klostermarten. Der 1619 gewählte Abt Johann Heinrich Lutz plante, dort ein Klösterchen für seine Anhänger zu errichten, und stieß damit im Kloster Niederaltteich auf erhebliche Widerstände. Seine Baupläne musste er aufgeben und das Bauwerk verfiel. Zur Erinnerung sehen wir die Gedenkstätte.

Über Stock und Stein marschieren wir durch den Wald zum unbeschilderten Hausstein, der sich bald links von uns befindet. Er liegt unscheinbar im Wald und lässt sich leicht an dem geziegelten Kamin erkennen. Nun folgen wir der Markierung rechts und gleich wieder links und kommen zum Startplatz für Paraglider. Ein kurzes Stück geht es talwärts, um gleich links der Beschilderung in den Wald zu folgen. 400 Meter bevor der Wanderweg endet, passieren wir noch eine kleine Steinbrücke. Anschließend folgen wir dem Wurzelpfad zurück zum Parkplatz.

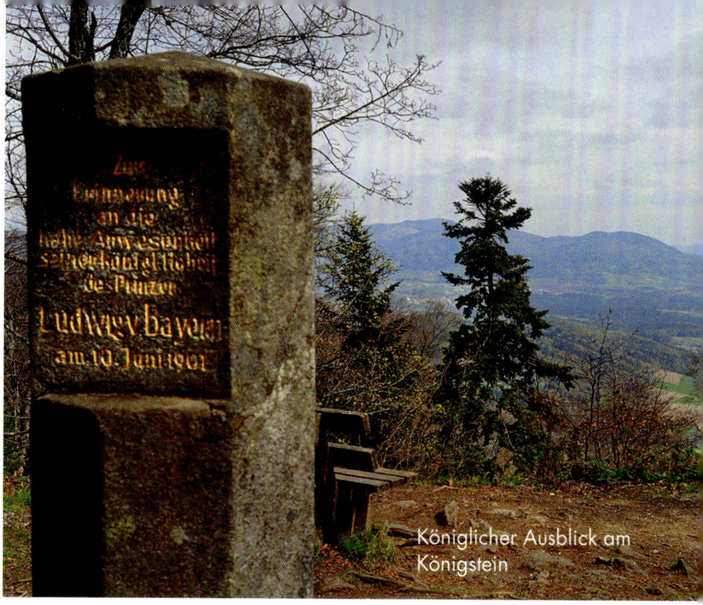

Königlicher Ausblick am Königstein

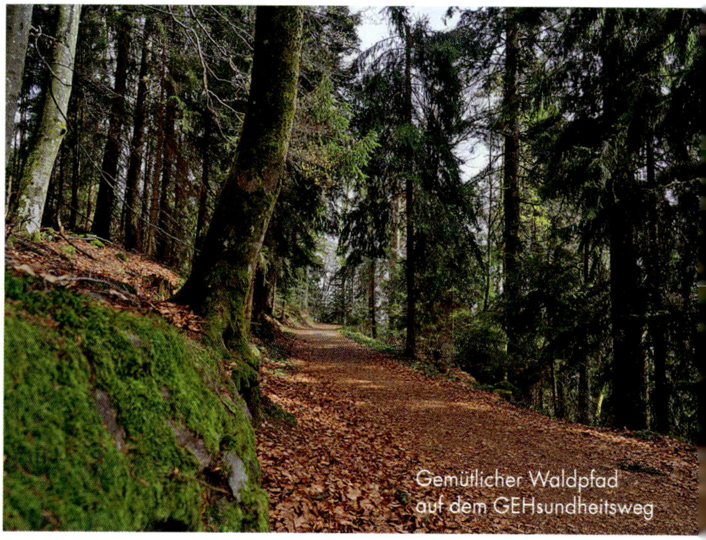

Gemütlicher Waldpfad auf dem GEHsundheitsweg

GEHsundheitsweg-Stationen

Die Übungen bei den Stationen des GEHsundheitswegs eignen sich für Groß und Klein. In einem abgegrenzten Bereich können wir uns z B. von unserer Begleitperson führen lassen, während wir barfuß und mit geschlossenen Augen über den Waldboden laufen. Durch den Tastsinn der Fußsohle erleben wir Steine und die Nadeln der Bäume völlig neu.

9 Büchelsteinerrunde

Kulinarische Aussichtsgipfel über dem Donautal

Mittel	6,0 km	305 Hm	2 Std.

Tourencharakter
Rundweg überwiegend auf Naturgelände mit wurzeligen Pfaden und herrlichen Panoramablicken, wenig Asphalt, meist schattig

Ausgangs-/Endpunkt
Ort Kerschbaum, 94541 Grattersdorf, Schotterparkplatz Skilift, Markierung 54 rot

GPS-Daten
48.806950, 13.190256

Anfahrt
Bus: Ab Deggendorf (4120 und 6147 bzw. 6142) nach Kerschbaum Abzw. Grattersdorf
Auto: A3 Passau–Deggendorf, Ausfahrt Hengersberg, B533 Richtung Grafenau, ca. 2 km nach Auerbach rechts Richtung Grattersdorf; LK Regen, Richtung Bischofsmais über den Ranzinger Berg nach Lalling oder Richtung Kirchberg i.W. über Hangenleithen auf die B533 Richtung Deggendorf, Abfahrt Grattersdorf; LK Freyung-Grafenau, B533 Richtung Deggendorf, Abfahrt Schöfweg auf St2134 Richtung Grattersdorf

Einkehr
keine

Information
www.landkreis-deggendorf.de

Der Große Büchelstein (827 Meter) ist rasch erreicht, die Aussicht reicht manchmal bis zu den Alpen. Auch beim Kleinen Büchelstein (704 Meter) werden wir mit herrlichen Weitblicken belohnt. Kulinarisch wird es mit dem legendären Kochrezept des »Büchelsteiner Eintopfs«.

Zum Großen Büchelstein Der Einstieg beginnt auf der gegenüberliegenden Seite des Schotterparkplatzes. Wir folgen zunächst der Asphaltstraße in der Ortschaft Kerschbaum an der malerischen Dorfkapelle vorbei.

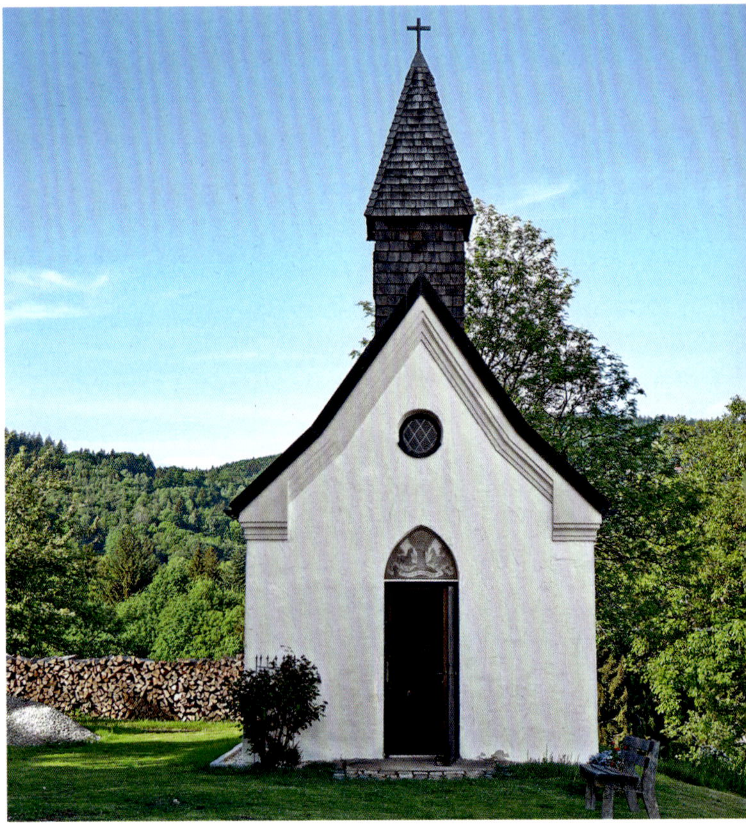

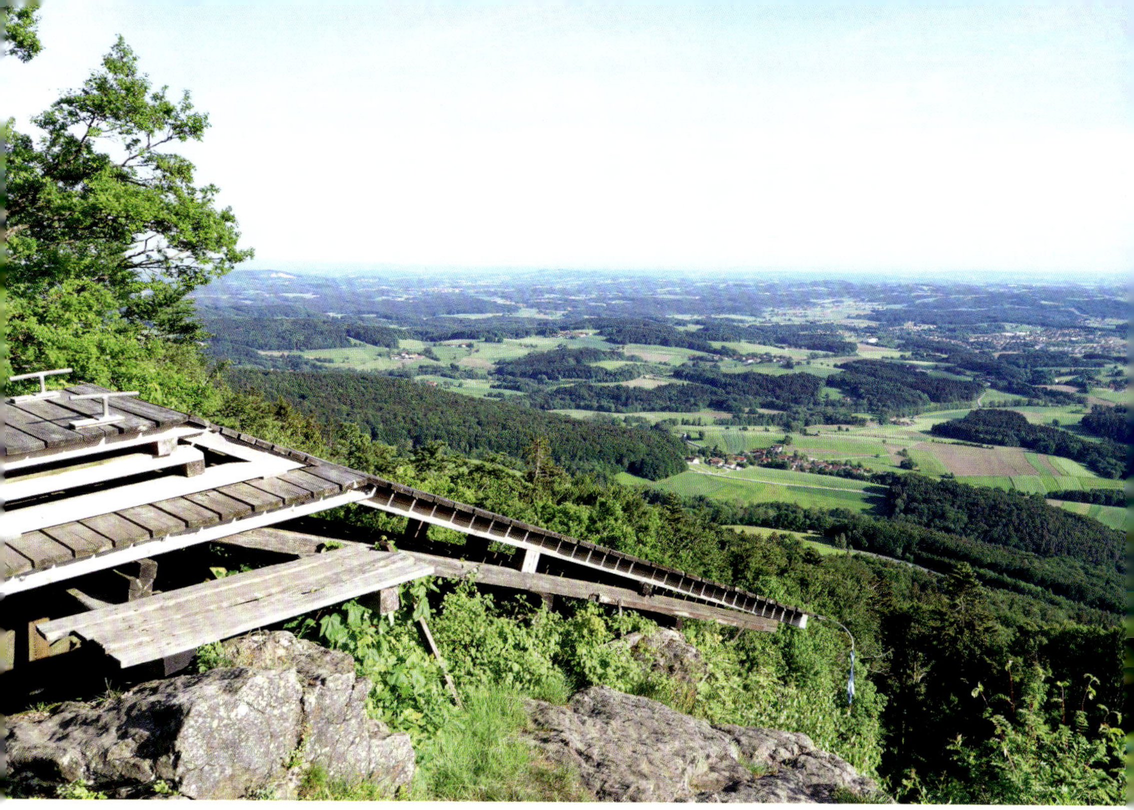

Ab in die Lüfte – Holzrampe am Großen Büchelstein für Paraglider

Nach dem Gasthaus sehen wir an der Kreuzung die vielen Markierungen für die verschiedenen Wanderwege. Wir halten uns links entsprechend der Beschilderung in Richtung Oberaign. Die Straße ist nun von dichtem Wald umrahmt und nach ungefähr einem Kilometer erreichen wir Oberaign mit dem »Gut Büchelstein«. Hier besteht zugleich die Möglichkeit, rechts zum Hausberg des Deggendorfer Lands, dem Brotjacklriegel (Tour 10), zu wandern.

Nach weiteren 500 Metern mündet der Weg in einen schönen Waldpfad und nur ein paar Gehminuten weiter breitet sich vor uns der Große Büchelstein aus. Kurz vor dem Gipfel hängen an zwei Bäumen Informationstafeln zur Geschichte rund um den Büchelstein sowie das Rezept des Eintopfgerichts. Das berühmte schnell zubereitete Eintopfgericht wird der ehemaligen Wirtin Auguste Winkler aus Grattersdorf zugeschrieben. Namensgeber war der nahe gelegene Hausberg Büchelstein.

Linke Seite: Dorfkapelle Kerschbaum

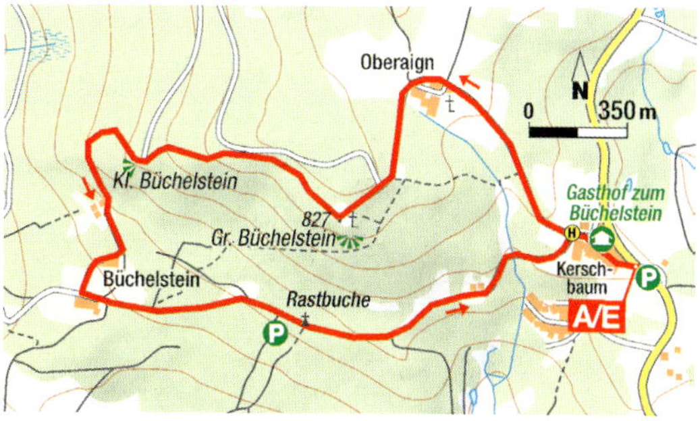

Auf dem Gipfel werden wir mit einer traumhaften Weitsicht belohnt. Der Name des Aussichtsgipfels ist somit Programm, denn das Wort »Büchel« stammt von Berg

oder Anhöhe. Die Holzrampe neben dem Gipfel dient als Startpunkt für Paraglider. Bei der Holzbank können wir den schwindelerregenden Panoramablick noch ein wenig im Sitzen genießen.

Zum Kleinen Büchelstein An der Rastbank vorbei marschieren wir zunächst auf einem Waldpfad weiter. Nach insgesamt 2,3 Kilometern stoßen wir auf eine unscheinbare Markierung, die uns links bergab leitet. Steine und Felsen erfordern auf dieser kurzweiligen Passage deutlich mehr Trittsicherheit als zuvor. Wir bleiben in Richtung Grattersdorf und entdecken, an einem Baum befestigt, das Holzschild mit dem Abstecher zum Kleinen Büchelstein. Es trägt den bayerischen Schriftzug »Doisa dagloa Büchelstoa« und bedeutet übersetzt »Hier ist er, der Kleine Büchelstein«. Klingt auf Bayerisch erheblich besser! Auf einem rauen Pfad gelangen wir wenige Wandermeter weiter zum zweiten Felsgipfel. Den Kleinen Büchelstein ziert ebenfalls ein Holzkreuz mit Rastbank und er erlaubt uns erneut prächtige Blicke ins Donautal.

Links: Versteckt im Wald – die Wallfahrtskapelle Rastbuche

Rechts: Kreuzstation

Rückweg über Wallfahrt Rastbuche Nachdem wir den kleinen Stichweg zum Gipfel verlassen, wandern wir links bergab am

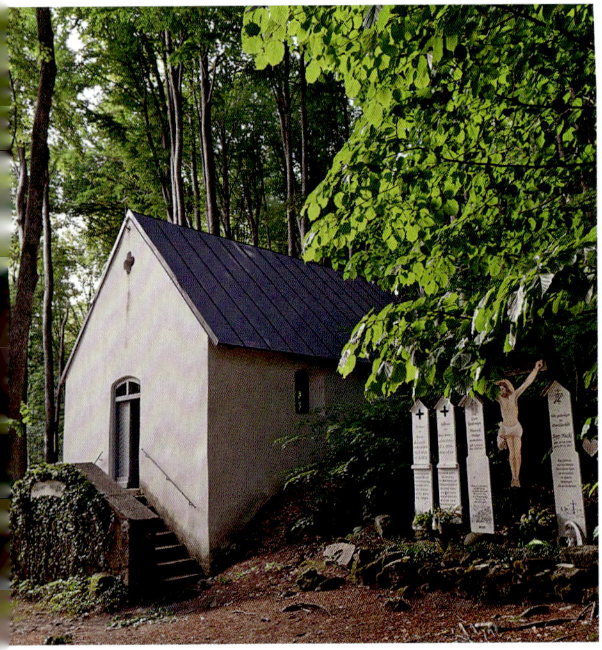

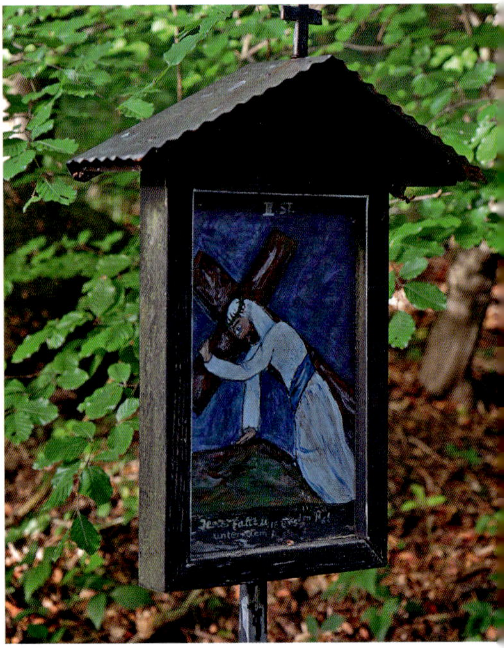

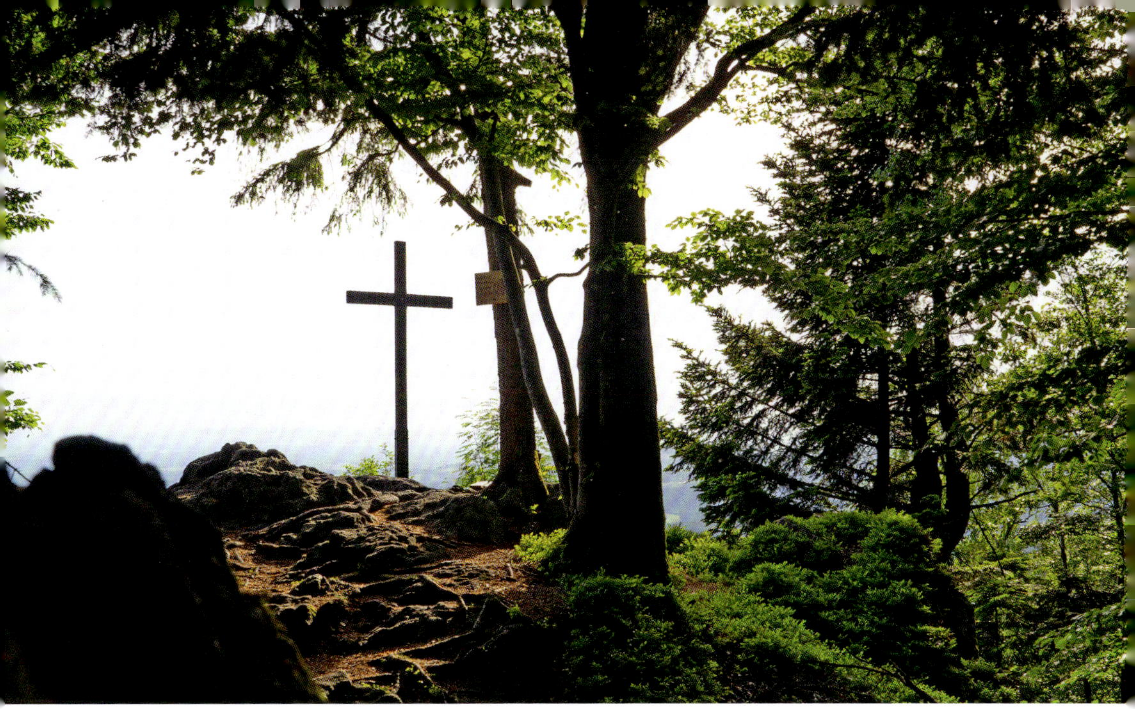

Hang. Der Weg bleibt mit Felsen und Wurzeln gesäumt. Nach dem alleinstehenden Haus am Waldende laufen wir zweimal links. Zuerst auf einem Schotterweg, anschließend auf Asphalt mit mäßigem Anstieg. Danach mündet der Weg in einen bezaubernden Waldpfad.

Gipfelkreuz am Kleinen Büchelstein

Am Wegrand entdecken wir Kreuzstationen, die bei der Wallfahrtskapelle Rastbuche und den Totenbrettern enden. Den Pilgerort besuchen Menschen bereits seit dem 8. Jahrhundert. Nach Überlieferung der Sage soll Jesus bei der Rastbuche auf dem Weg zum Büchelstein eine Pause eingelegt haben. Beim Altar kniete er in der um 1700 erbauten Kapelle vor Erschöpfung nieder. Die beiden Abdrücke im Stein erinnern an seine Knie. Wir verlassen den andächtigen Ort und passieren bald ein einsames Haus im Wald. Links setzen wir die Route sehr kurz auf Asphalt und anschließend wieder auf einem Schotterweg fort. Noch ein letztes Mal nimmt der Anstieg zu, während zur rechten Seite ein kleiner Bachlauf erkennbar ist. In Kerschbaum angekommen, folgen wir der Straße rechts zurück zum Ausgangspunkt.

Die Geschichte rund um den Büchelstein

1853 übernahm Auguste Winkler mit ihrem Mann das Gasthaus in Grattersdorf. Sie kochte das Gericht nicht nur für ihre Gäste, sondern auch auf der Waldwiese zum »Büchelsteiner Fest«. Der Eintopf ist ebenfalls unter dem Namen »Pichelsteiner Eintopf« bekannt.

10 Brotjacklriegel und Turmstüberl

Panoramaaussicht und Einkehr im Sonnenland

Mittel | 5,9 km | 310 Hm | 2 Std.

Tourencharakter
Rundweg überwiegend auf unbefestigtem Waldgelände und Schotter; sehr kurzer, aber steiler Anstieg, erfordert Kraft, meist schattig

Ausgangs-/Endpunkt
Parkplatz am Hochweg, Daxstein

GPS-Daten
48.818976, 13.237639

Anfahrt
Bus: Ab Deggendorf (4160, 4122 und 6142) oder ab Grafenau (211 und 205) nach Daxstein Platzl, Zenting
Auto: A3 Passau–Deggendorf, Ausfahrt Hengersberg, B533 Richtung Grafenau, bei Freundorf auf St2134, über Schöfweg Richtung Daxstein; LK Regen, Richtung Bischofsmais über den Ranzinger Berg nach Lalling oder Richtung Kirchberg i.W. über Hangenleithen auf die B533 Richtung Grafenau, Abfahrt Schöfweg St2134, Daxstein; LK Freyung-Grafenau, B533 Richtung Deggendorf, Abfahrt Schöfweg auf St2134, Daxstein

Einkehr
Turmstüberl im Aussichtsturm, aktuelle Öffnungszeiten abrufbar unter www.regionsonnenwald.de

Information
www.landkreis-deggendorf.de (Region Sonnenwald)

Wer einen kurzen, knackigen Anstieg nicht scheut, wandert ab Daxstein zum Gipfel des 1011 Meter hohen Brotjacklriegels. Belohnt werden wir mit wunderbaren Fernsichten, und die Einkehr auf der schattigen Terrasse des 25 Meter hohen Turmstüberls planen wir gleich mit ein.

Zum Turmstüberl Auf der gegenüberliegenden Seite des Wanderparkplatzes biegen wir zunächst in den asphaltierten Wanderweg ein und folgen nach etwa 300 Metern der Straße Richtung »Turmweg Brotjacklriegel« mit der roten 28. Durch den Wald geht es erst einmal kurz locker bergab, im Anschluss

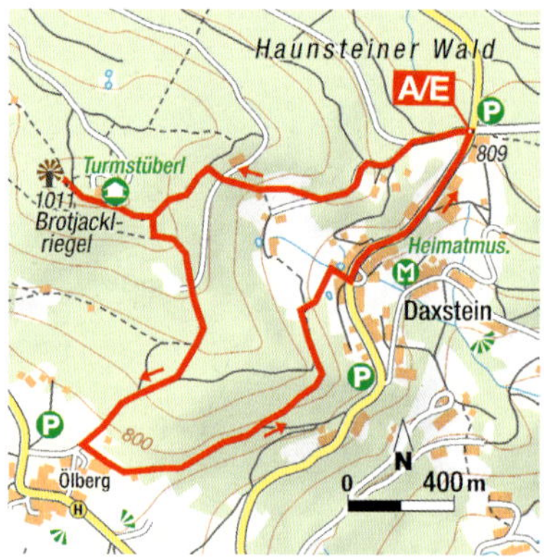

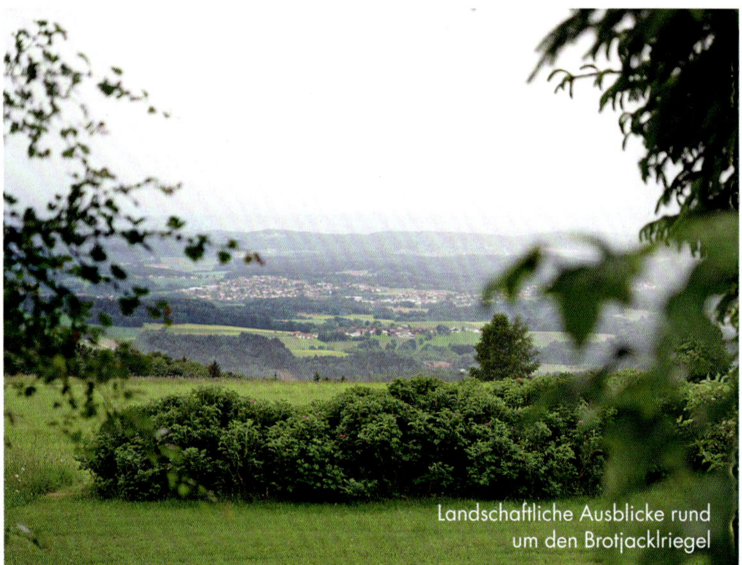
Landschaftliche Ausblicke rund um den Brotjacklriegel

nur noch bergauf. Bei 750 Metern halten wir uns rechts zum Schotterweg und nach weiteren 200 Metern nehmen wir wieder rechts den steilen Trampelpfad beim Bauernhof. Beim kurzen, aber gefühlt vertikalen Aufstieg lohnt es sich, vor dem Wald einen Blick zurückzuwerfen. Der Ausblick über die Landschaft punktet hier mit einer unglaublichen Weite.

Nun wandern wir durch ziemlich steiles und teils ruppiges Waldgelände. Der dichte Baumbewuchs schützt uns im Sommer vor Hitze und Sonne. Nach der Kurve wird der Wanderweg gemäßigter, danach sogleich wieder anspruchsvoller. Beim Kreuzungspunkt (später unser Rückkehrpunkt) streben wir geradeaus hoch und erreichen nach ein paar Hundert Metern erst den Sendemast und unmittelbar darauf den Brotjacklriegel mit dem Turmstüberl. 127 Stufen müssen wir in dem hölzernen Turm bezwingen, um in den Genuss des entzückenden Panoramablicks zu kommen (Eintritt für den Aussichtsturm: Erwachsene 1 € / Kinder 0,50 €). In alle Himmelsrichtungen belohnen uns traumhafte Fernsichten vom Bayerwald zum Böhmerwald, über das Passauer Land sowie über die bayerischen und österreichischen Alpen. Bei schönem Wetter können wir es uns anschließend auf der schattigen Terrasse des Turmstüberls gemütlich machen und uns bei einer Brotzeit von dem kurzen Bergabenteuer erholen.

Anmerkung: Der Aussichtsturm musste wegen dringender baulicher Maßnahmen nach Fertigstellung des Manuskripts auf unbestimmte Zeit geschlossen werden. Das Turmstüberl kann weiterhin zur Einkehr besucht werden.

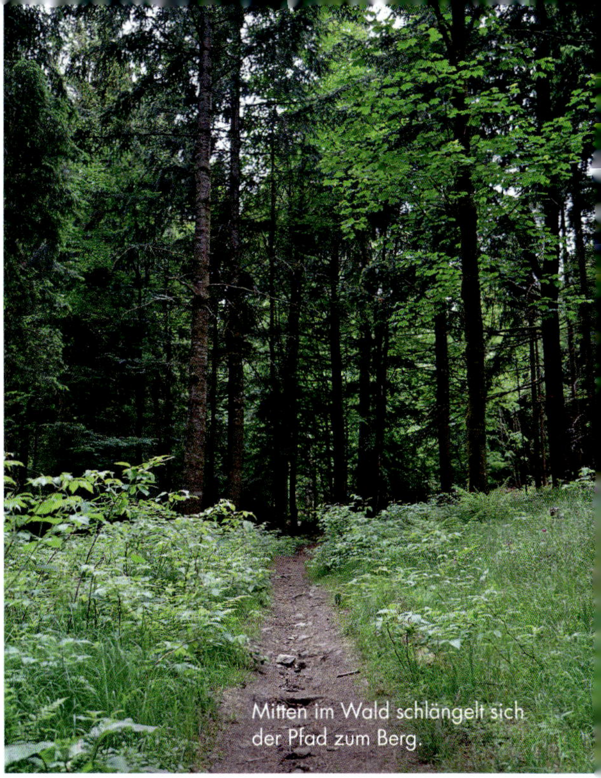

Mitten im Wald schlängelt sich der Pfad zum Berg.

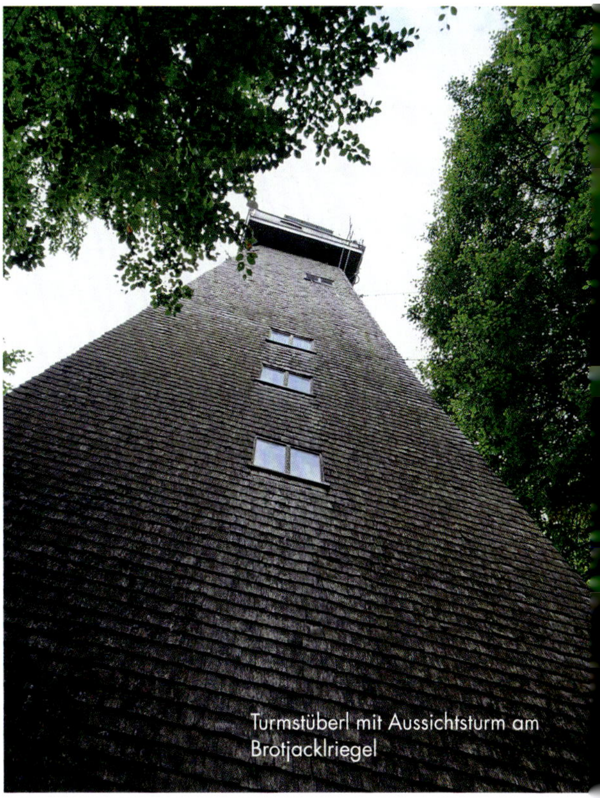

Turmstüberl mit Aussichtsturm am Brotjacklriegel

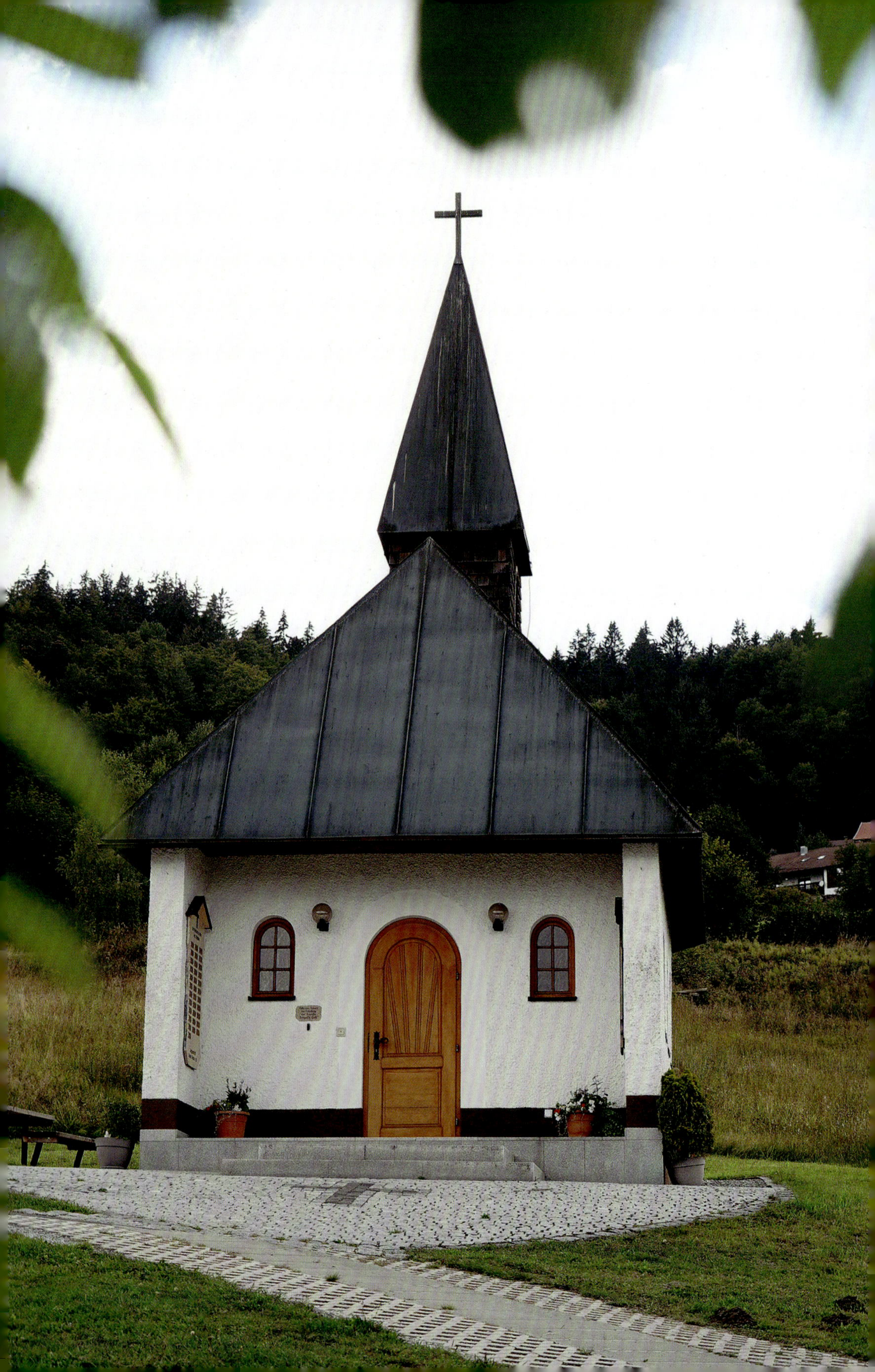

Linke Seite: Kapelle am Waldrand

Weitblicke in alle Himmelsrichtungen

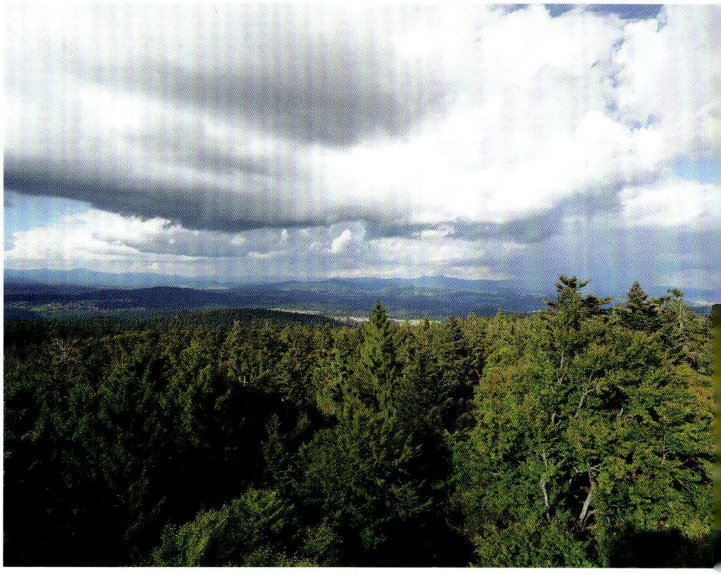

Rückkehr über Kapelle Für den geschmeidigen Abstieg laufen wir zurück bis zum Kreuzungspunkt und biegen bei 2,2 Kilometern rechts ab. Bei der nächsten Möglichkeit überqueren wir die Straße. Talwärts folgen wir der Strecke Richtung Wald und halten uns an der Gabelung rechts der Markierung. Nach einem weiteren Kilometer verlassen wir den Wald und wandern Richtung Ölberg. Das Bodengelände wechselt bei der Streusiedlung mit den schönen Ausblicken kurz zwischen einem Asphalt- und Schotterweg. Anschließend wandern wir ein letztes Mal im Dickicht des Walds bergauf und danach talwärts weiter.

Das Waldgebiet verlassen wir bei rund 4,8 Kilometern und wir laufen geradeaus auf die pittoreske Kapelle von Daxstein zu. Nach dem kurzen Pflasterweg marschieren wir links auf die Dorfstraße. Die letzten Wandermeter sind von einer sanften Steigung geprägt. Am »Heimatmuseum« und »Café Daxtein« vorbei, geht es zurück zum Ausgangspunkt.

Alternative: Erlebnispfad für Kinder & Brotjacklriegel-Verlängerung (Rundweg) Für Familien mit kleineren Kindern eignet sich vor allem der zwei Kilometer lange Erlebnispfad des Sonnenwalds mit zehn Stationen. Um die jungen Wanderer für das Walderlebnis begeistern zu können, werden sie vom rothaarigen Bergkobold »Jackl« begleitet. Wer den elf Kilometer langen Rundweg entdecken möchte, muss mit einer Gehzeit von ca. vier Stunden rechnen. In den Sommermonaten ist das »Turmstüberl« bei günstiger Wetterlage täglich geöffnet.

Woher stammt der seltsame Name Brotjacklriegel?

Laut der Sage verdankt der Berg seinen sperrigen Namen dem »Brot-Jackl«, einem Berg-Bäcker, der sich während des Dreißigjährigen Kriegs auf dem bewaldeten Gipfel zum Schutz versteckt haben soll. Rund um den Brotjacklriegel trifft man geschnitzte Holzfiguren – der »Brot-Jackl« ist natürlich auch dabei.

Rastplatz auf dem Weg zu
den Nagelsteiner Wasserfällen
(Tour 14)

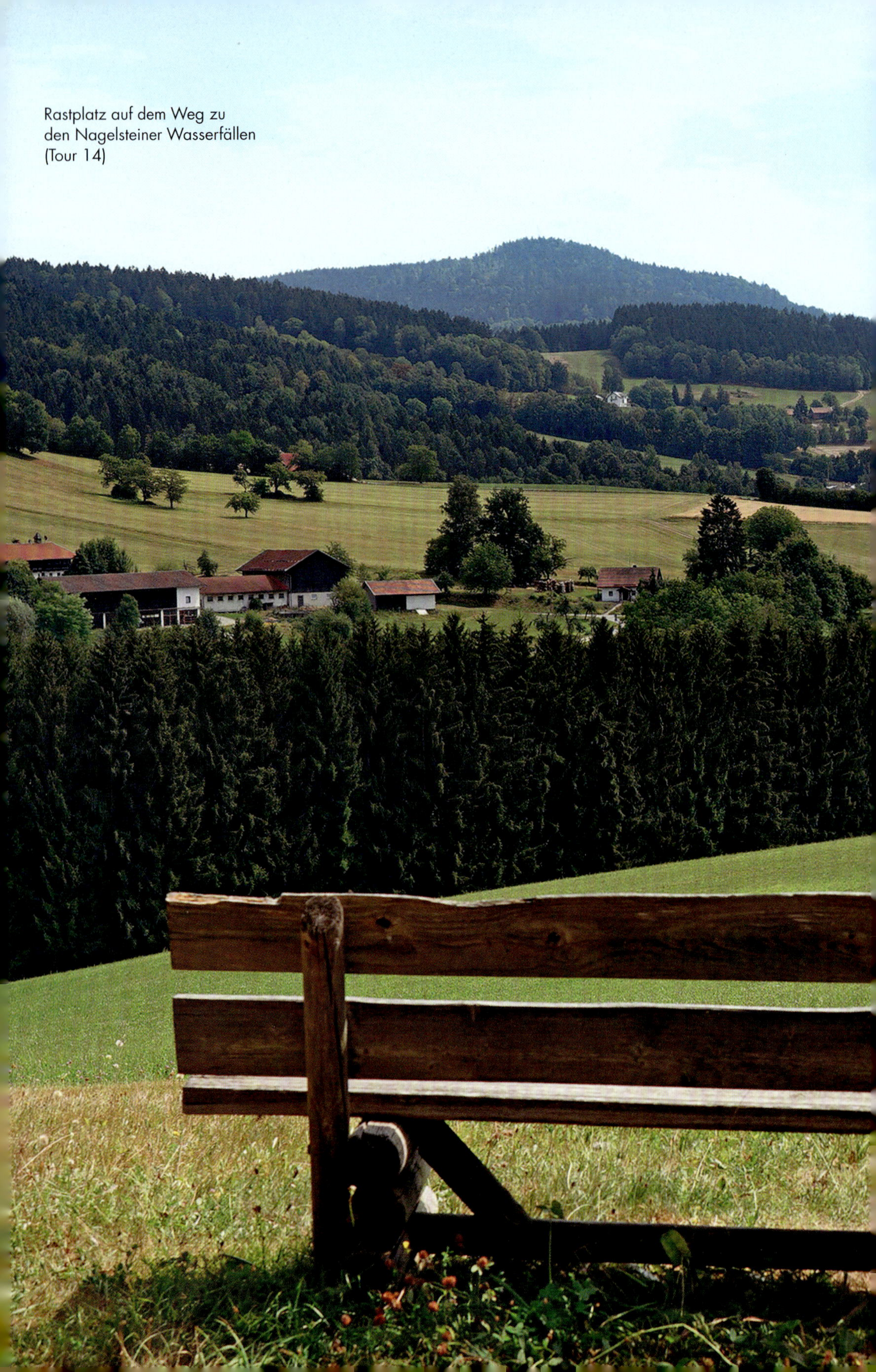

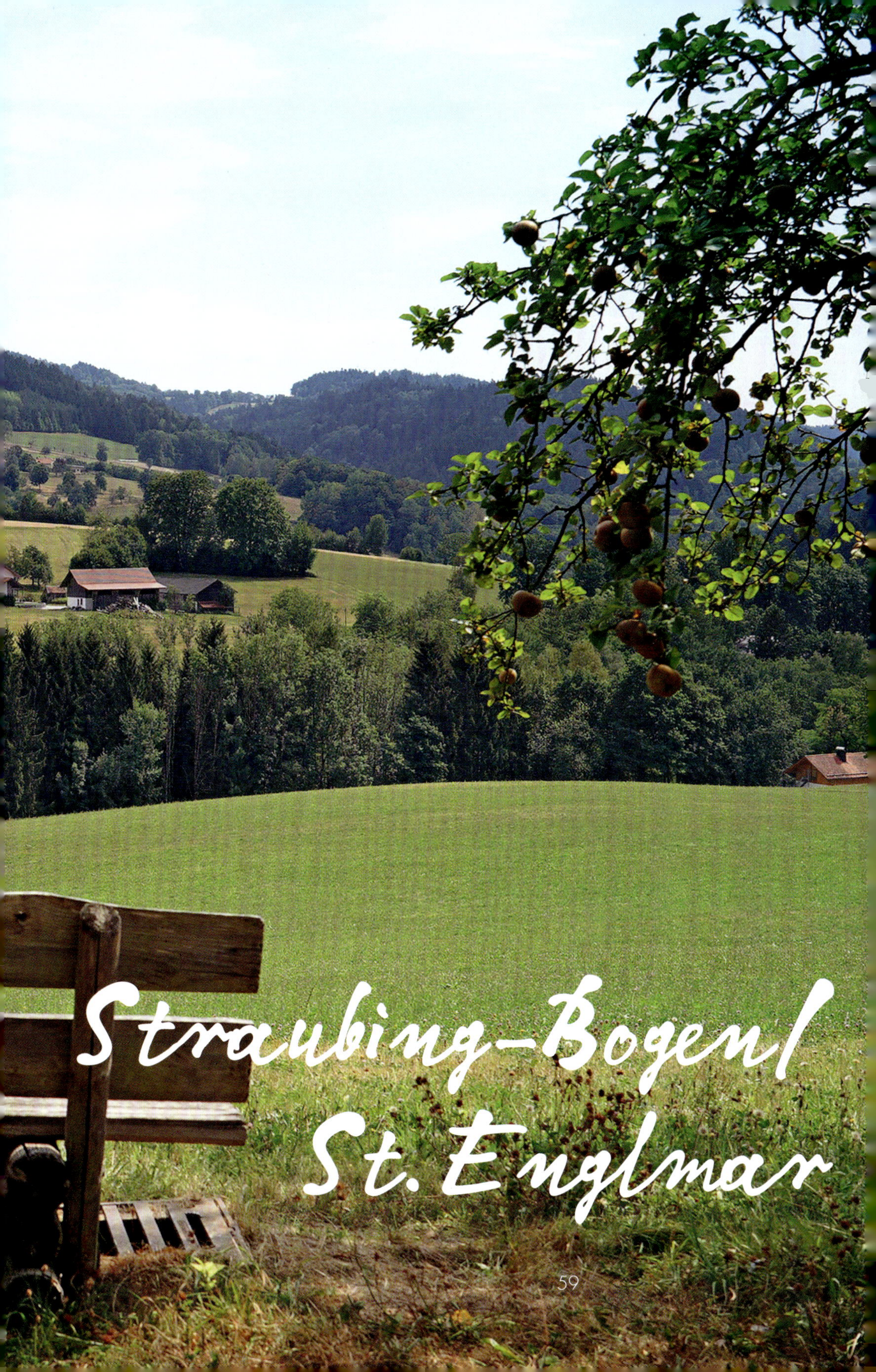

Straubing-Bogen/ St. Englmar

11 Auf zur Käsplatte

Steiniges Gipfelglück

Mittel | 6,9 km | 260 Hm | 2.15 Std.

Tourencharakter
Rundwanderung, überwiegend Waldpfade, zum Gipfel steinige Passage, dafür grandiose Aussicht; Wiesenpfade, ab und zu Asphaltbelag, eher schattig

Ausgangs-/Endpunkt
Wanderparkplatz Hinterwies

GPS-Daten
49.030148, 12.818652

Anfahrt
Bus: Ab Straubing oder Viechtach (15 und RUFBUS 8204) nach Hochpröller, Kollnburg; ca. 0,7 km Anmarsch bis Ausgangspunkt
Auto: A3 Regensburg–Deggendorf, Ausfahrt Schwarzach, über St2147 und St2139 nach St. Englmar; A92 München–Deggendorf, Kreuz Deggendorf, A3 Richtung Regensburg, Ausfahrt Schwarzach dann wie zuvor beschrieben; LK Regen, B85 Regen–Viechtach, Abfahrt bei Viechtach auf St2139 Richtung St. Englmar

Einkehr
Keine auf direktem Weg, am Wanderparkplatz: Berggasthof Hinterwies, Hinterwies 3, 94379 Sankt Englmar, Tel. 09965/408, www.berggasthof-hinterwies.de

Information
www.landkreis-straubing-bogen.de

Alles andere als »Käse« erwartet uns am 978 Meter hohen Gipfel der Käsplatte! Wir wandern zu einem Meer aus Felsblöcken, gespickt mit herrlichen Fernsichten. Zweifelsohne: Der baumfreie, mit Granitblöcken übersäte Berg erinnert an den populären Nationalparkgipfel Lusen.

Zur Käsplatte Links gegenüber des Wanderparkplatzes in Hinterwies beginnt unser Weg mit der Markierung rote 16. Wir marschieren zunächst auf Schotter zwischen idyllischen Blumenwiesen und der Wacholderheide Ahornwies. Wacholderheiden entstanden auf nährstoffarmen, trockenen und steinigen Böden und prägten bis Mitte des letzten Jahrhunderts das Landschaftsbild des Bayerischen Walds.

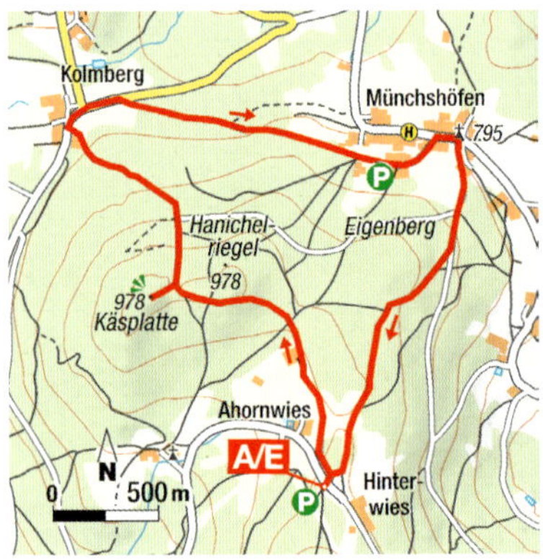

Durch den Wandel der Landwirtschaft sind die Flächen mit Arnika und Heidenelken nahezu verschwunden. Zum Erhalt der kulturhistorischen Ahornwies wurden Fichten entfernt, sie hätten dem unter Naturschutz stehenden Wacholder das Licht geraubt und ihn verdrängt. Wir sind erst wenige Schritte gelaufen und sehen zur rechten Seite einen malerisch gelegenen Rastplatz mit Holzbank und Tisch unter einem wuchtigen Baum. Nach 600 Metern führt uns der Weg bei den Häusern rechts in Richtung Wald. Im Wald angekommen, weist uns die Markierung linker Hand. Anfänglich zeigt sich die Route kaum anspruchsvoll, nach rund einem Kilometer nimmt die Steigung auf dem felsigen Waldpfad zu. Wenige Hundert Meter weiter halten wir uns erneut links und wandern den Stichweg zum charakteristischen Gipfel mit der fantastischen Aussicht. Die unzähligen riesigen Steinblöcke bestehen aus Gra-

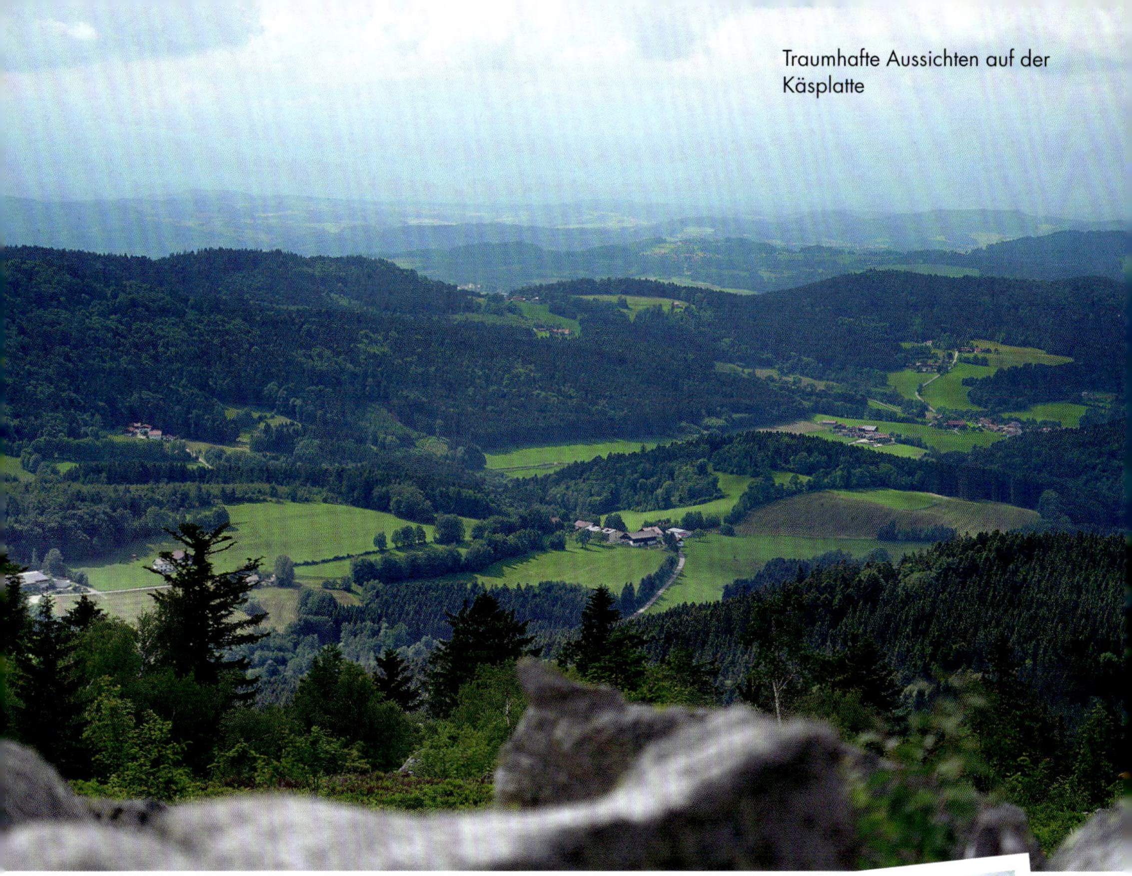

Traumhafte Aussichten auf der Käsplatte

nit und Anatexit und sind als Naturdenkmal und bedeutendes Geotop ausgewiesen. Das kleine Holzbankerl neben dem stattlichen Kreuz wirkt in diesem einzigartigen und atemberaubenden Naturbereich fast ein wenig verloren. Zum Verweilen lädt eine weitere großzügige Picknickmöglichkeit mit Tisch und Bänken ein.

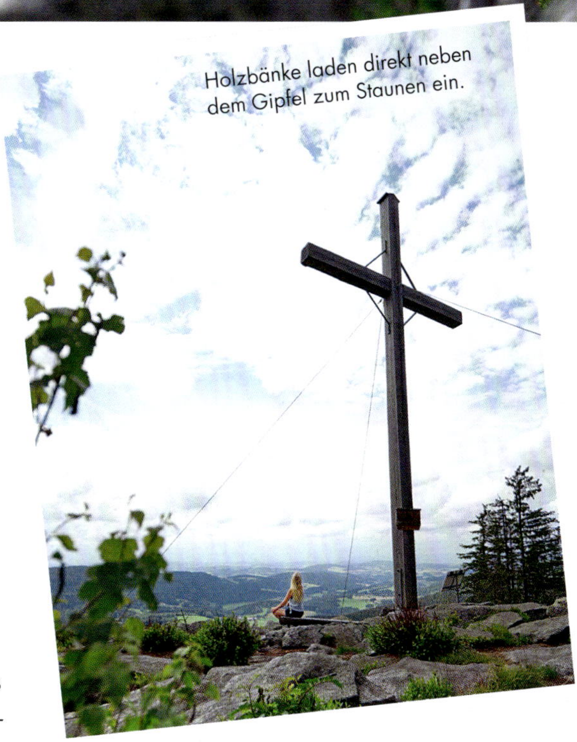

Holzbänke laden direkt neben dem Gipfel zum Staunen ein.

Richtung Kolmberg und Münchshöfen Zurück an der Gabelung wandern wir links Richtung Kolmberg. Der steile Pfad ist mit wild wachsenden Wurzeln und Felsblöcken überzogen, sodass etwas mehr Trittsicherheit gefordert wird. An der nächsten kleinen Lichtung halten wir uns rechts. Nach weiteren 200 Metern leitet uns die Markierung links bergab. Die Wegstrecke bleibt steinig, bis wir die Asphaltstraße

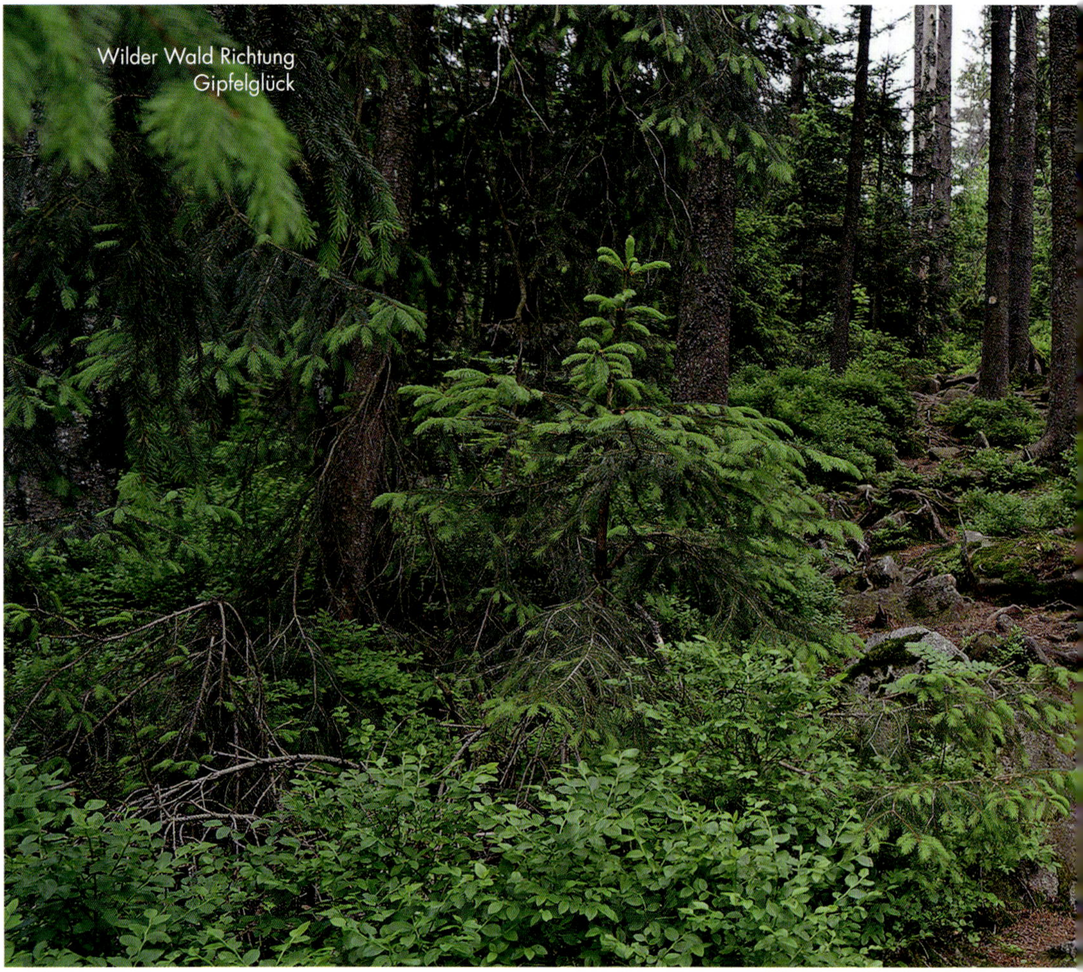

Kombination mit Pröller Gipfel

Wer kein Wandermuffel ist, kann die Wanderung zum beliebten Pröller Gipfel verlängern. Als Startpunkt empfiehlt sich der Wanderparkplatz in St. Englmar. Zuerst führt die ca. elf Kilometer lange Route zum 1048 Meter hohen Pröller, weiter zur Käsplatte bis Hinterwies und zurück zum Ausgangspunkt in St. Englmar.

erreichen. 250 Meter marschieren wir nun auf der Verkehrsstraße, danach biegen wir rechts wieder in einen Wiesenpfad ein und streben bei der folgenden Abbiegung rechts Richtung Münchshöfen. Nach Durchquerung des Nadelwalds eröffnet sich ein schöner Ausblick. Wir marschieren weiter und halten uns bald links. Der Weg mündet nun wieder in eine Asphaltstraße und wir werden erneut mit herrlichen Bayerwald-Fernsichten belohnt. In Münchshofen

Rechte Seite: Die handgeschriebenen Schilder sind typisch für den Raum Straubing-Bogen.

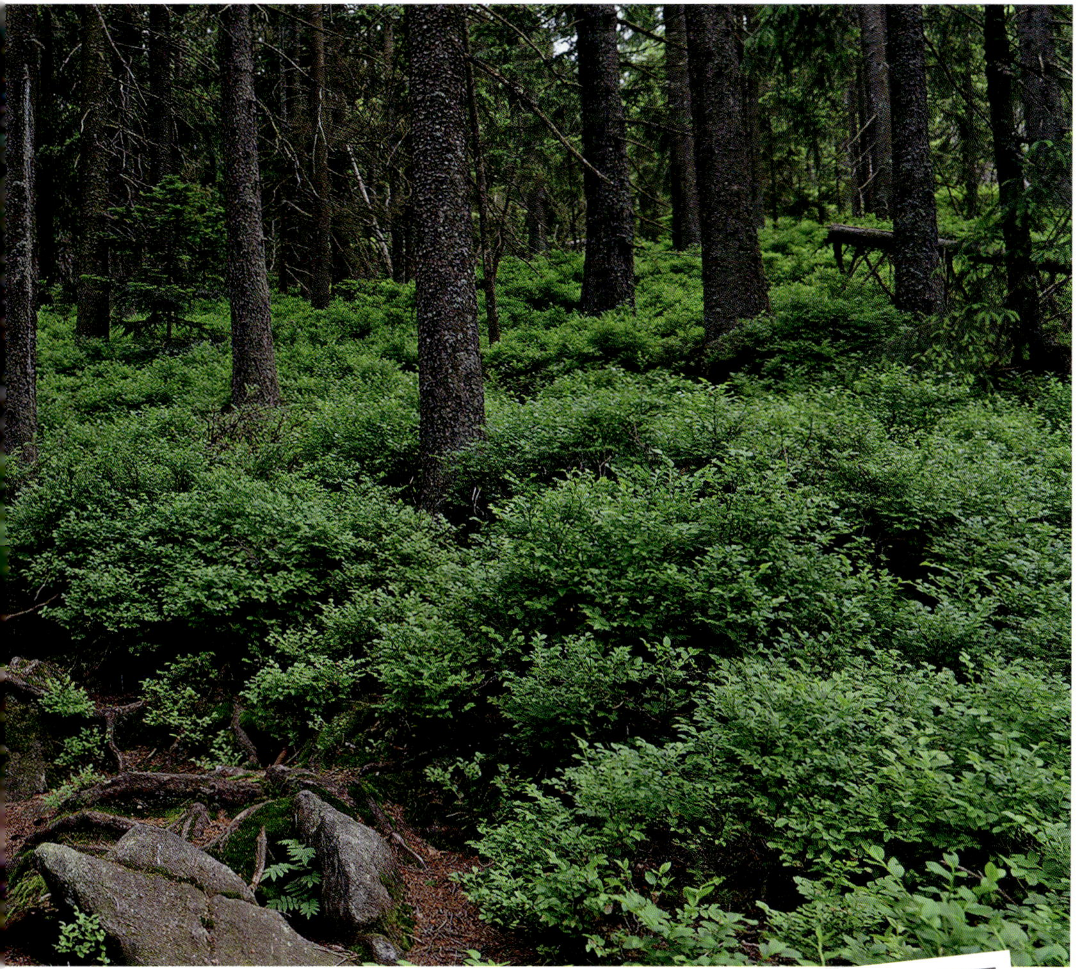

wandern wir am Gasthof »Wurzelsepp« vorbei und biegen bei der Kapelle rechts in Richtung Ahornwies ab. Auf Schotterwegen bringt uns die Markierung zurück in den dicht gewachsenen Wald. An der nächsten Abbiegung wandern wir links und gleich darauf rechts. Die restliche Wegstrecke führt uns fortlaufend bergauf durch den Wald, bis wir wieder die Straße überqueren und beim Parkplatz ankommen.

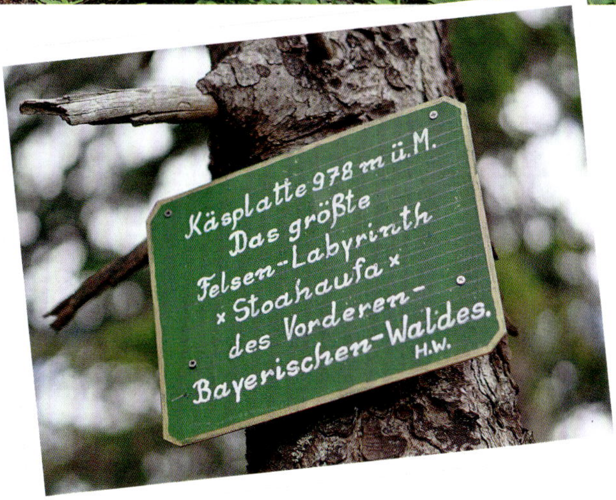

12 Flussromantik im Perlbachtal

An der Menach und Burg Mitterfels

Leicht | 3,7 km | 115 Hm | 1.15 Std.

Tourencharakter
Rundweg überwiegend auf Schotter, Teilstrecke im Ortskern auf Asphalt, sehenswert mit Burgmuseum, eher schattig

Ausgangs-/Endpunkt
Ortskern Mitterfels

GPS-Daten
48.969744, 12.679547

Anfahrt
Bus: Ab Straubing (10) nach Kirche, Mitterfels; ca. 0,6 km Anmarsch bis Ausgangspunkt
Auto: A3 Regensburg–Deggendorf, Kreuz Straubing, B20 Richtung Cham, nach ca. 700 m rechts auf St2140 Richtung Mitterfels; LK Cham, B20 Richtung Straubing, Abfahrt Ascha auf St2147 Richtung Mitterfels

Einkehr
Café Perlbachtal, Burgstraße 5, 94360 Mitterfels, Tel. 09961/234, www.cafe-perlbachtal.de

Information
www.landkreis-straubing-bogen.de

Rechte Seite: Kletterer am Teufelsfelsen

Wild bewachsene Ufersäume und das Plätschern der Menach sorgen für eine entspannte naturkundliche Wanderung im Perlbachtal. Beim 410 Meter hohen Teufelsfelsen können wir Sportler beim Klettern beobachten. Neben der wunderschönen Natur bildet die Burg Mitterfels mit dem Museum das Herzstück der Wandertour.

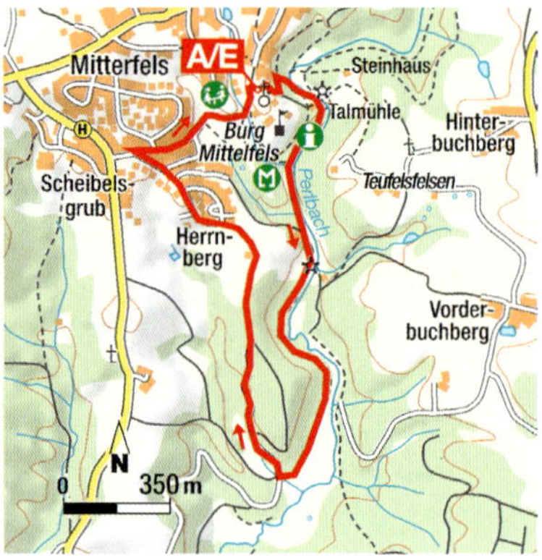

Richtung Teufelsfelsen Wir beginnen unsere Wanderung im Ortskern von Mitterfels und starten bei der Kirche links bergab in die Schlucht mit der Beschilderung »Zu den Rundwegen«. Sie sind mit den Nummern 1, 2 und 3 gekennzeichnet. Wir werden der roten 3 folgen. Auf grobem Schotter erreichen wir bereits nach 250 Metern den gewaltigen Teufelsfelsen. Im Sommer ist das Perlbachtal wie ein dichter Dschungel bewachsen. Durch die Bäume hindurch gibt es dennoch immer wieder freie Blicke zum mächtigen Gestein. Der wollsackverwitterte Felsen weist eine Kuppe aus Perlgneis auf und wurde als geschütztes Geotop ausgezeichnet. Wer mag, kann über den unbefestigten Waldpfad zum Teufelsfelsen wandern oder, wie eingangs erwähnt, den Sportlern beim Klettern zuschauen. Informationen zur Sage über den Teufelsfelsen finden sich auf der kleinen Infotafel.

An der Menach Nur wenige Schritte weiter wandern wir im schattigen Mischwald auf einem fast ebenen Weg entlang der Menach. Ohne Anstrengung genießen wir die romantisch anmutende Natur. Vorzugsweise wachsen Edellaubhölzer wie Esche und Ahorn in dem Schluchtwald. Auch Linden oder Hainbuchen

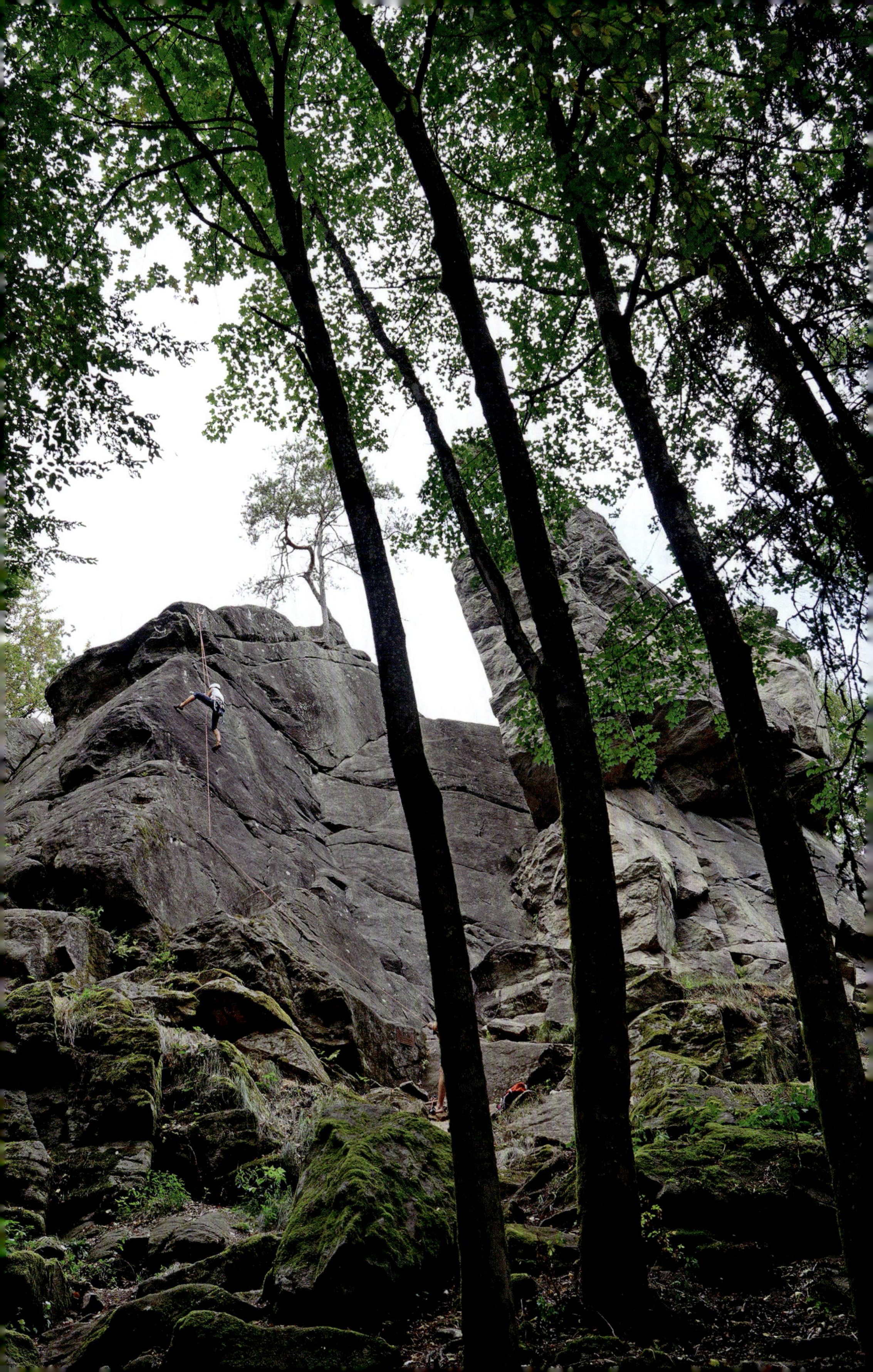

fühlen sich rund um die Menach besonders wohl. Direkt zum Flussufer kommen wir im Sommer nur selten. Meist schützen große Flächen an Brennnesseln das Fließgewässer vor menschlichen Besuchern. Obwohl die Strecke sehr kurz ist, laden immer wieder Rastbänke zum Sitzen ein. Nach 950 Metern lichtet sich das Baumgewirr und die Markierung führt uns rechts an den alleinstehenden Häusern vorbei und endet auf einem wurzeligen Pfad. Die nächste Etappe bestreiten wir weiterhin ohne große Beinarbeit entlang des malerischen Waldrands. Wiesen und meterhohe Bäume kennzeichnen im Wechsel das wunderschöne und ruhige Landschaftsbild. Bei rund zwei Kilometern wandern wir den markierten Weg rechts weiter (Nummer 3, Rundweg Scheibelsgrub Mitterfels). Nur wenige Schritte darauf erreichen wir endgültig das Ende des Walds. Zunächst passieren wir auf Schotter einen Bauernhof mit

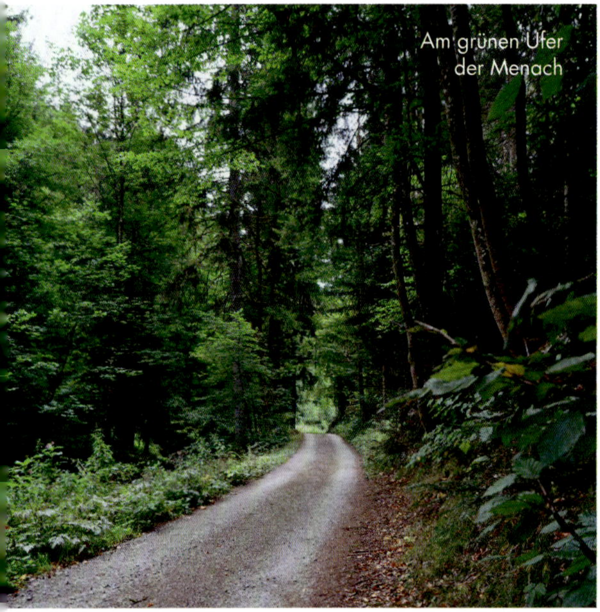
Am grünen Ufer der Menach

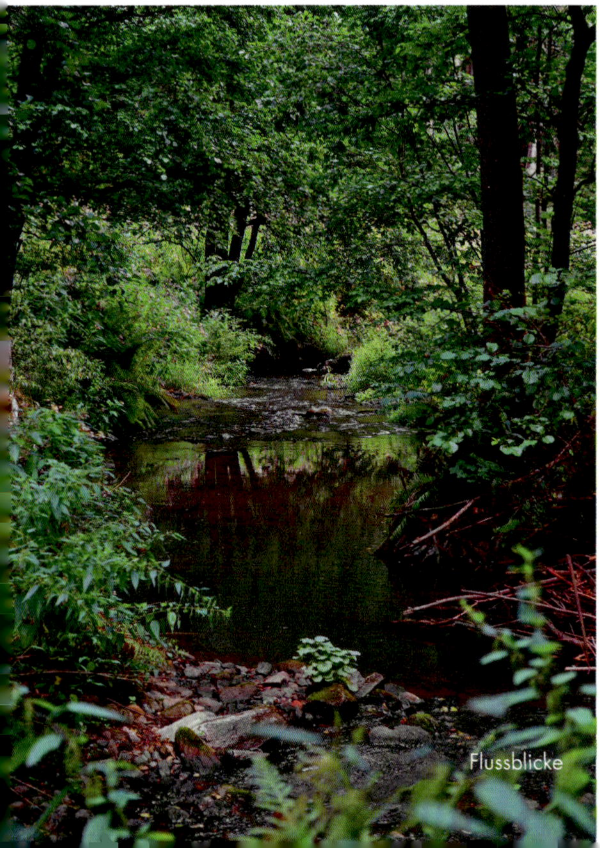
Flussblicke

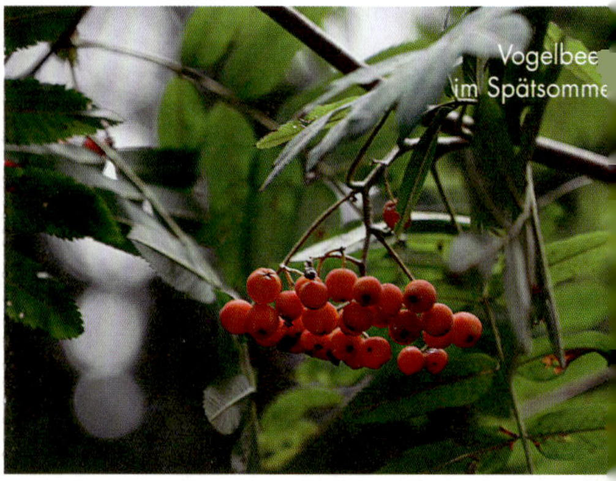
Vogelbee[re] im Spätsomme[r]

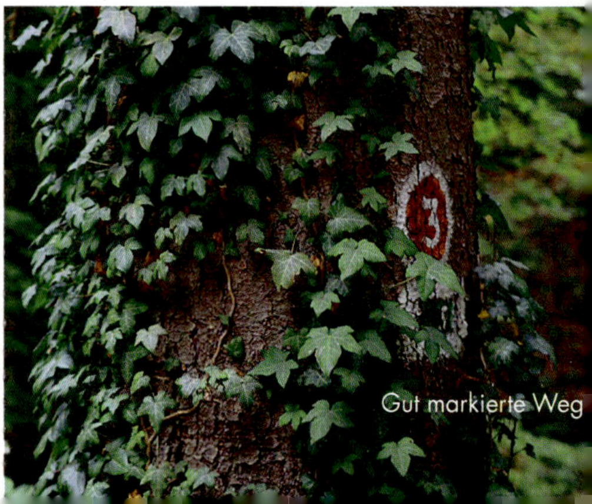

Gut markierte Weg[e]

weitläufigen Feldern, im Sommer sehen wir manchmal ein gelb leuchtendes Sonnenblumenfeld. Auf Asphalt führt anschließend die Strecke in Mitterfels weiter. Nun folgen wir in der Wohnsiedlung dem Herrenberger Weg, bis wir auf den Kirchenweg treffen und dort rechts einbiegen. Unmittelbar nach dem Ortsausgang halten wir uns links und wandern kurz wieder auf Schotter. An der nächsten Markierung folgen wir dem gepflasterten Weg bei den Häusern. Gleich darauf biegen wir scharf rechts in den Pfad zwischen efeubewachsenen Mauern ein und erreichen nach einem kurzen, steilen Anstieg den Ausgangspunkt.

Alternative Naturerlebnisweg Wer mehr über die Pflanzenwelt des Perlbachtals erfahren möchte, kann den Naturerlebnisweg mit Informationstafeln wandern. Die Route beginnt beim Parkplatz und ist ausgeschildert.

Burg Mitterfels und Naturerlebnispfad

Die Burg Mitterfels, auch bekannt als Schloss Mitterfels, wurde Ende des 11. Jahrhunderts durch die Grafen von Bogen zum Schutz ihres Besitzes erbaut. Sie war die mittlere Burg zwischen Bogen und Falkenfels und trägt deswegen den Namen Mitterfels. Neben der beachtlichen Außenanlage kann das Heimatmuseum besichtigt werden (Hinweise zu den Öffnungszeiten auf der Website www.mitterfels.de, Tel. 09961/94000; Eintritt Erwachsene 2 €, Kinder bis 12 Jahre frei und Jugendliche bis zum 18. Lebensjahr 1 €).

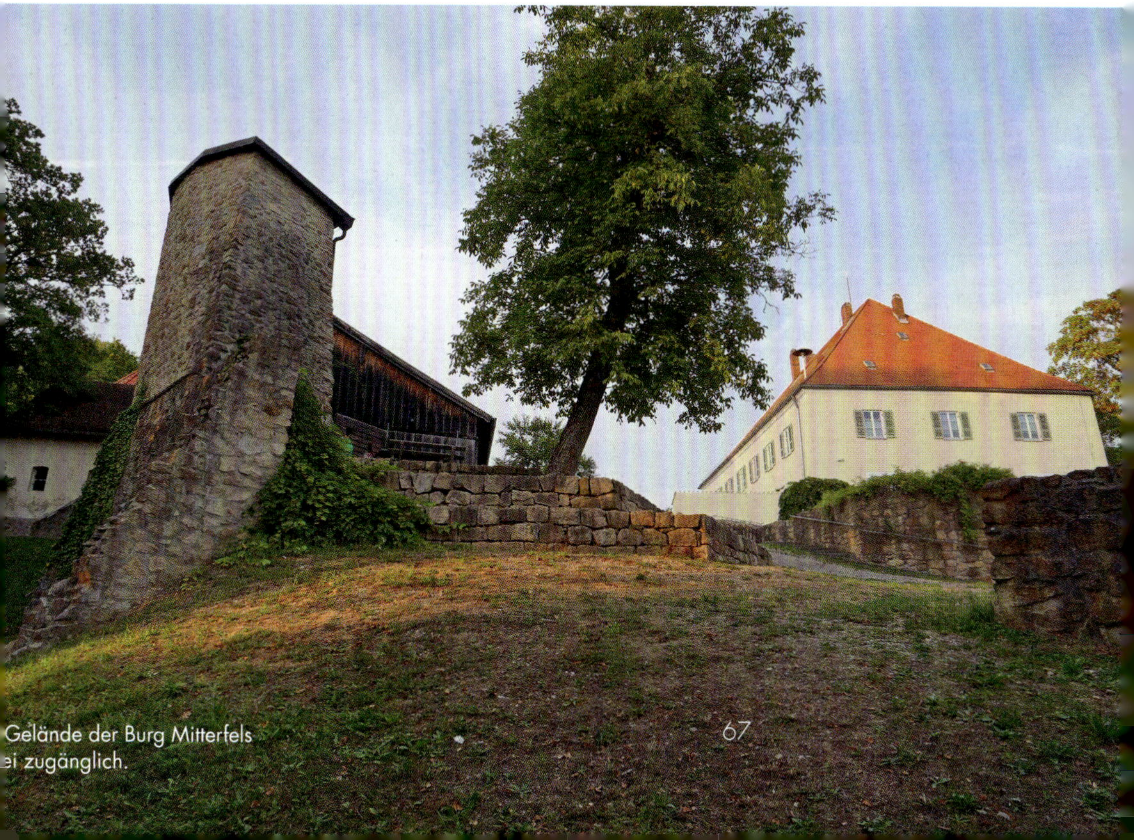

Gelände der Burg Mitterfels
ei zugänglich.

13 Unterwegs im Vilsmoos

Idylle bei Wiesenfelden

Leicht | 8,9 km | 195 Hm | 2.45 Std.

Tourencharakter
Sehr leichte Rundwanderung auf Schotter- und Waldwegen. Der Rückweg kann optional auf Asphaltweg erfolgen. Kreuzweg mit »Sieben Schmerzen Mariens«, kaum Steigung, meist schattig

Ausgangs-/Endpunkt
Wallfahrtskirche St. Magdalena im Wallfahrtsort Heilbrunn

GPS-Daten
49.045983, 12.565673

Anfahrt
Bus: Ab Straubing (1005 oder 1016 und 1031) nach Heilbrunn Pfarrhof, Wiesenfelden
Auto: A3 Regensburg–Deggendorf, Abfahrt Kirchroth, St2148 Richtung Wiesenfelden, St2648 nach Heilbrunn; LK Cham, B20 Richtung Straubing, Abfahrt Rattiszell/Stallwang auf St.-Martin-Straße, über Euersdorf auf St2147 und St2648 Richtung Mitterfels

Einkehr
Gasthaus Steudl, Wirtstraße 7, 94344 Wiesenfelden, Tel. 09966/734, www.gasthaus-steudl.de

Information
www.landkreis-straubing-bogen.de

Zwischen Dörfern und Wald wandern wir rund um das beschauliche Heilbrunn. Die leichte Tour führt an den sehenswerten Steinstatuen der »Sieben Schmerzen Mariens« vorbei. Hin und wieder erlaubt der Weg traumhafte Ausblicke und bringt uns zum geschützten Feuchtgebiet Brunnschlag.

Zu den Sieben Schmerzen Mariens Die Wanderung beginnen wir bei der Wallfahrtskirche St. Magdalena im Wallfahrtsort Heilbrunn. Auf dem »Brünndler Weg« passieren wir zunächst die kleine Gnadenkapelle Frauenbrünnl mit ihrem Heilwasser. Der Heilbrunnen wird als Brünndl bezeichnet und verleiht dem Weg den Namen. Nach ca. 250 Metern überqueren wir die Straße und biegen schräg rechts in einen Forstweg mit der Beschilderung »Richtung Hirschberg 6« ein. Von nun an lohnt es sich, am Wegrand nach den »Sieben Schmerzen Mariens« Ausschau zu halten. Wegen der Bäume im Wald sind sie einerseits gut getarnt und stechen dennoch durch den teils auffälligen Blumenschmuck aus der Landschaft hervor. Die nächste Passage führt an einer hölzernen Schranke vorbei. Wenn sie geöffnet ist, erkennt man sie im grünen Dickicht kaum. Wir bewegen uns kontinuierlich am Waldrand, während sich zur linken Seite Weitblicke über die Region Wiesenfelden eröffnen. Nach der Kurve endet der geschotterte Weg bei rund 1,8 Kilometern und wir erreichen an

Marienwallfahrtsort Heilbrunn

Der Marienwallfahrtsort Heilbrunn befindet sich ca. zwei Kilometer von Wiesenfelden entfernt. Zur Stätte mit dem Heilbrunnen pilgern bereits seit dem 17. Jahrhundert Gläubige. Einige waschen sich mit dem Heilwasser kranke Körperstellen, in der Hoffnung darauf, wieder gesund zu werden.

der Asphaltstraße den Wanderparkplatz »Hirschberg«.

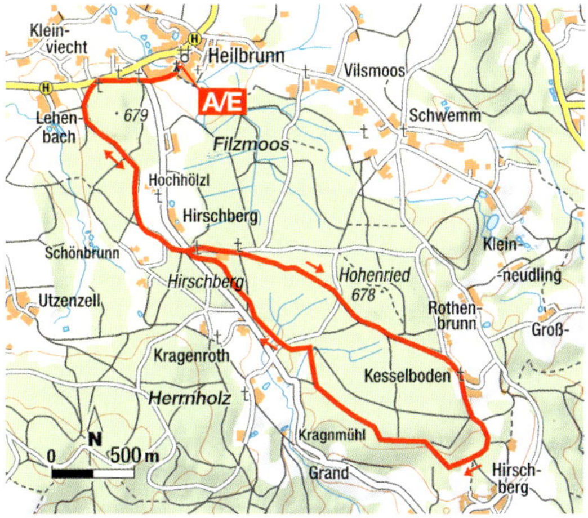

Richtung Brunnschlag Bei den Totenbrettern bleiben wir geradeaus und wandern nun wieder auf einem Schotterweg in einen schönen Mischwald. An der folgenden Gabelung halten wir uns rechts und laufen bei der nächsten Kreuzung geradeaus weiter nach »Brunnschlag«, einem einzigartigen Feuchtgebiet. Beim nächsten Kreuzungspunkt folgen wir rechts der Asphaltstraße und werden mit herrlichen Aussichten belohnt. Der Weitblick reicht bis zum Hinteren Bayerischen Wald mit der Wallfahrtskirche Pilgramsberg. Nun laufen wir kurz bergab zwischen den Bauernhöfen und kommen sogleich auf einen geschotterten Weg. Wer sich ein bisschen »Sitzweil« gönnen möchte, findet hier gleich zwei Rastbänke nacheinander.

Ins Vilsmoos Bei 2,3 Kilometern befinden wir uns wieder im wunderschönen Wald und laufen teilweise auf den Spuren des Fernwanderwegs Goldsteig. Die charakteristische gelbe Markierung sehen wir an den Baumstämmen. An der Waldlichtung marschieren wir geradeaus weiter (Markierung Richtung Wiesenfelden). Nach einem leichten Anstieg durchqueren wir das Vilsmoos und folgen bei der nächsten Gabelung dem Weg links zum üppig bewachsenen Pflanzgarten. Die folgende Markierung bringt uns geradeaus wieder zum Wanderparkplatz »Hirschberg«.

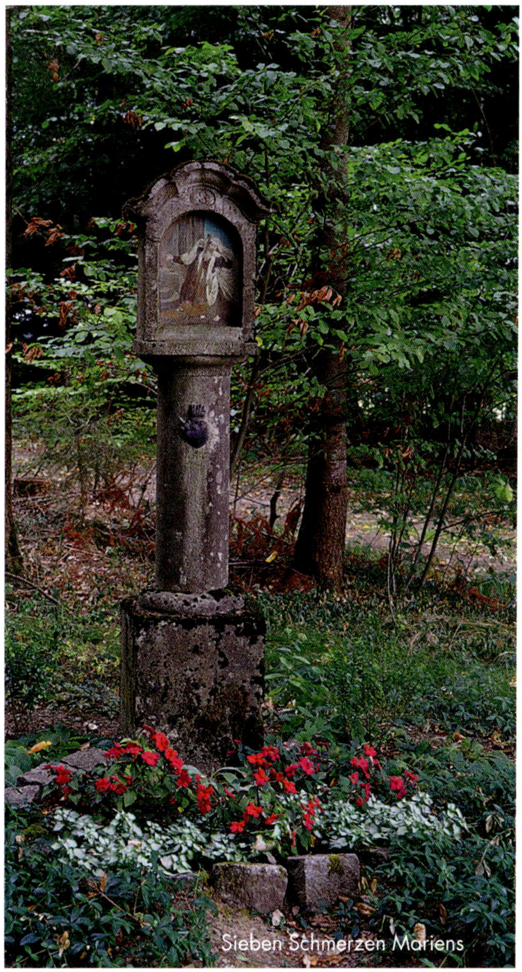
Sieben Schmerzen Mariens

Rückweg Heilbrunn Nun folgen wir entweder der ersten Teiletappe im entgegensetzten Uhrzeigersinn zurück zum Parkplatz, oder wir kürzen den Weg auf der asphaltierten Dorfstraße ab und biegen am Ende wieder in den »Brünndler« Weg ein.

14 Nagelsteiner Wasserfälle

Kaskadenspiel am Obermühlbach

Mittel	4,9 km	200 Hm	1.45 Std.

Tourencharakter
Waldwege und wurzeliges Naturgelände mit wenigen Abschnitten auf Pflaster oder Asphalt, am kühlen Bach entlang, eher schattig

Ausgangs-/Endpunkt
Obermühlbach, Parkplatz am Spielplatz

GPS-Daten
48.971885, 12.794124

Anfahrt
Bus: Ab Straubing (1014) oder ab Viechtach (15 und 1014) nach Obermühlbach, Neukirchen b. Bogen
Auto: A3 Regensburg–Deggendorf, Ausfahrt Schwarzach, über St2147 Richtung St. Englmar; A92 München–Deggendorf, Kreuz Deggendorf, A3 Richtung Regensburg, Ausfahrt Schwarzach dann wie vor beschrieben; LK Regen, B85 Regen–Viechtach, Abfahrt bei Viechtach auf St2139 Richtung St. Englmar, ca. 1 km vor Neukirchen links auf St2147

Einkehr
Landgasthof Zum Hieblwirt, Haggn 6, 94362 Neukirchen, 09961/91 02 43, www.hieblwirt.de

Information
www.landkreis-straubing-bogen.de

Kleine erfrischende Wandertour entlang des gurgelnden Obermühlbachs zu den Kaskaden der Nagelsteiner Wasserfälle. Die kurze Strecke bei St. Englmar bringt uns außerdem zum gewaltigen Felsen Nagelstein. Die Tour verläuft größtenteils im schattigen Wald und eignet sich bestens für heiße Sommertage.

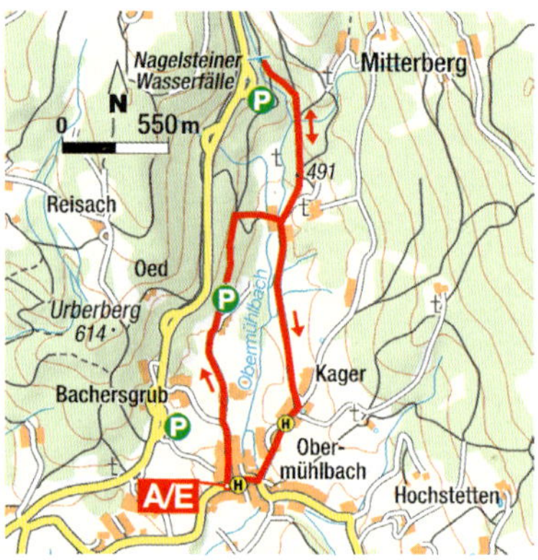

Zur Schneidsäge Beim Parkplatz überqueren wir zunächst die Straße und laufen die Schulstraße rechts bergauf. Anschließend folgen wir der Markierung mit der roten 17 geradeaus vorbei an den Apfelbäumen weiter Richtung »Feldhof«. Wer den Weg aufmerksam wandert, wird die Rastbank mit der schönen Aussicht nicht verfehlen und kann sich ein paar Minuten Sitzpause gönnen. Bei 950 Metern biegen wir links bei Mitterberg in den gepflasterten Waldweg ein. Die Route führt nun fortan zwischen schattigen Bäumen entlang. An der nächsten Markierung wandern wir rechts auf den geschotterten Weg mit mäßiger Steigung weiter. Rasch bergab marschieren wir bis zur ehemaligen »Schneidsäge« und überqueren die Brücke beim Obermühlbach.

Zu den Nagelsteiner Wasserfällen Ein kleines Stück wandeln wir weiter links bergauf auf der Asphaltstraße und folgen anschließend entsprechend der Markierung noch einmal links in den Waldpfad. Nun nimmt die Steigung erneut zu und das Gelände wird wurzeliger. Das Plätschern des Bachs verrät, dass wir uns den Wasserfällen nähern. Nur noch wenige Gehminuten und wir erreichen die vielen Nagelsteiner Kaskaden. Je nach Regenmen-

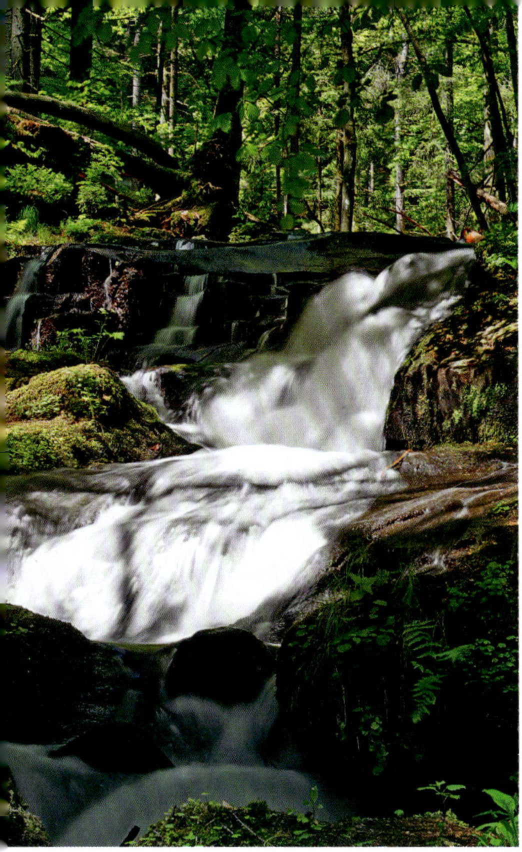

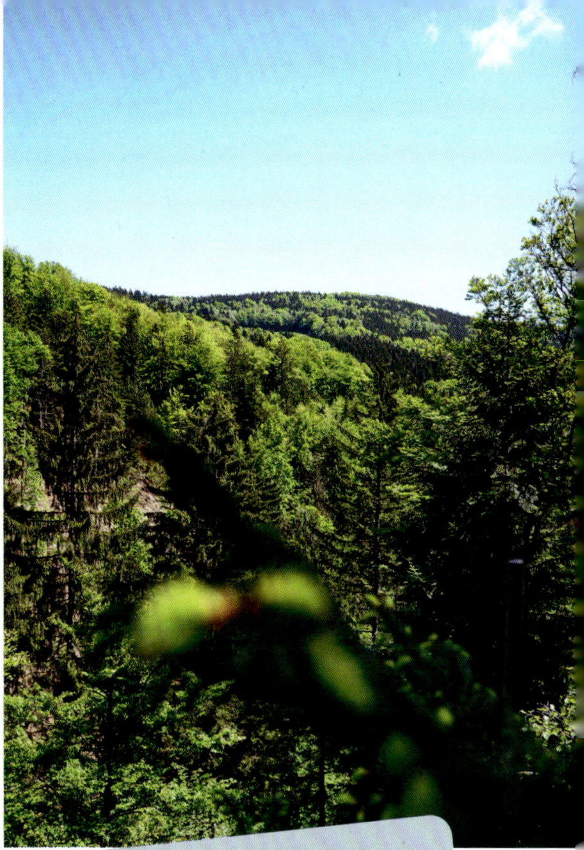

gen saust das kühle Wasser in kleinem oder opulentem Wasserschwall über die Felsen ins Tal. Nun können wir uns etwas Zeit lassen, denn am wurzeligen Ufer verstecken sich auch immer wieder ebene Plätze, die sich perfekt für ein Picknick anbieten.

Extratipp mit Kindern

In Maibrunn bei St. Englmar steht die Welt auf dem Kopf. Schiefe Wände und Böden schaffen ein Zuhause mit umgedrehter Küche, Badezimmer oder Spielzimmer. Das Haus am Kopf ist nur über den ebenfalls empfehlenswerten Waldwipfelweg zugänglich und bietet weitere sehenswerte Attraktionen wie den Pfad der optischen Illusionen (www.waldwipfelweg.de).

Zum Felsen Nagelstein Geradeaus bergauf bringt uns der Pfad zur Holzbrücke. Von ihr können wir das Naturschauspiel noch einmal aus einer anderen Perspektive bewundern. Nach der Brücke gelangen wir zum mächtigen Felsen Nagelstein, der hoch über der Schlucht thront. Retour wandern wir zunächst die gleiche Strecke entlang der faszinierenden Wasserfälle. An der Schneidsäge laufen wir dieses Mal geradeaus weiter auf den gepflasterten Weg. Die nächste Markierung führt uns nach rechts und wir wandern die Dorfstraße bergab. Bei der Brücke schwenken wir rechts ein und folgen der Straße zurück zum Ausgangspunkt.

Links: Sprudelnder Wasserfall

Rechts: Die Schlucht am Nagelstein

15 Gallnerberg bei Konzell

Vom Gallnerkirchlein zum Berg

Mittel | 6,7 km | 260 Hm | 2.20 Std.

Tourencharakter
Waldwege und wurzeliges Naturgelände mit Abschnitten auf Pflaster oder Asphalt, wechselnd schattig und sonnig

Ausgangs-/Endpunkt
Wanderparkplatz Denkzell gegenüber des Feuerwehrhauses

GPS-Daten
49.061124, 12.692906

Anfahrt
Bus: Ab Straubing (10 und 1049) nach Denkzell, Konzell
Auto: A3 Regensburg–Deggendorf, Kreuz Straubing, B20 Richtung Cham, Abfahrt Rattiszell/Stallwang auf St2326, über Stallwang Richtung Konzell; LK Cham, B20 Richtung Straubing, Abfahrt Loitzendorf Richtung Konzell; LK Regen, B85 Viechtach–Cham, Abfahrt bei Prackenbach auf St2326 Rattenberg/Konzell

Einkehr
Zum Wirt, Denkzell 36, 94357 Konzell, Tel. 09963/864, www.wirt-denkzell.de

Information
www.landkreis-straubing-bogen.de

Idyllische Dörfer mit wunderschönen Bauernhöfen sowie ein sehenswertes Kirchlein aus dem 15. Jahrhundert begegnen uns bei der Rundwanderung zum Gallnerberg. Am Gipfel mit den drei Erhebungen erholen wir uns am liebevoll gestalteten Rastplatz mit Blick über die traumhafte Landschaft.

Zum Gallnerkirchlein Wir beginnen am Wanderparkplatz beim Feuerwehrhaus in Denkzell unsere Route und halten uns entsprechend der roten 6 Richtung »Höllhof« auf der Asphaltstraße. Nach 400 Metern erreichen wir einen dicht bewachsenen Weiher. Dort folgen wir in der Linkskurve der Beschilderung und passieren den Bauernhof »Höllhof«. Kurz darauf weist uns die Markierung am Stein bergauf durch die friedvolle Wiesenlandschaft. Anschließend mündet die Etappe in einen Feldweg und bringt

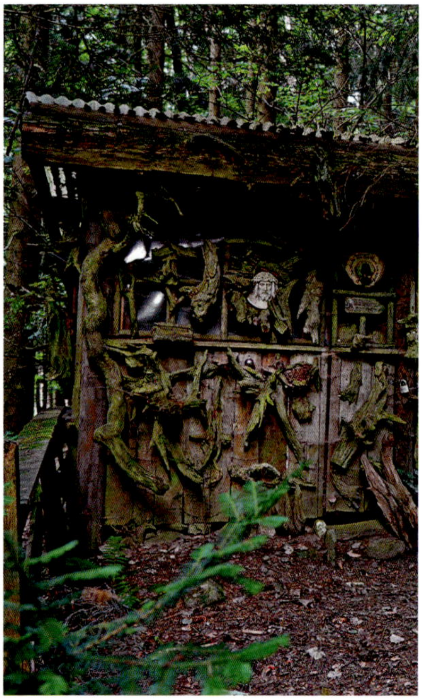

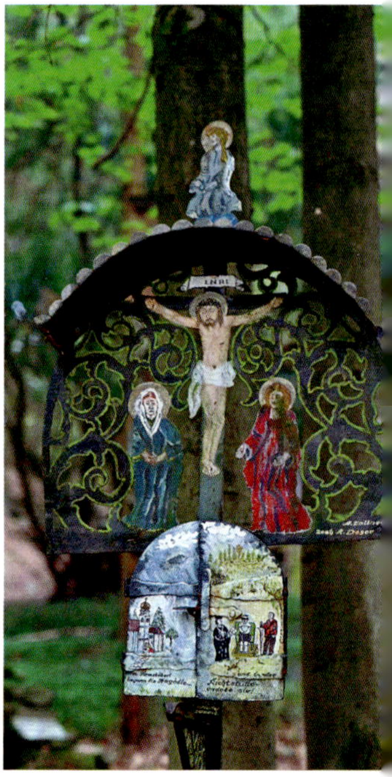

Links und rechts: Denkmäler und Kreuze zu Ehren von heimischen Kriegsgefallenen

uns zum nächsten prächtigen Bauernhof in Alleinlage. Die kommende Passage ist von einer typisch ländlichen Kulisse mit Obstbäumen und Wiesen gezeichnet. Nun halten wir uns leicht links in Richtung Asphaltstraße und folgen ihr bergauf. Kurz vor Forsting biegen wir beim Jesus-Kreuz und den Totenbrettern rechts gegenüber in die Straße ein. Wenige Schritte weiter erreichen wir den Wald und laufen zuerst bergab auf Asphalt und marschieren später links auf dem Waldpfad weiter. Nun lohnt es sich, dem Wegrand zur linken Seite etwas Beachtung zu schenken. Zwischen den Bäumen befinden sich aufwendig verzierte Kreuze und Denkmäler, die zu Ehren heimischer Kriegsgefallener errichtet wurden. Alsbald der Wald sich lichtet, sehen wir das »Gallnerkirchlein«. Geweiht wurde es dem Hl. Sixtus und der Hl. Barbara, an deren Gedächtnistagen Gedenkgottesdienste gefeiert werden. Wer etwas Zeit an diesem malerischen Ort verbringen möchte, setzt sich einfach auf die Holzbank gegenüber des Kirchleins.

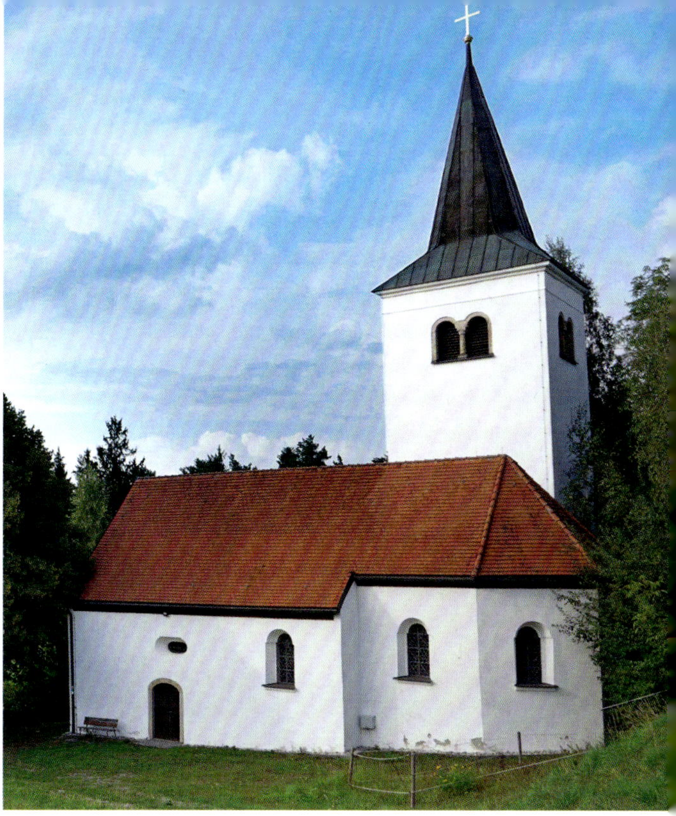

Veranstaltungstipp

Jährlich findet am Pfingstmontag beim »Gallnerkirchlein« das traditionelle Gallnerbergfest statt.

Zum Gallnerberg Beim »Gallnerkirchlein« wandern wir links hoch durch den großen Bauernhof mit wunderschönen alten Häusern und überqueren vor dem Ortschild Gallner die Straße. Die folgenden Wandermeter führen uns steil Richtung Berg. Wer kurz stehen bleibt und zurückblickt, wird mit einer wunderbaren Aussicht belohnt. Zur Unterbrechung des kurzen, steilen Anstiegs bietet sich sogar noch eine Rastbank an. Am Hügelende mündet die asphaltierte Straße in einen Feldweg und bringt uns geradewegs zum Gallnerberg mit seinem Gipfelkreuz. Der Berg gliedert sich in die drei Gipfelerhebungen Gallner (709 Meter), Kühleite (704 Meter) und Blumerberg (682 Meter). An klaren

Am Gallnerkirchlein

Tagen breitet sich eine traumhafte Fernsicht mit bleibenden Eindrücken vor uns aus. Auf den kunstvoll geschnitzten Holzbänken genießen wir eine selbst mitgebrachte Brotzeit.

Links: Gipfelkreuz am Gallner

Mitte: Wunderschöner Bauernhof

Rückweg über den Goldsteig Bei der zweiten Rastbank wandern wir nun mit der gelben »Goldsteig«-Markierung. Trotz der vie-

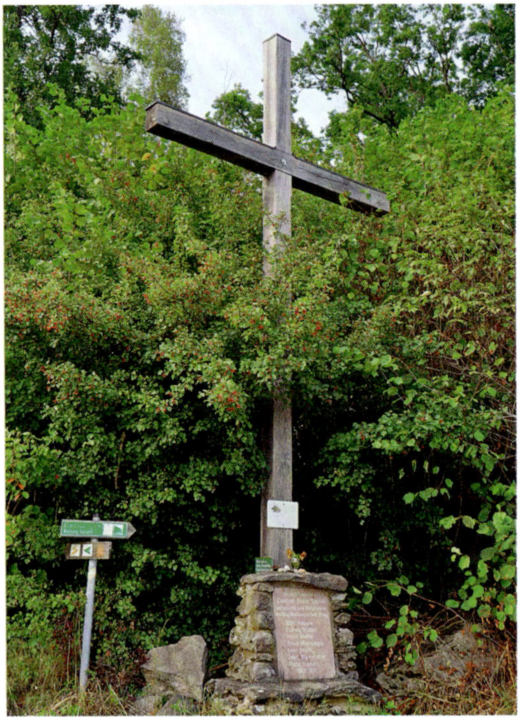

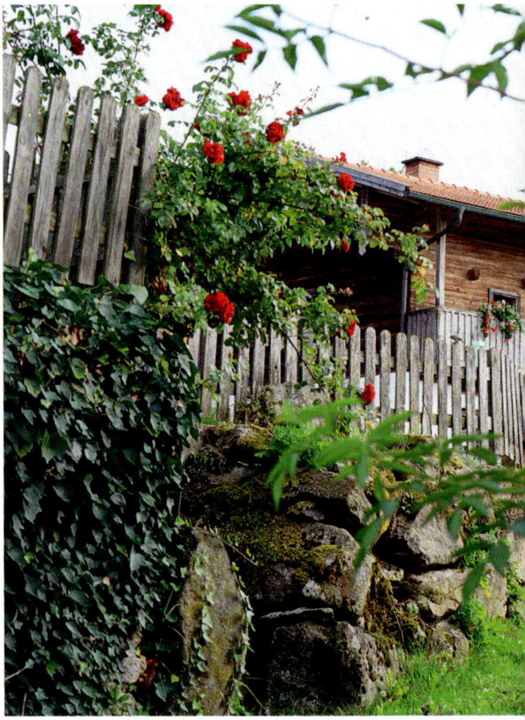

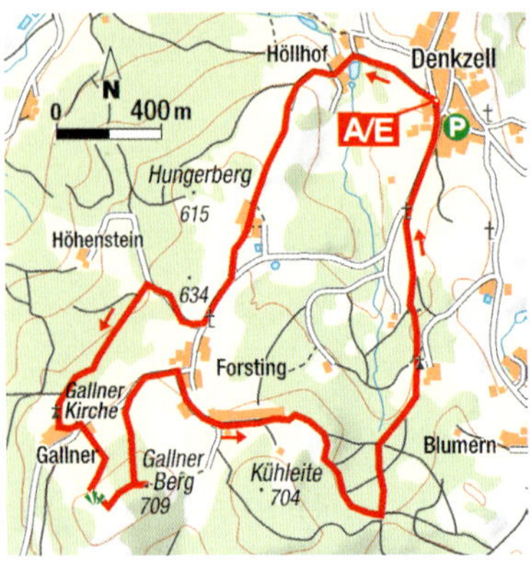

len folgenden Kreuzungspunkte ist der Weg dank der guten Beschilderung leicht zu finden. Wir überqueren die Wiese und befinden uns gleich wieder im üppigen Wald. Zuerst begegnet uns ein gelbes Schild mit »Zecken-Warnung«, und der Weg verläuft noch ein paar Schritte geradeaus hoch. Gleich darauf schwenken wir links bergab entsprechend der Wegmarkierung. Nach 3,6 Kilometern schreiten wir zum Waldausgang und marschieren rechts die ruhige Asphaltstraße weiter Richtung Forsting.

Beim nächsten Bauernhof führt uns die Beschilderung ebenfalls wieder rechts Richtung Denkzell. Nach gut einem weiteren Kilometer gelangen wir auf einen Schotterweg in den schattigen Wald. Nun halten wir uns zweimal links und

gelangen zum malerischen Waldrand, den eine kleine einsame Kapelle schmückt. Wer sich noch ein paar Minuten Pause gönnen möchte, kann es sich auf der Rastbank daneben gemütlich machen.
Wir lassen die Kapelle hinter uns und setzen die Route durch ein Waldstück fort. Nach rund 5,8 Kilometern folgen wir links dem kleinen unscheinbaren Waldpfad mit der »Goldsteig«-Markierung und erreichen auf der Lichtung einen Schotterweg. Während des Marschs können wir beim Zurückschauen noch einmal die Rundumweitblicke über die Landschaft aus Wiesen, Feldern und Wald genießen. Am letzten Wanderknoten peilen wir rechts auf asphaltierter Straße nun final die Ortschaft Denkzell an. Im Ort angekommen beenden wir unsere Runde geradeaus bis zum Ausgangspunkt.

Rastplatz bei kleiner Kapelle

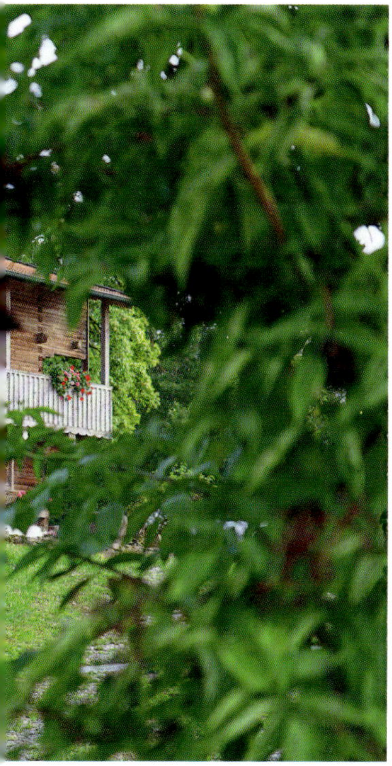

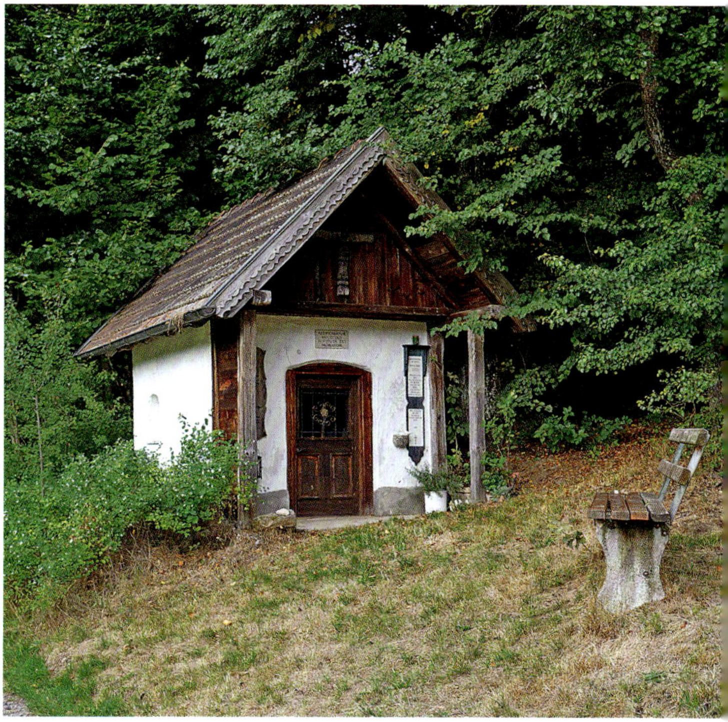

Denkzell – das Golddorf

Im Rahmen des Landes- und Bundeswettbewerbs »Unser Dorf soll schöner werden« wurde Denkzell gleich zweimal mit Gold ausgezeichnet. Das harmonische Dorfbild ergibt sich aus dem Zusammenspiel von Dorfweiher, restaurierten Bauernhöfen, Getreidehäusern, Schober sowie der wunderschönen grünen Wald- und Wiesenkulisse.

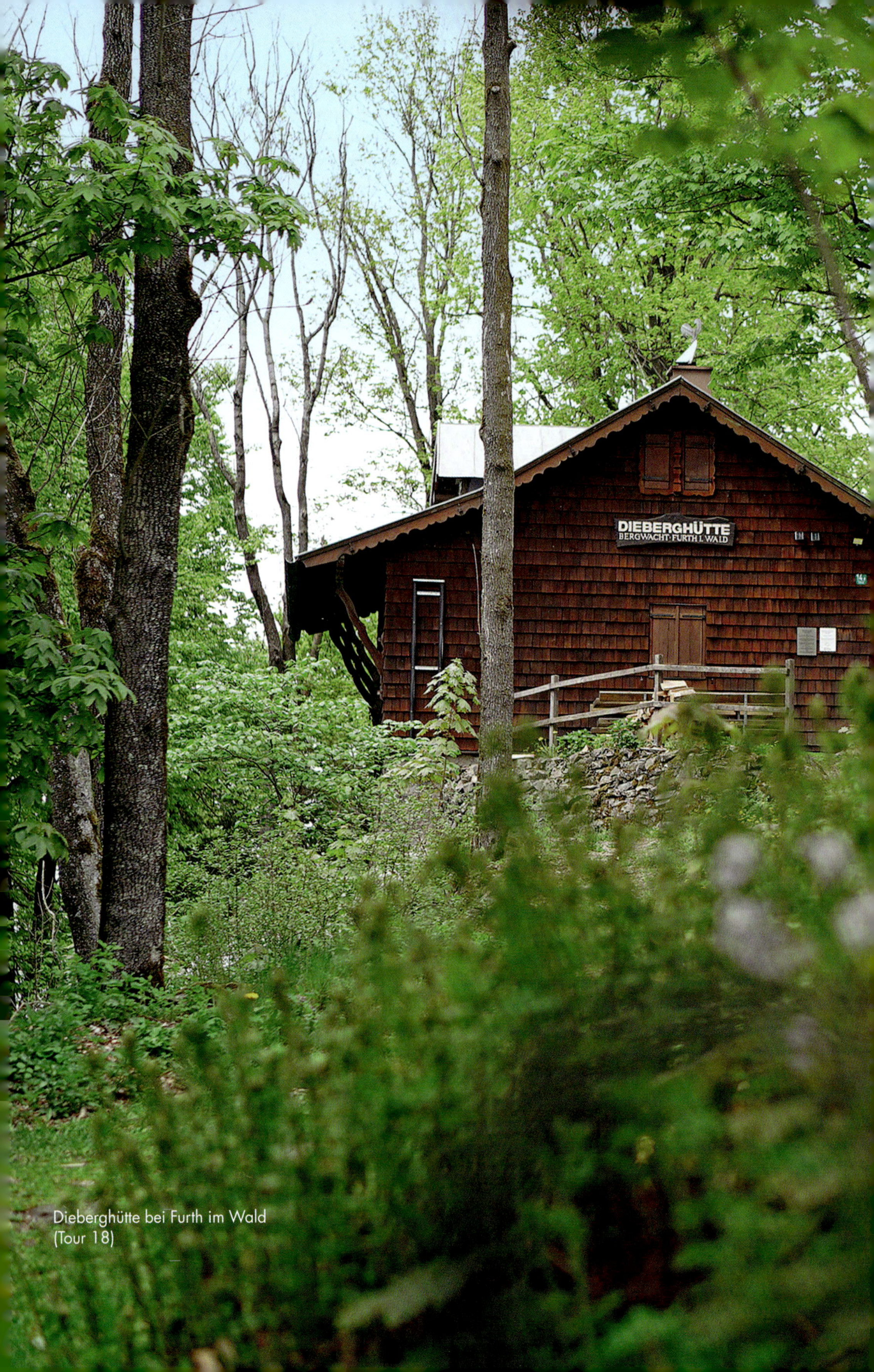

Dieberghütte bei Furth im Wald
(Tour 18)

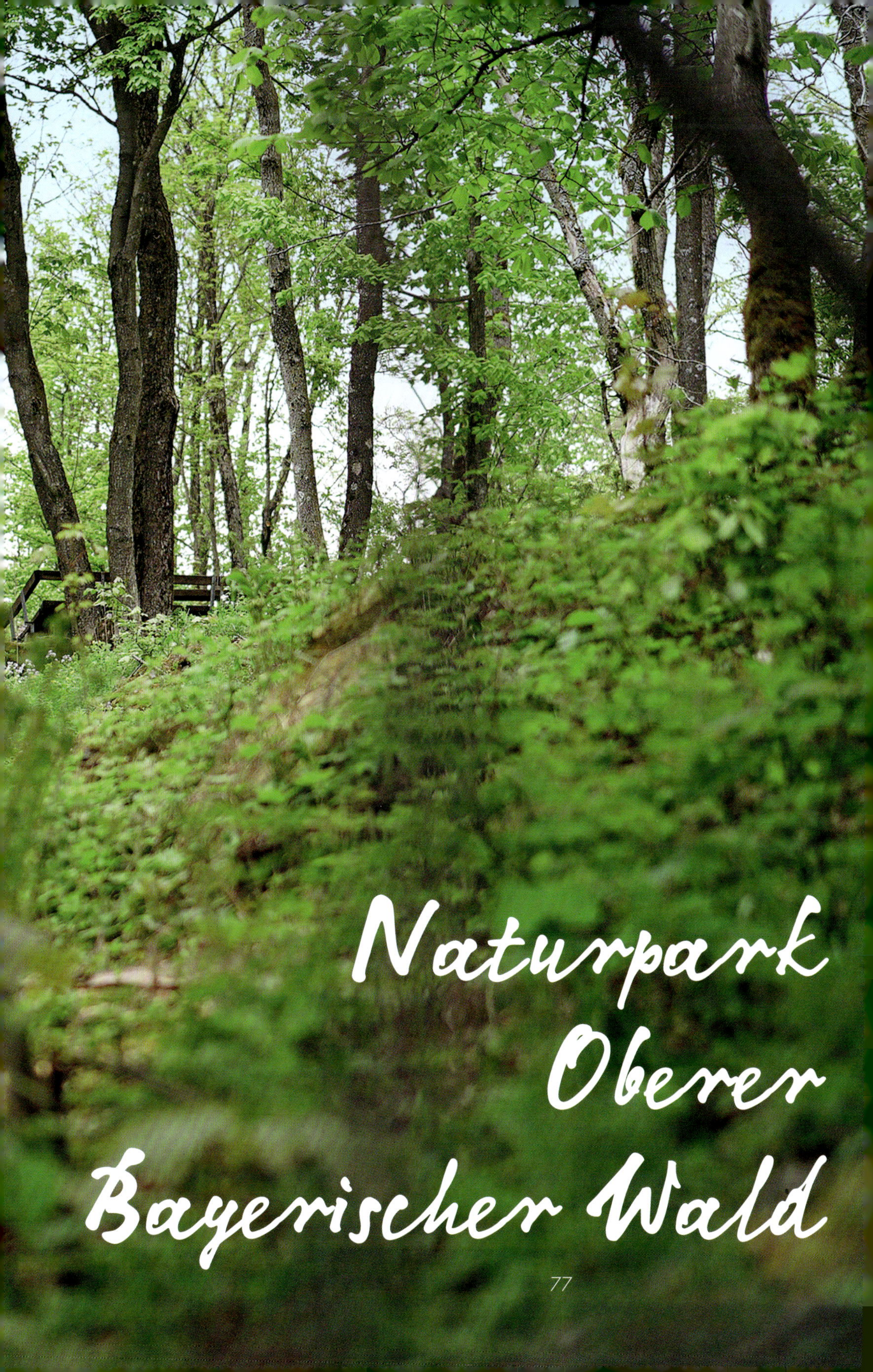

Naturpark Oberer Bayerischer Wald

16 Panoramaweg Lam

Gipfelzählen im Lamer Winkel

Mittel | 8,7 km | 340 Hm | 2.35 Std.

Tourencharakter
Aussichtsreiche Tour auf naturbelassenen Forst- und Waldwegen, kürzere Streckenabschnitte Asphalt, kurze Steigungen, wechselnd sonnig und schattig

Ausgangs-/Endpunkt
Parkplatz Panoramapark Lam

GPS-Daten
49.198732, 13.048602

Anfahrt
Bahn: Ab Cham (RB 28) nach Lam
Auto: Über Furth im Wald und Neukirchen b. H. B. oder Bad Kötzting und Arrach nach Lam; LK Regen, B 11 Regen–Bayerisch Eisenstein, St2137 über Arber (Brennesstraße) und St2154 Lohberg nach Lam; LK Deggendorf, B 11 Deggendorf–Regen, bei Patersdorf St2136 über Teisnach, Arnbruck und Arrach auf St2138 nach Lam

Einkehr
Café Zum Sahneberg, Berghäusl 1, 93470 Lohberg, Tel. 09943/1803, www.cafe-sahneberg.de

Information
www.lamer-winkel.bayern

Beim Panoramaweg in Lam werden wir ohne große Anstrengung mit Weitblicken zum Großen Arber, Großen Osser, Kaitersberg oder Hohenbogen begleitet. Die Gemütlichkeit kommt durch die vielen »Aussichtsbänke« und eine wunderbare Einkehrmöglichkeit nicht zu kurz.

Nach Himmelreich Am Marktplatz bei der Touristeninformation überqueren wir die Straße und folgen der Asphaltstraße auf dem Bürgersteig bergauf Richtung Oberschmelz. Bereits nach wenigen Metern eröffnen sich auf der gegenüberliegenden Seite satte Fernblicke über die Bayerwaldberge. Bei 1,4 Kilometern

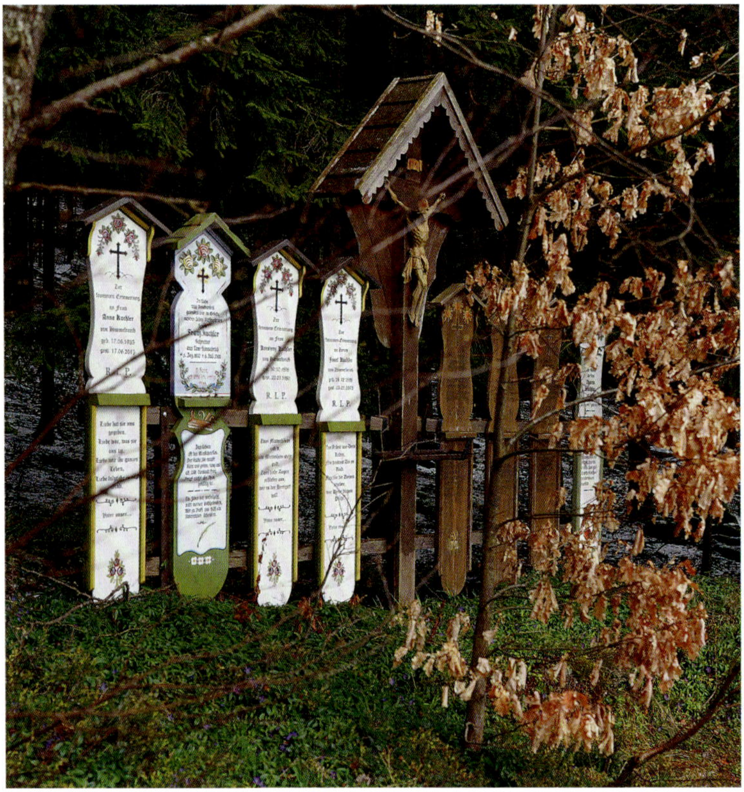

Totenbretter am Wegesrand

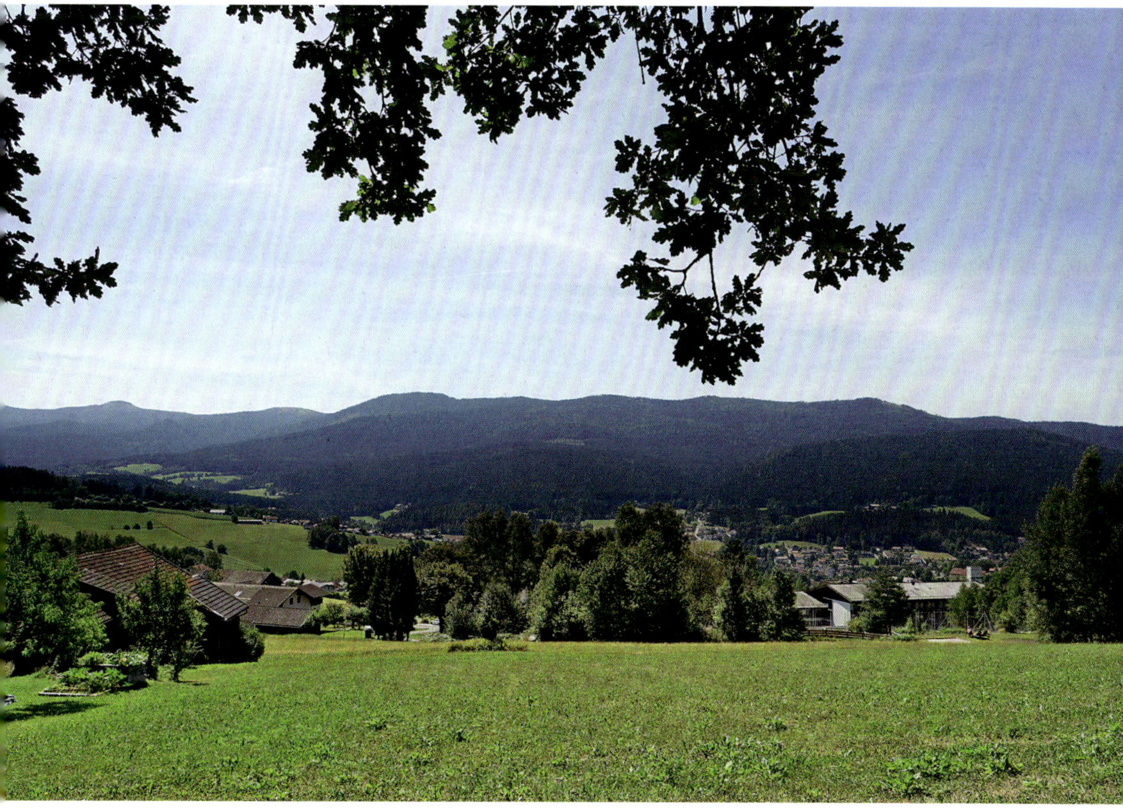

Bergaussichten so weit das Auge reicht

zeigt die Beschilderung den Winterwanderweg an. Im Sommer bleiben wir auf der ursprünglichen Wegstrecke in Richtung »Oberschmelz«. Erst bei der folgenden Abbiegung wandern wir links leicht bergauf mit der Markierung La2. Nur ein paar Gehminuten trennen uns von der ersten Holzbank mit Aussicht Richtung Lam. Bald ist etwas mehr Beinarbeit gefordert, denn die Steigung nimmt noch einmal zu. Nach dem Landhaus »Blaslhöhe« biegen wir in den beschilderten wurzeligen Waldpfad ein, der uns Richtung Buchet und Himmelreich leiten wird. An der nächsten Gabelung wandern wir rechts und tauschen die dörfliche Idylle gegen ein traumhaftes Waldgebiet. Zwischen Fichten, Buchen und Tannen werden wir am Waldrand regelmäßig mit herrlichen Aussichten zum Arberkamm belohnt. Immer wieder bieten sich Holzbänke zum Sitzen und Panoramagenießen an.

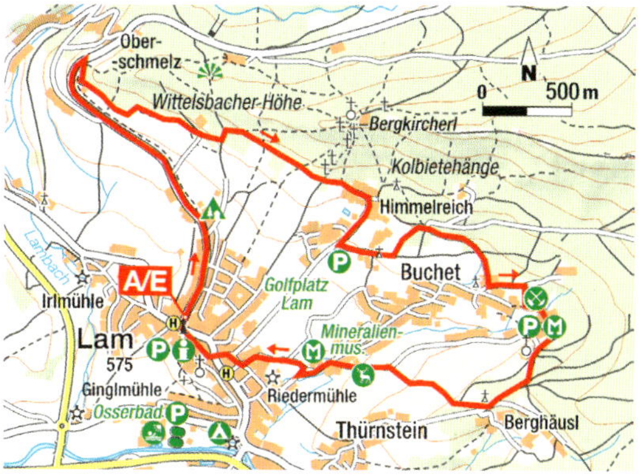

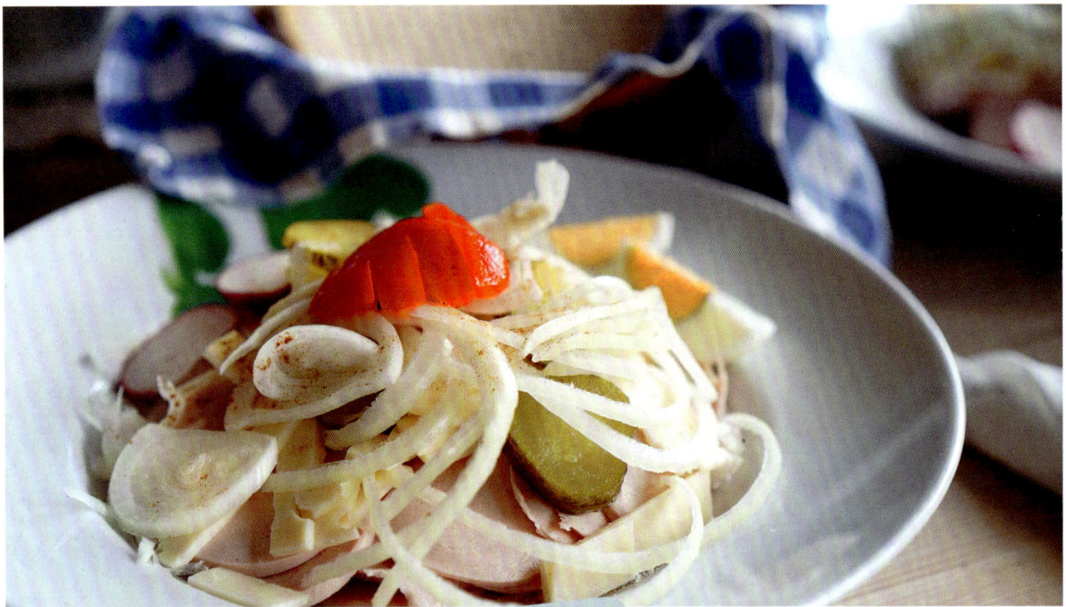

Herzhaftes im Café »Zum Sahneberg«

Mein Genießertipp

Die Familie Reif verköstigt im zauberhaften Café Zum Sahneberg ihre Gäste. Geschätzt wird es von Einheimischen und Touristen wegen der hausgemachten »Schmankerl«. Wer Windbeutel bestellt, kommt am »Sahneberg« nicht vorbei.

Bergwerk Fürstenzeche Kurz nach der Totenbrettergruppe verlassen wir das Waldgebiet und wandern ein kleines Stück auf der Asphaltstraße in »Himmelreich«. Links nach den Parkplätzen nehmen wir den Feldweg und folgen in der Kurve der Markierung Richtung »Gläserner Steig«. Zwischen üppigen Wiesen schwenkt der Weg erneut nach links, wir wandern an einem kleinen sprudelnden Bergbach vorbei und folgen dem Schild »Bergwerk« anschließend rechts in Richtung Wald. Am ehemaligen Stolleneingang des Bergwerks Fürstenzeche und an den beiden folgenden Wanderkreuzungen halten wir uns gemäß der Markierung jeweils rechts.

Bayerwaldsmaragd Das Bergwerk im Lamer Winkel war im 16. Jahrhundert einer der wichtigsten Lieferanten für Silber im Bayerischen Wald. Heute dient es als Informationsstätte. In der Zeche wurden mehr als 120 Mineralien gefunden, darunter ein außergewöhnlich schönes Bleimineral. Dem seltenen Fund wurde deswegen der Name »Bayerwaldsmaragd« verliehen.

Rückweg nach Lam Der Feldweg führt uns weiter ins idyllisch gelegene Berghäusl mit dem Café »Zum Sahneberg«. Eingerahmt von den markanten Spitzen des Osserkamms gönnen wir uns eine ausgiebige Einkehr. Auf der Terrasse lässt sich die hügelige Umgebung bei einem Stück leckeren Kuchen oder bei deftigem Wurstsalat bestaunen. Drinnen sitzt man bei kaltem Wetter genauso gut. Gemütlich und fast wie ein kleines Museum wirkt es in der Stube durch die Dekoration mit antikem Geschirr an den Wänden.

Nach unserer Pause wandern wir locker talwärts und folgen am Ende links der Asphaltstraße. Im Anschluss biegen wir scharf rechts ein und orientieren uns auf einem Forstweg bis zur nächsten Asphaltstraße weiter nach Lam. Linker Hand laufen wir schließlich die letzten Meter Richtung Rosengasse. Sie kreuzt die Arberstraße und bringt uns zurück zum Marktplatz, dem Ausgangspunkt unserer Runde.

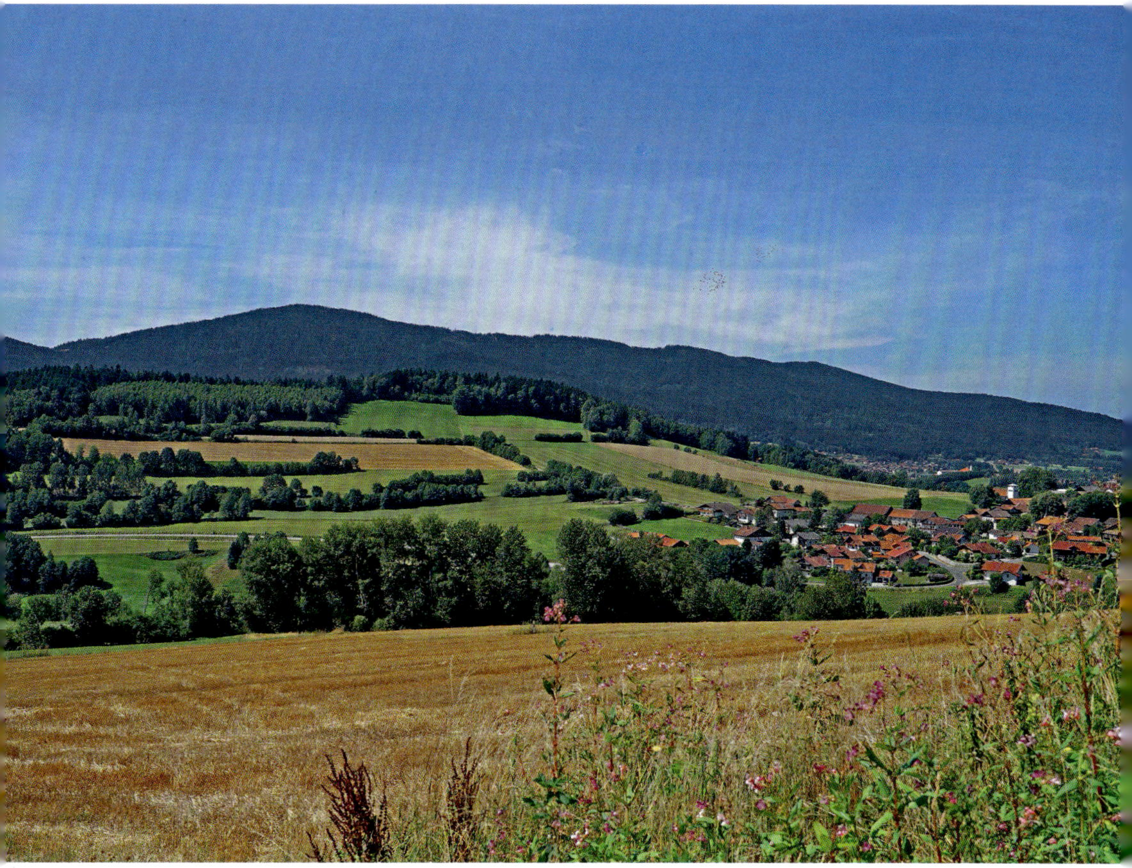

Sanfte Hügel rahmen den Lamer Winkel.

17 Großer und Kleiner Riedelstein

Von Berg zu Berg

Mittel | 9,5 km | 490 Hm | 3.30 Std.

Tourencharakter
Unbefestigte Forst- und Waldwege, kleines Stück Asphalt und Schotter, teils felsig und wurzelig, herrliche Weitsichten, überwiegend schattig

Ausgangs-/Endpunkt
Wanderparkplatz Eschlsaign

GPS-Daten
49.177565, 12.980446

Anfahrt
Bus: Keine Haltestelle in der Nähe
Auto: Über Furth im Wald und Neukirchen b.H.B oder Bad Kötzting und Hohenwarth nach Arrach; LK Regen, B 11 Regen–Bayerisch Eisenstein, St2137 über Arber (Brennesstraße) und St2154 bzw. St2138 Lohberg nach Arrach; LK Deggendorf, B 11 Deggendorf–Regen, bei Patersdorf St2136 über Teisnach und Arnbruck nach Arrach

Einkehr
Berggasthof Eck, Eck 1, 93474 Arrach, Tel. 09945/1351, www.berggasthof-eck.de

Information
www.lamer-winkel.bayern

Eine nicht zu anstrengende Zweigipfeltour, die alles bietet, um Wandermuffel aus der Reserve zu locken. Den Großen Riedelstein ziert das Waldschmidt-Denkmal in luftiger Höhe, während der Kleine Riedelstein mit Gipfelkreuz und Stammtisch die Wanderer begeistert.

Zum Großen Riedelstein Wir beginnen die Wanderung beim Parkplatz Eschlsaign und folgen der Markierung Ar10. Nach 200 Metern eröffnen sich wunderschöne Ausblicke über die sanften Wogen der Landschaft, bevor wir in den verwunschenen Wald eintauchen. Bald leitet uns die Markierung auf einen geschotterten Weg, den wir auch in der nächsten Kurve nicht verlassen.

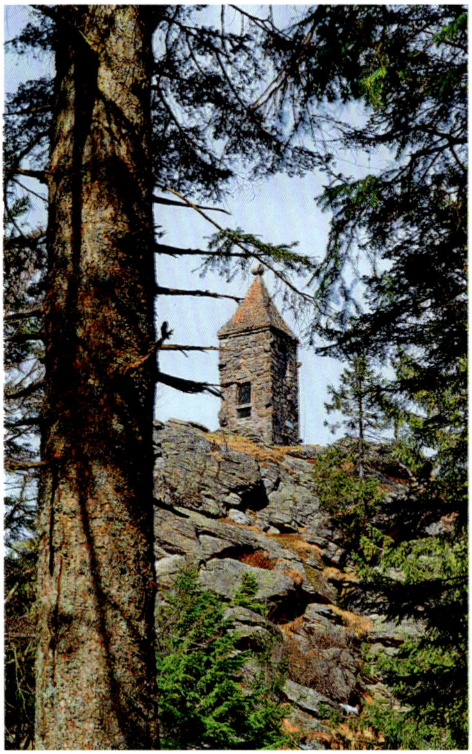

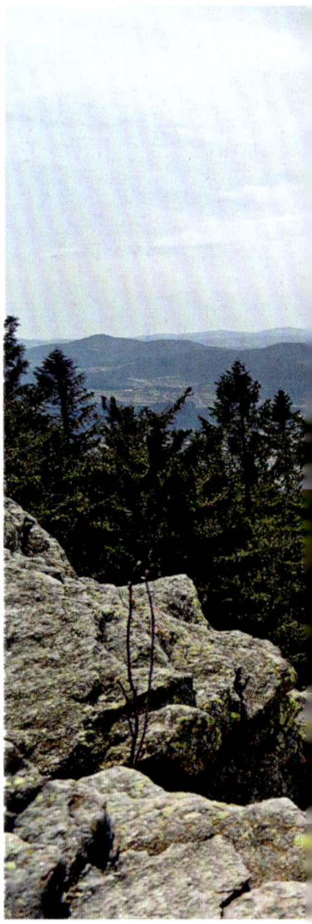

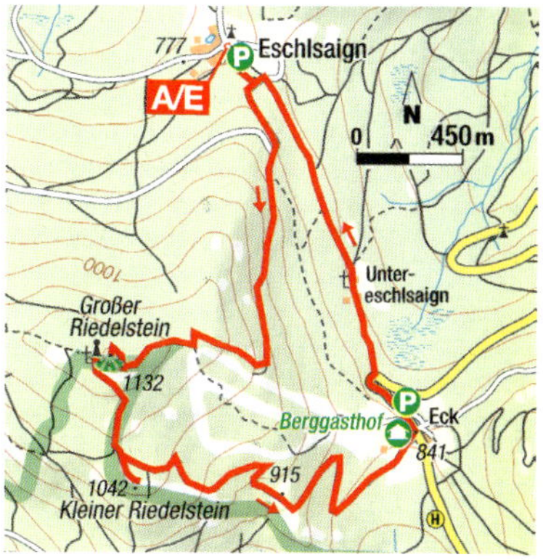

Steil bergauf wandern wir nun zwischen alten Bäumen in Richtung Skilift. An der nächsten Gabelung folgen wir rechts dem Weg weiter. Nach 1,7 Kilometern sehen wir zur linken Seite den Skilift und wir wandern rechts hoch. Ein wachsames Auge ist hilfreich, denn die Markierung ist etwas unscheinbar am Baum befestigt und kann leicht übersehen werden. Im Anschluss nehmen wir die linke Abzweigung. Parallel zur Skipiste folgen wir dem holprigen Wurzelpfad durch den Wald, bis der Weg scharf links abknickt. Am Wegrand machen sich die ersten Gipfelausläufer durch zerklüftete Felsen bemerkbar. Nach 2,7 Kilometern erreichen wir unser erstes Etappenziel.
Auf knapp 1132 Metern empfängt uns der Große Riedelstein und bildet damit den höchsten Punkt des Gebirgskamms des Kaitersbergs. Von unten sehen wir das charakteristische Zementdenkmal, welches zu Ehren des Dichters Maximilian Schmidt auf dem schroffen Gipfel errichtet wurde. Oben auf dem Berg erwartet uns nicht nur das Memorial, sondern zugleich eine fantastische Fernsicht über das unendliche Waldmeer.

Linke Seite: Denkmal am Großen Riedelstein

Mitte: Fernblick vom Gipfel des Großen Riedelsteins

Rechts:
Beschilderung in Eck

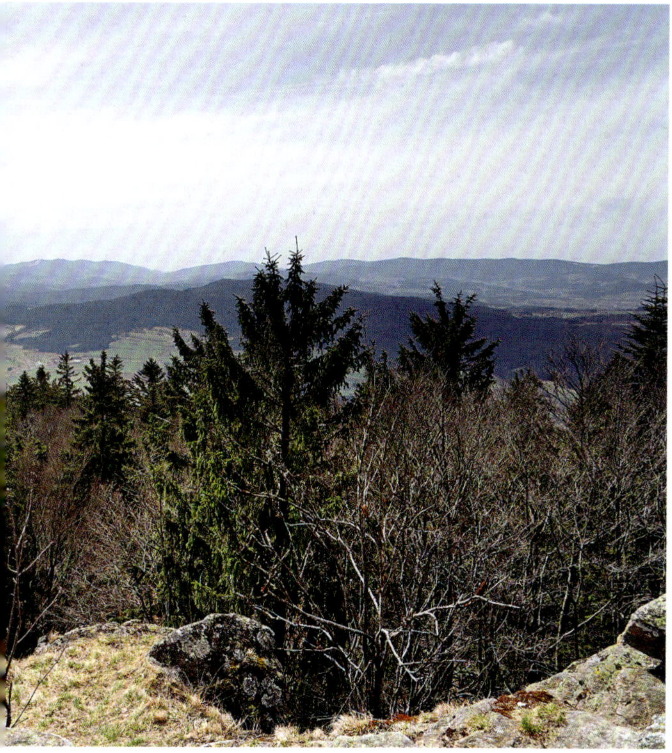

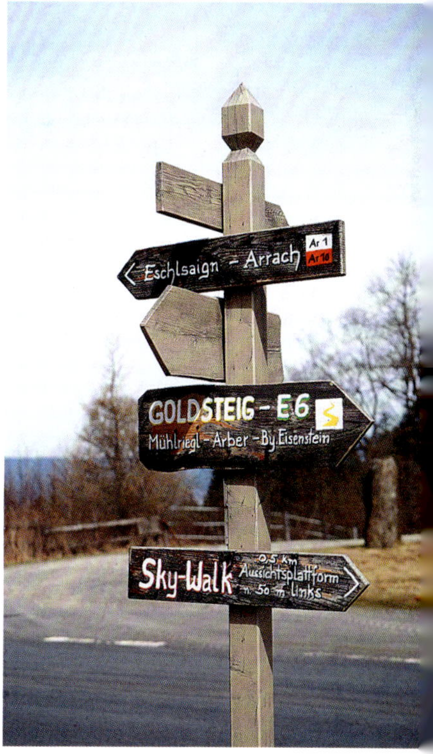

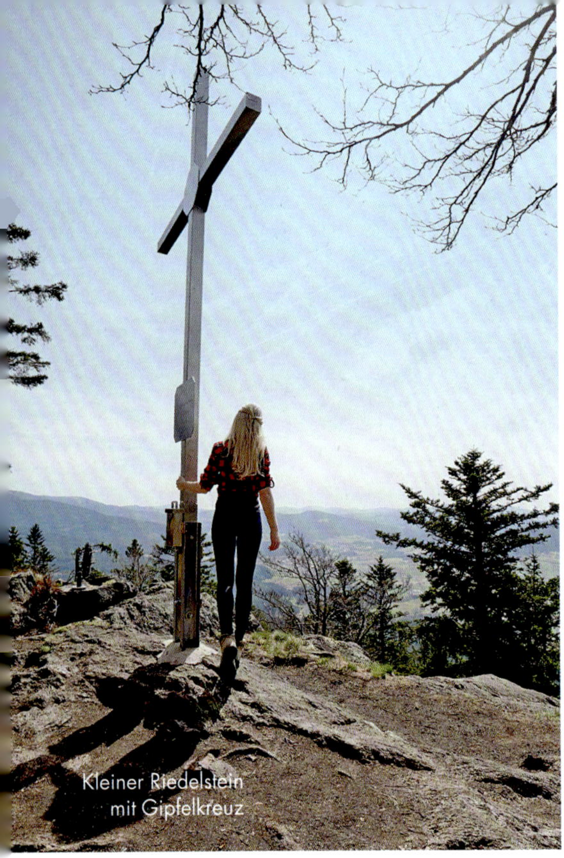

Kleiner Riedelstein mit Gipfelkreuz

Zum Kleinen Riedelstein Wir verlassen den Großen Riedelstein und kurz nach der Unterstandshütte peilen wir gemäß der Markierung gleich den Kleinen Riedelstein an. Nur unbedeutende 100 Meter nach links trennen uns vom zweiten Berg. Er liegt etwas versteckt und das Gipfelkreuz ist trotz der stolzen Größe von unten nicht sichtbar. Über den Felspfad klettern wir zum Kleinen Riedelstein (1042 Meter), der ein unerwartet traumhaftes Panorama bietet. Neben dem stattlichen Gipfelkreuz und einer Holzbank entdecken wir eine weitere Sitzbank samt Tisch, spektakulär in den Felsen montiert. Sie trägt den ehrenvollen Schriftzug »Stammtisch«. Beim Anblick der etwas abenteuerlich platzierten Sitzgelegenheit macht sich vielleicht ein bisschen Nervenkitzel breit. Sie ist dennoch gefahrlos über eine Drahtseilsicherung erreichbar. Auch wenn die Getränke natürlich selbst

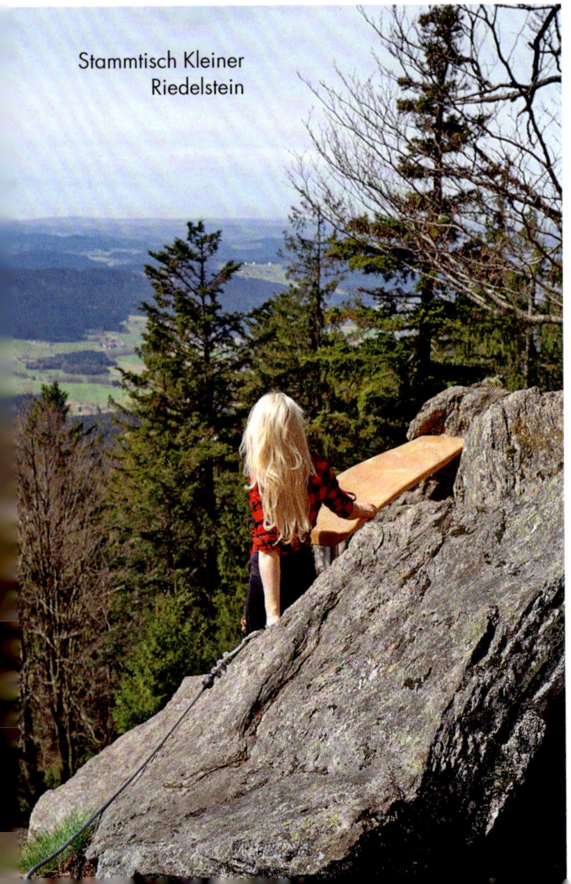

Stammtisch Kleiner Riedelstein

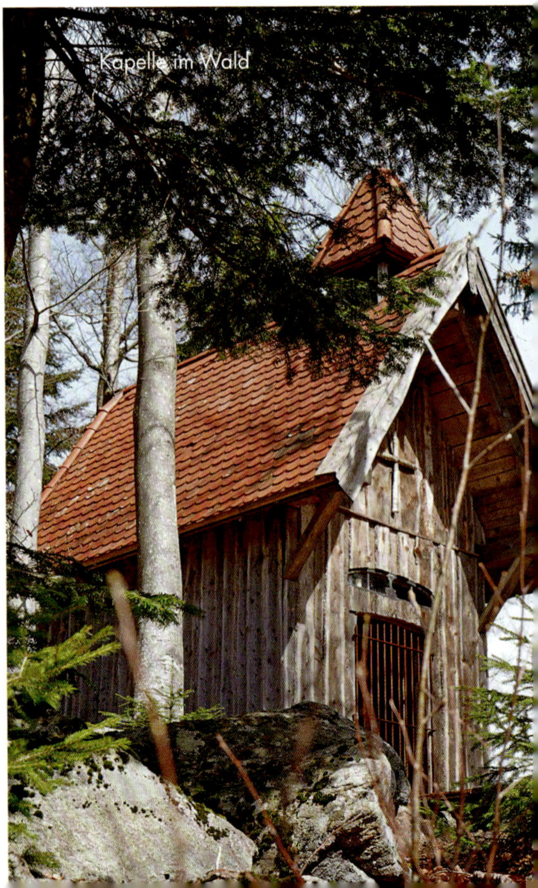

Kapelle im Wald

mitgebracht werden müssen, lohnt sich hier eine Pause wegen der unglaublichen Weitsicht. Nach dem Gipfelerlebnis wandern wir zurück zur Markierung und starten mit dem Abstieg ins Tal.

In der Rechtskurve halten wir uns in Richtung Eck. Bergab wandert es sich recht schnell, Zeit für eine kleine Rast ergibt sich zur linken Seite bei einer geschmückten Gedenkkapelle mit Holzbank.

Anschließend bleibt die Wegstrecke unverändert einfach. In großzügigen Kurven laufen wir auf Schotter weiter bergab, bis wir das Wasserrückhaltebecken und das Wander- und Wintersportzentrum »Eck-Riedelstein« mit dem »Berggasthof Eck« auf der linken Seite erreichen. Ohne Einkehr halten wir uns links und laufen ein kurzes Stück entlang der Staatsstraße über den Wanderparkplatz und biegen nach der ersten Haarnadelkurve erneut links in den Schotterweg des Wallfahrerwegs ab.

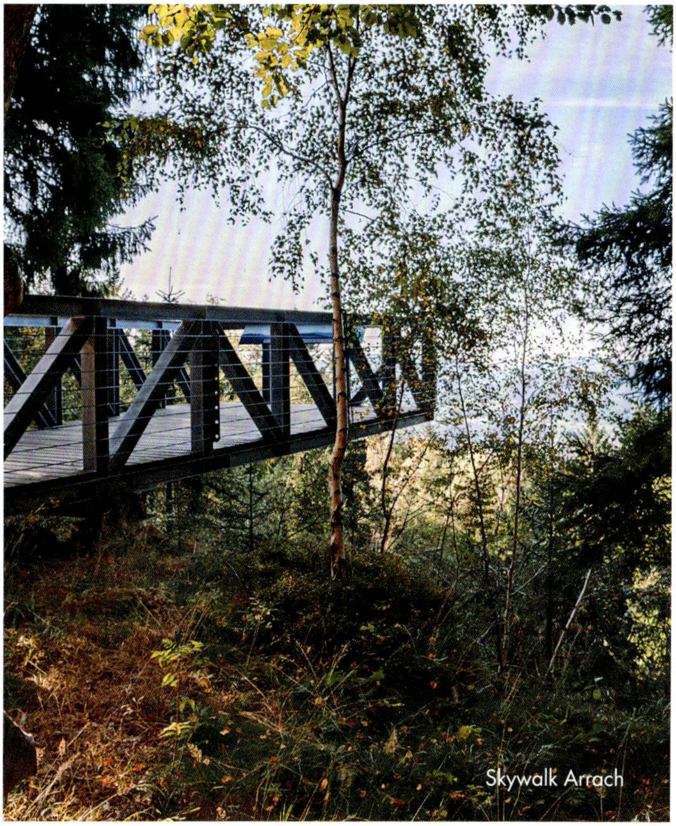
Skywalk Arrach

Nach wenigen Wandermetern kommen wir zum »Schwomloch«. Links sehen wir eine Gedenkkapelle mit Totenbrettern und gegenüber das urige alte Bauernhaus. Es ist ein weiterer lohnenswerter Stopp auf dieser Tour, denn besonders die Zitate auf den Totenbrettern regen den Wanderer zum Nachdenken an. Bei 6,5 Kilometern marschieren wir links weiter auf Ar 6 und bleiben auf dem Weg, bis wir wieder den Parkplatz am Ausgangspunkt erreichen.

Berggasthof Eck und Skywalk Arrach

Zu den Öffnungszeiten wartet der Berggasthof Eck auf müde Wanderer. Nur 10 Minuten vom Eck entfernt, kann außerdem der einzige Skywalk im Bayerischen Wald besucht werden. Wer den kurzen Abstecher auf sich nehmen möchte, überquert beim Berggasthof die Straße und folgt dem ausgeschilderten Weg. Gehzeit ca. 10 Minuten.

18 Drachensee und Bayernwarte

Aussichtsreiche Seerunde

Mittel | 9,4 km | 360 Hm | 3.15 Std.

Tourencharakter
Schotter- und Waldwege, kleine Etappe Asphalt, im Wald mit steileren Etappen, abwechslungsreich mit Badesee und Aussichtsturm, am See sonnig, Waldgebiet schattig

Ausgangs-/Endpunkt
Parkplatz am Promenadenufer, Startpunkt Freizeitufer

GPS-Daten
49.313570, 12.867844

Anfahrt
Bahn und Bus: Ab Cham (RB 28) nach Furth im Wald (590 bzw. 650 und 589) nach Seuchau Mühle, Furth im Wald
Auto: Über B 20 nach Furth im Wald; LK Regen, B 85 Regen–Cham, bei Cham auf B 20 nach Furth im Wald; LK Deggendorf, über B 11 Teisnach und B 85 Cham auf die B 20 nach Furth im Wald oder A 3 Deggendorf–Regensburg, Kreuz Straubing, B 20 über Cham nach Furth im Wald

Einkehr
Café Mühle Schreiner, Seuchau 4, 93437 Furth im Wald, Tel. 09973/31 33, www.cafe-drachensee.de

Information
www.bayerischer-wald-ganz-oben.de

Furth im Wald ist vor allem wegen des Drachenstichs, des ältesten Volksschauspiels Deutschlands, bekannt. Der Drache verleiht auch dem Drachensee seinen Namen. Abwechslungsreich wird die Route in Kombination mit dem Aussichtsturm »Bayernwarte« auf dem Dieberg.

Rundweg Drachensee Beim Parkplatz sehen wir bereits den Drachensee auf der gegenüberliegenden Seite. Wir folgen der Markierung und überqueren die Straße, halten uns rechts und biegen auf den geschotterten Rundweg am See ein. Am Freizeitufer entdecken wir Infotafeln zum Fischlehrpfad und mit jedem Schritt werden wir mit Blicken auf den tiefblauen See belohnt. Im Frühsommer zeigt sich die Vegetation mit vielfältigen bunten Pflanzen am Ufer. Vereinzelte Rastbänke ermöglichen Pausen direkt am Wasser. Bei der nächsten Markierung Fu2 halten wir uns links und überqueren die Seebrücke. Sie bietet eine herrliche Aussicht über den Drachensee mit den dahinterliegenden

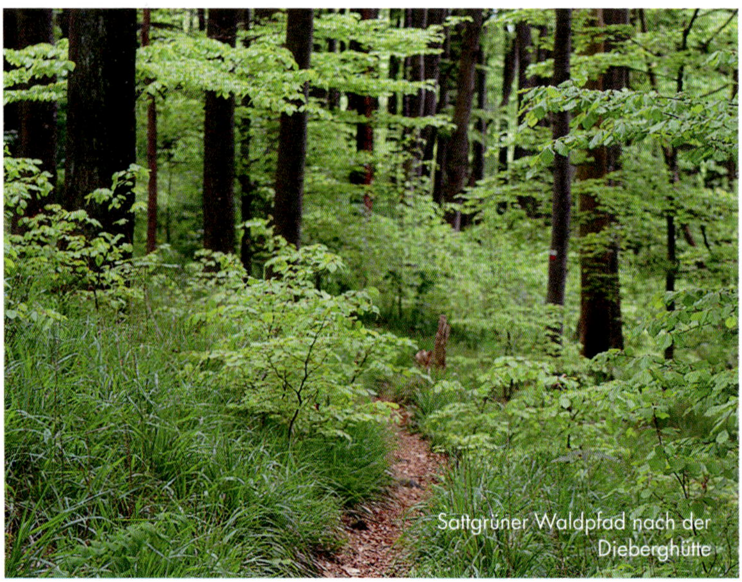

Sattgrüner Waldpfad nach der Dieberghütte

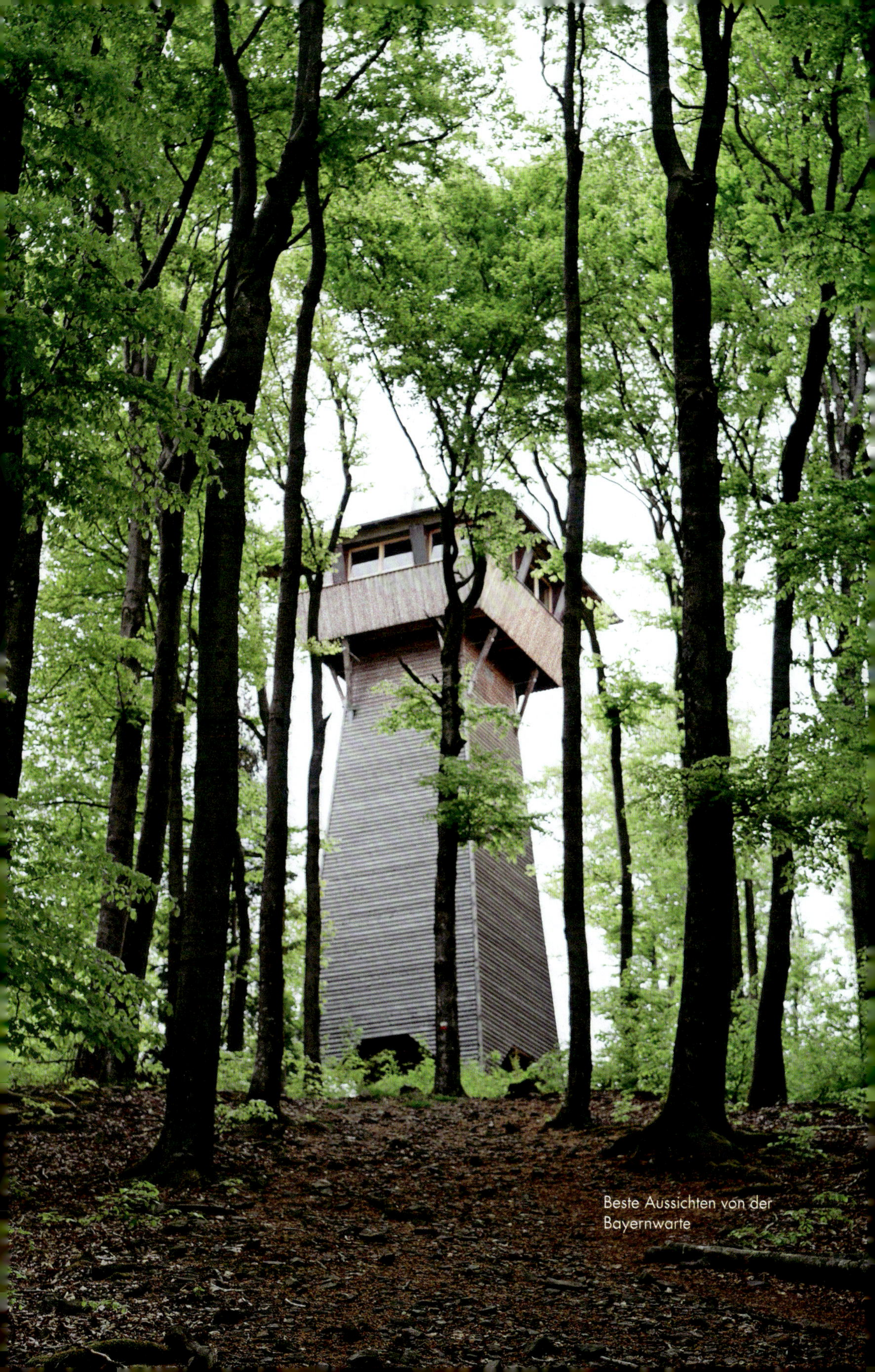

Beste Aussichten von der Bayernwarte

sanften Wogen des Bayerischen Walds. Wir sehen aus der Ferne die Gebirgszüge des Hohenbogens und den Westgipfel Burgstall. Im Winter und bei Hochwasser bleibt die Seebrücke gesperrt. Auf der gegenüberliegenden Uferseite wandern wir erneut auf dem Schotterweg in Richtung »Ösbühler Bucht«. In der Naturschutzzone dürfen die Wege nicht verlassen werden und Hunde müssen angeleint bleiben. Umrahmt wird die Kulisse von Obstbäumen und Wiesen. Am Ende überqueren wir die Straße (Schild Seuchau) und wechseln anschließend nach ca. 250 Metern beim »Mühlencafé« auf die Markierung Fu1 Richtung Dieberg mit dem Aussichtsturm »Bayernwarte«.
Scharf rechts wandern wir auf dem Waldpfad zwischen den Häusern im Wald bergauf und folgen bei der nächsten Beschilderung dem Weg links in den von Buchenbäumen geprägten Wald. Bald werden wir mit einem schönen Blick über den Wald

Kunstwerk Mythos Drache

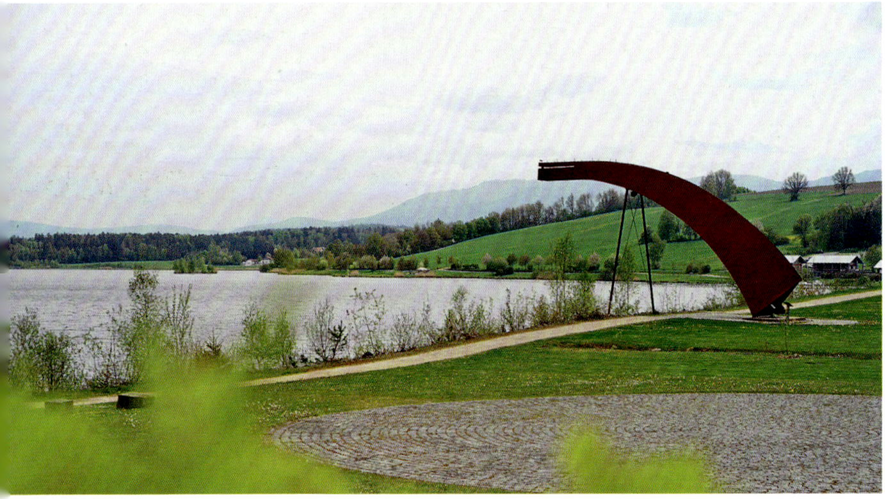

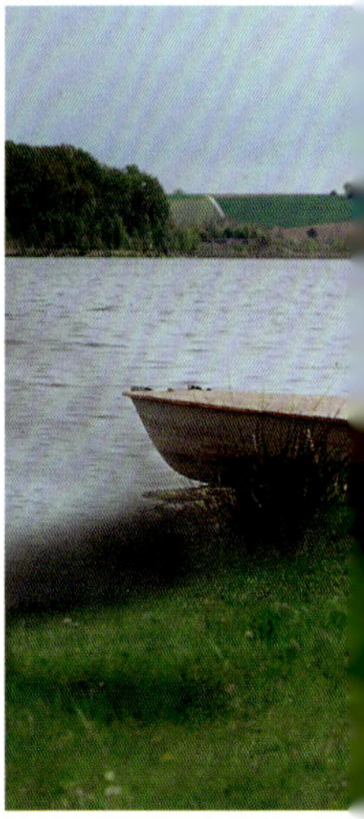

und das Bahngleis überrascht, bevor wir links weiterwandern. Bei 4,5 Kilometern sehen wir rechts eine malerische Waldkapelle mit Sitzgelegenheit. Nach wenigen Schritten folgen wir kurz einem kleinen asphaltierten Weg und passieren linker Hand ein alleinstehendes Haus. Anschließend wandeln wir wieder auf einem idyllischen Waldpfad.

Zur Bayernwarte Die nächste Etappe zum Aussichtsturm »Bayernwarte« verläuft steil bergauf im bewaldeten Gebiet. Saniert wurde der aus dem Jahre 1975 stammende Turm im Jahr 2019.

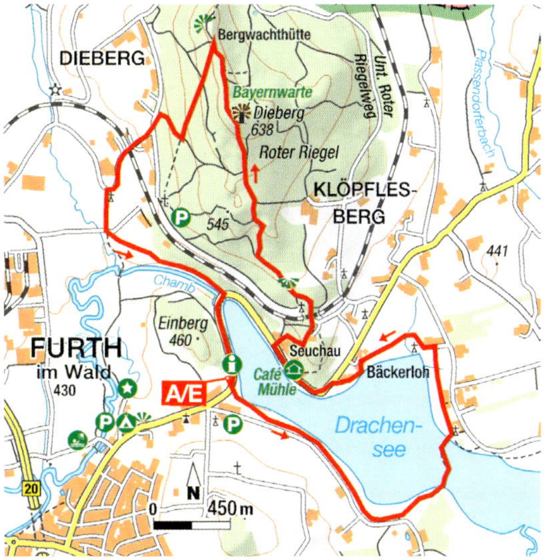

100 hölzerne Stufen führen zur 20 Meter hohen »Bayernwarte« hinauf. Im Gegensatz zu anderen Aussichtstürmen überblickt man die Landschaft in alle Himmelsrichtungen durch eine Glasscheibe. Dennoch ein beeindruckender Panoramablick, der die Mühen der Stufen wert ist. Nach Westen erspähen wir die an der Grenze verlaufende Hochstraße. Sie zählt zu den ältesten Routen zwischen Bayern und Böhmen. Nach dem Aussichtsturm wandern wir links Richtung Herbert-Hartl-Steig. Geradeaus vor uns befindet sich die urige Bergwachthütte mit einem Rastplatz. Der schmale Pfad führt uns nun bergab durch den grell leuchtenden Buchenwald. Beim Bahnübergang befinden wir uns kurz auf einer Asphaltstraße, bevor wir nach weiteren 500 Metern links in den Schotterweg am kleinen Gedenkkreuz einbiegen und weiter über die Chamb-Auen wandern. Beim Staudamm laufen wir kurz bergauf und bei Überquerung der Brücke befinden wir uns wieder am Ufer des Sees. Zuletzt begegnen wir dem Kunstwerk »Mythos Drache«. Die Brückenskulptur wird abends beleuchtet und kann durch Treppen im Inneren bestiegen werden. Sie bietet zum Abschluss der Wanderung noch einmal einen schönen Ausblick über den Drachensee, bevor wir zurück zum Parkplatz laufen.

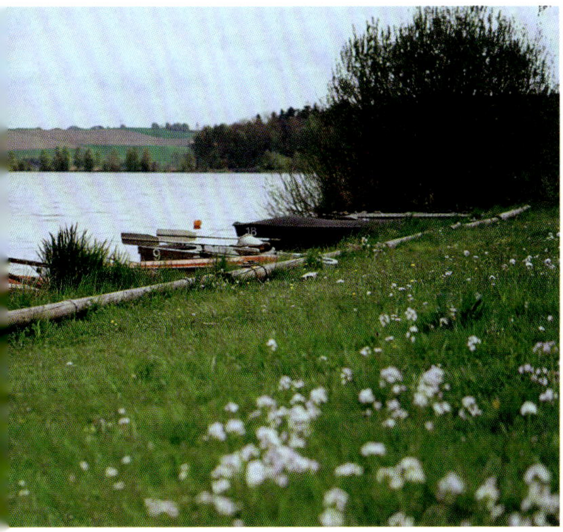

Boote am Drachensee

Naherholungsgebiet Drachensee

Der Drachensee wurde zum Schutz vor Hochwasser des Stadtgebiets erbaut. Gleichzeitig stellt er ein bedeutendes Naherholungsgebiet im Oberen Bayerischen Wald dar. Am westlichen Ufer liegt das Freizeitufer, welches zum Baden oder Bootsfahren einlädt. Auf der Ostseite befindet sich die Ökozone, die seltene Tiere wie beispielsweise Fischadler beheimatet.

19 Burgruine Kürnberg

Kultur im »Land der Regenbogen«

Leicht	1,6 km	85 Hm	0.50 Std.

Tourencharakter
Leichte Wald- und Forstwege, sehenswerte Burgruine, meist schattig

Ausgangs-/Endpunkt
Parkplatz Stamsried bei Volksmusikanten-Gedenkstätte

GPS-Daten
49.273868, 12.539918

Anfahrt
Bus: Ab Cham (310) nach Marktplatz, Stamsried; ca. 1,5 km Anmarsch bis Ausgangspunkt
Auto: B 85 über Pösing oder B 22 über Pemfling bzw. Rötz auf St 2151 nach Stamsried; LK Regen, B 85 Regen–Schwandorf, bei Pösing auf St 2040 nach Stamsried; LK Deggendorf, über B 11 Teisnach oder A 3 Deggendorf–Regensburg, Kreuz Straubing, B 20 nach Cham, auf B 85 Richtung Schwandorf, Ausfahrt Pösing auf St 2040 nach Stamsried

Einkehr
Keine

Information
www.cham-roding-urlaub.de

Eine sehr kurze Tour, die uns zur Burgruine Kürnberg – auch Kürnburg genannt – auf dem Heitberg bei Stamsried leitet. Sie gilt als eine der größten Ruinen der Oberpfalz und bietet eine wunderschöne Aussicht. Die familienfreundliche Tour führt teilweise entlang des Waldlehrpfads beim Naturerlebnisdorf.

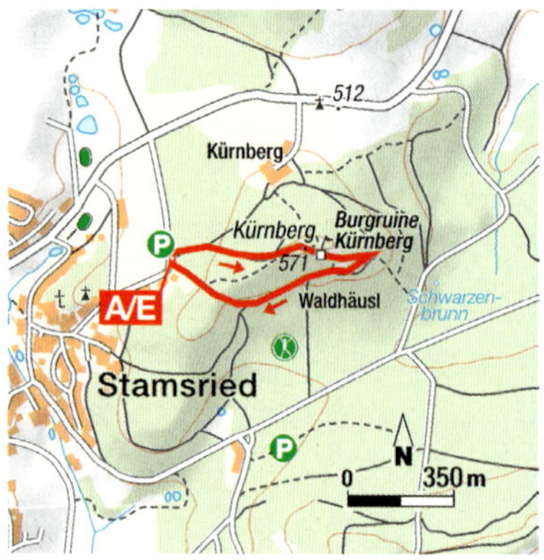

Zur Kürnburg Beim Parkplatz folgen wir neben der Gedenkstätte des Volksliedkreises dem Schotterweg in den Mischwald. Gleich zu Beginn entdecken wir Stationen des Waldlehrpfads, die besonders Kindern den Naturraum spielerisch näherbringen. Nach 120 Metern sehen wir eine auffällige hölzerne Spechtfigur. Daneben weist die Beschilderung mit einem Rechtsschwenk den Weg bergauf zur Kürnburg. Wir wandeln im schattigen Wald und erreichen nach 400 Metern den Burgeingang. Davor befindet sich in der Waldlandschaft eingebettet ein schöner Rastplatz mit Bänken und Tisch, der sich ideal für ein Picknick anbietet.

Wir passieren eine Holzbrücke und begeben wir uns in den Burghof. Die Überreste der historischen Mauern auf dem Anwesen sind jederzeit zugänglich. Über Steinstufen laufen wir weiter ins Burginnere. Im hinteren Bereich entdecken wir eine metallene Wendeltreppe, deren Aufstieg besonders empfehlenswert ist. Oben angekommen, können wir die Reste der beeindruckenden Burganlage und den Blick über das Regental in voller Pracht bestaunen. Erbaut wurde die Kürnburg im Jahre 1354 von Dietrich dem Kürner. Sie wechselte mehrmals ihre adeligen Besitzer. 1634 wurde sie im Dreißigjährigen Krieg von Herzog Bernhard

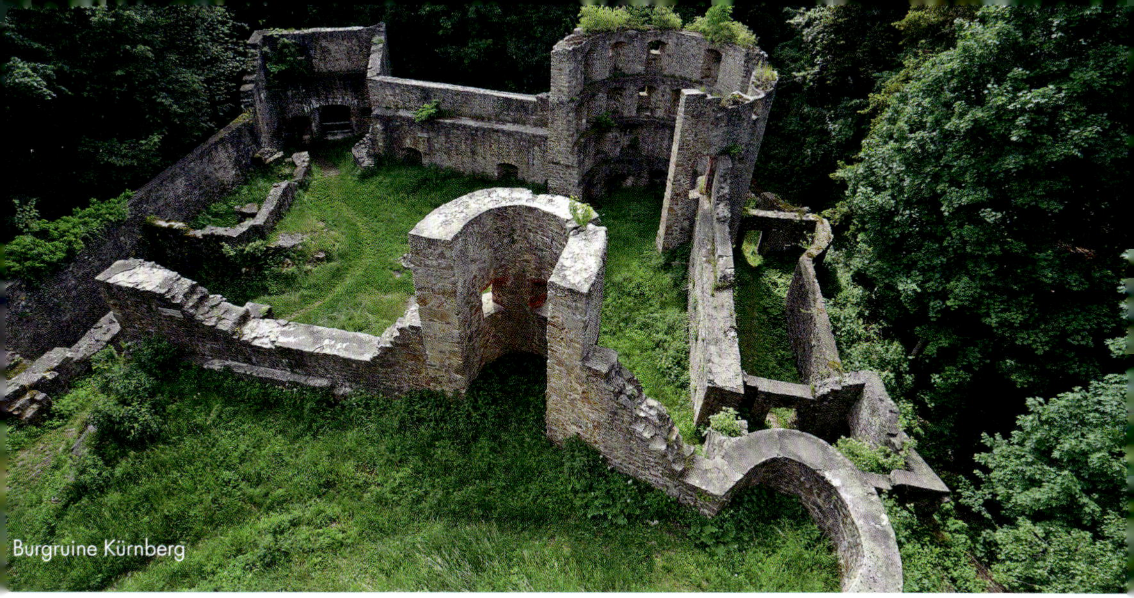
Burgruine Kürnberg

von Weimar und seinen Truppen zerstört. Erst Mitte der 1960er-Jahre begannen die Sicherung und der Erhalt der Burgreste. Heute ist die Kürnburg im Besitz des Freistaats Bayern. Rund um die Kürnburg können alternative Pfade zur Burgruine gewählt werden.

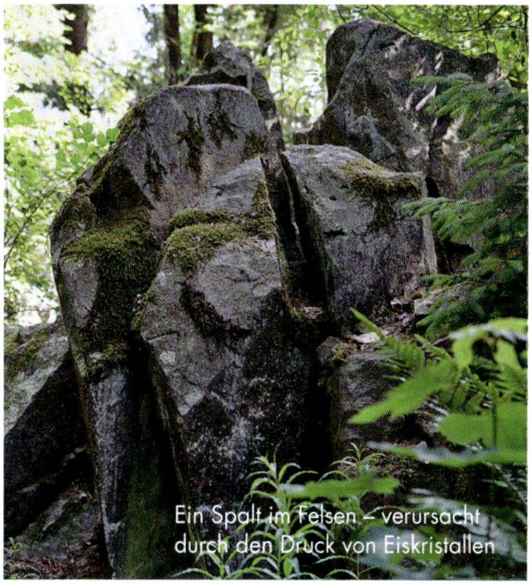
Ein Spalt im Felsen – verursacht durch den Druck von Eiskristallen

Rückweg über Jägersteig Wir setzen die gemütliche Wanderung fort und verlassen die Burg rechts über die Treppe. Entlang der Burgmauer führt uns der Weg hinab durch den Wald. Am Wegrand türmen sich teilweise mittelgroße Felsen auf. Die Spaltung der Felsen wird auf den Schautafeln des Waldlehrpfads erklärt. Nach wenigen Metern wandern wir bei der Wegkreuzung rechts und folgen einem schmalen, teils steinigen Waldpfad bergab. Im Anschluss halten wir uns erneut rechts, um der Beschilderung zur St9 zu folgen. Nach 1,2 Kilometern biegen wir ein drittes Mal in Folge rechts, in den Pfad mit dem Schild »alter Jägersteig« ein. Dabei handelt es sich um einen ehemaligen Pirschweg, der von Jägern gereinigt wurde, um während der Jagd geräuschlos auf ihm laufen zu können. Nach weiteren 150 Metern schwenken wir links und erreichen am Wegende wieder den Ausgangspunkt.

Im Regenbogenland

Stamsried liegt auf 456 Metern Höhe und zählt zur Ferienregion »Land der Regenbogen« im Naturpark Oberer Bayerischer Wald. Die Region ist eingebettet zwischen Wald und den Flüssen Chamb und Regen, welcher der Ferienregion den hübschen Namen verleiht.

20 Kirnstein- und Grottenweg

Ein Schwammerl aus Stein

Leicht | 3,5 km | 155 Hm | 1.10 Std.

Tourencharakter
Wald- und Forstwege, kurzes Stück Asphalt, meist schattig

Ausgangs-/Endpunkt
Festplatz unmittelbar vor der Ortschaft Dörfling

GPS-Daten
49.142840, 12.500307

Anfahrt
Bus: Ab Cham (810) nach Dörfling, Michelsneukirchen
Auto: B 85 über Roding oder B 20 über Schorndorf bzw. Michelsneukirchen nach Dörfling; LK Regen, B 85 Regen–Schwandorf, bei Roding Richtung Dörfling; LK Deggendorf, A 3 Deggendorf–Regensburg, Ausfahrt Kirchroth, auf St 2148 über Wiesenfelden und Falkenstein nach Dörfling

Einkehr
Keine auf direktem Weg, siehe Empfehlung in Michelsneukirchen

Information
www.vorderer-bayerischer-wald.de

Eine Minirunde für die ganze Familie mit sehenswerten Wollsackverwitterungen in der Grotte und dem fantasievoll geformten Schwammerlstein. Die kurze Wanderung verläuft überwiegend durch schattige Wälder mit wenigen Höhenmetern und eignet sich als kurze Auszeit an heißen Sommertagen.

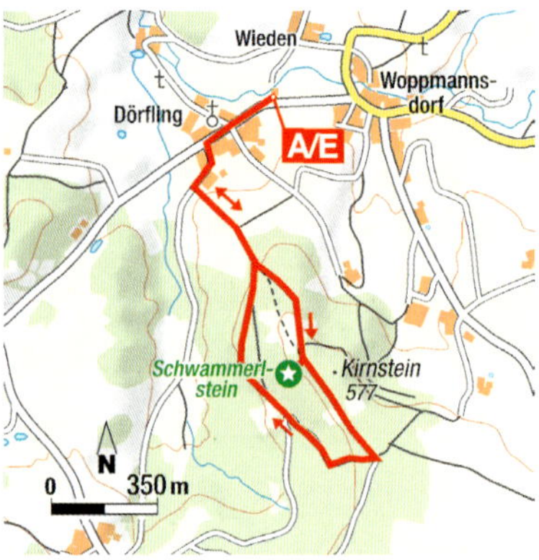

Zum Schwammerlstein Am Parkplatz halten wir uns rechts und laufen ein kleines Stück durch die Ortschaft, vorbei an der Kirche, und biegen kurz vor dem Ortsausgang bei 300 Metern links ab. Gleich nach dem Friedhof endet die Asphaltstraße und wir wandern links einen kleinen Pfad (Markierung am Baum) hinauf, der unmittelbar danach in einen Feldweg mündet. Wiesen und Getreidefelder bestimmen das malerische Landschaftsbild, während wir bis zum Waldrand zu den nächsten Beschilderungen wandern. Gleich neben der Markierung befindet sich unter den Bäumen ein großes Kreuz mit Holzbank, die wir uns für die Rückkehr als Pausenplatz merken. Wir wandern entsprechend der Markierung den linken Pfad weiter. Mäßig steil bergauf marschieren wir durch den Nadelwald und entdecken immer wieder skurrile Felsformationen am Wegrand.

Nach 1,1 Kilometern erreichen wir einen wunderschönen Platz, ähnlich einer Lichtung. Die Felsen hoch aufgetürmt, sattes Grün und eine Holzbank zur Rast, schaffen einen Ort, an dem man gerne länger verweilt und sich fast nicht sattsehen kann. Kurz danach zeigt uns ein unscheinbares Schild den Weg zum »Schwammerlstein« in linker Richtung an. Für Nichtbayern:

Schwammerl bedeutet übersetzt Pilz. Wer den »Schwammerlstein« sieht, erkennt auch ohne Bayerischkenntnisse anhand der Form die Bedeutung des Namens. Fast märchenhaft ruht der Felskoloss mitten im Wald, dessen Haupt bei Sonnenschein zwischen den dunkelgrünen Nadelbäumen hervorblitzt. Auf dem unteren Felsen des Naturdenkmals lagert ein überdimensionaler zweiter Felsen, der ihn wie einen Pilz aussehen lässt. Die beiden Riesensteine berühren sich nur an wenigen Stellen. Eine Konstruktion, wie sie nur die Natur erschaffen kann.

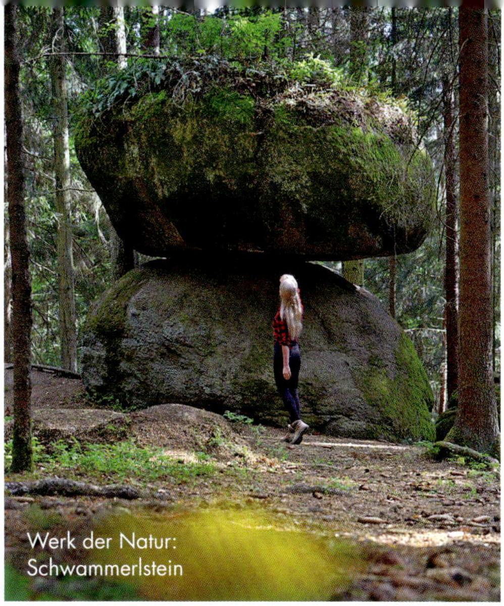

Werk der Natur: Schwammerlstein

Zur Grotte Nach dem Bestaunen des Felsgiganten laufen wir wieder zurück zum Schild und setzen die Route geradeaus durch den Wald fort. Bei der nächsten Abzweigung biegen wir scharf rechts ab in Richtung Grotte. Wir marschieren auf dem ruhigen Wanderweg zwischen Fichten, Tannen und vereinzelten Buchen hindurch und halten uns bei zwei Kilometern erneut rechts. 500 Meter weiter biegen wir links ab zur Grotte. Über Stufen mit einem Holzgeländer erreichen wir die bizarre Felsformation.

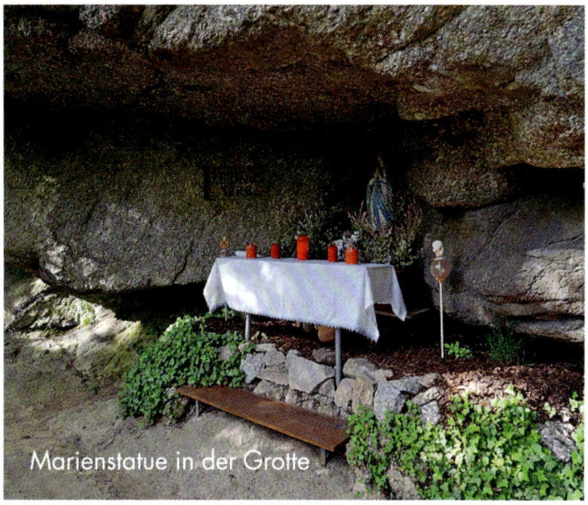

Marienstatue in der Grotte

Die Grotte wird durch einen spektakulären Felsüberhang gebildet. In der Spalte befindet sich eine liebevoll geschmückte Marienstatue, die ihr auch den Namen »Mariengrotte« verleiht. Dieser versteckte Platz ist wirklich zauberhaft und bietet sich zu einer stillen Andacht in der Natur an. Nach Verlassen der Grotte führt uns der Weg zurück durch den Wald zum Kreuzungspunkt mit der Rastbank. Wer den Platz frei vorfindet, sollte ihn sich unbedingt für eine Brotzeitpause sichern. Der Ausblick reicht über die Getreidefelder bis nach Dörfling. Mit oder ohne Rast am Ende folgen wir beim Rückweg dem Feldweg bis zur Asphaltstraße, die uns zum Parkplatz bringt.

Einkehrmöglichkeit

Nach gerade einmal 155 Höhenmetern ist man wahrscheinlich gar nicht so hungrig. Um kleine Wandermuffel zu motivieren, lohnt sich die kurze Fahrt zum Gasthof Jäger in Michelsneukirchen. An sommerlichen Tagen sitzt man bestens bei einem Eis auf der ruhigen Terrasse (Gasthof Pension Jäger, Hauptstraße 1, 93185 Michelsneukirchen, Tel. 09467/ 255, www.gasthof-jaeger.de).

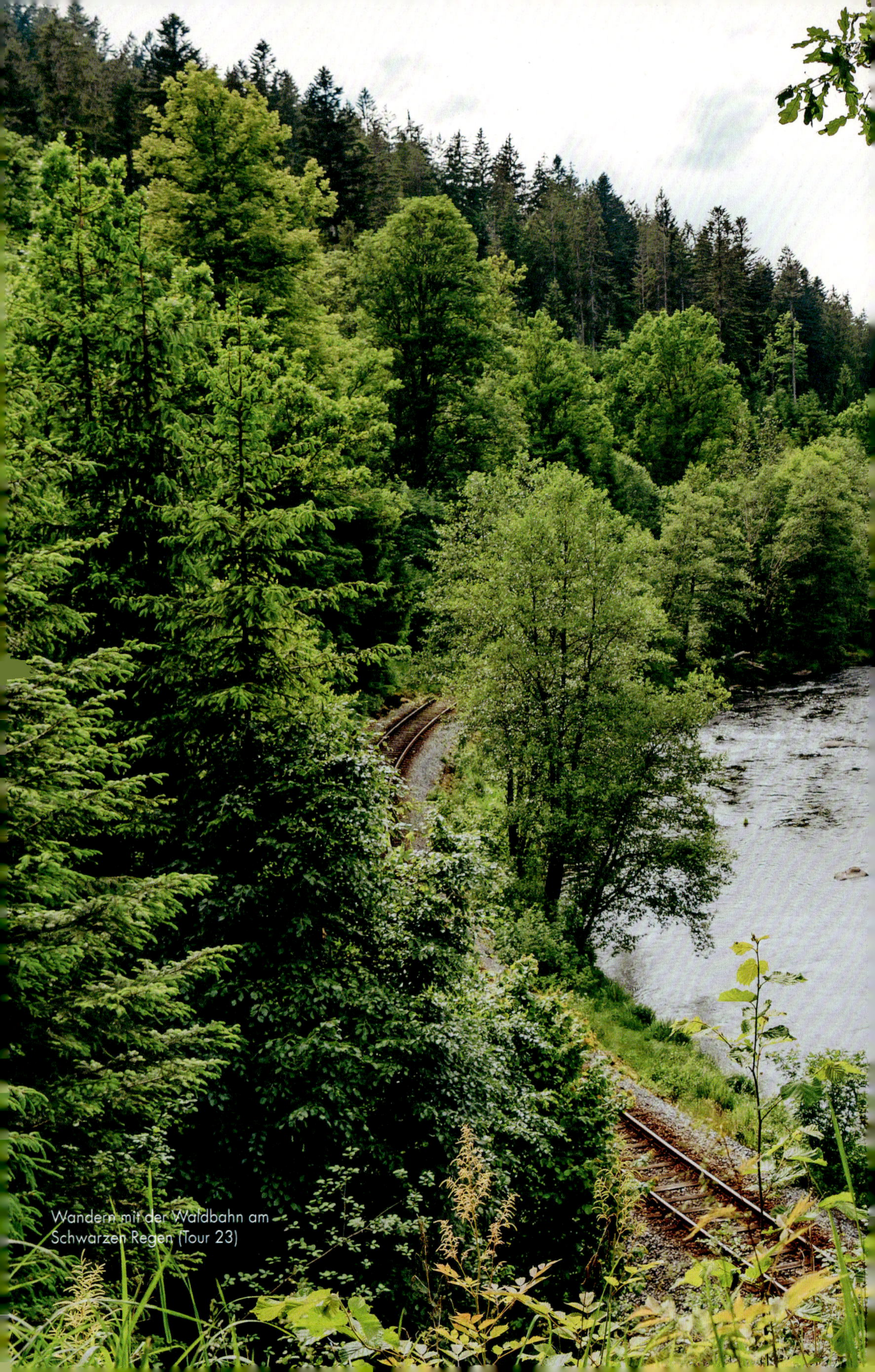

Wandern mit der Waldbahn am Schwarzen Regen (Tour 23)

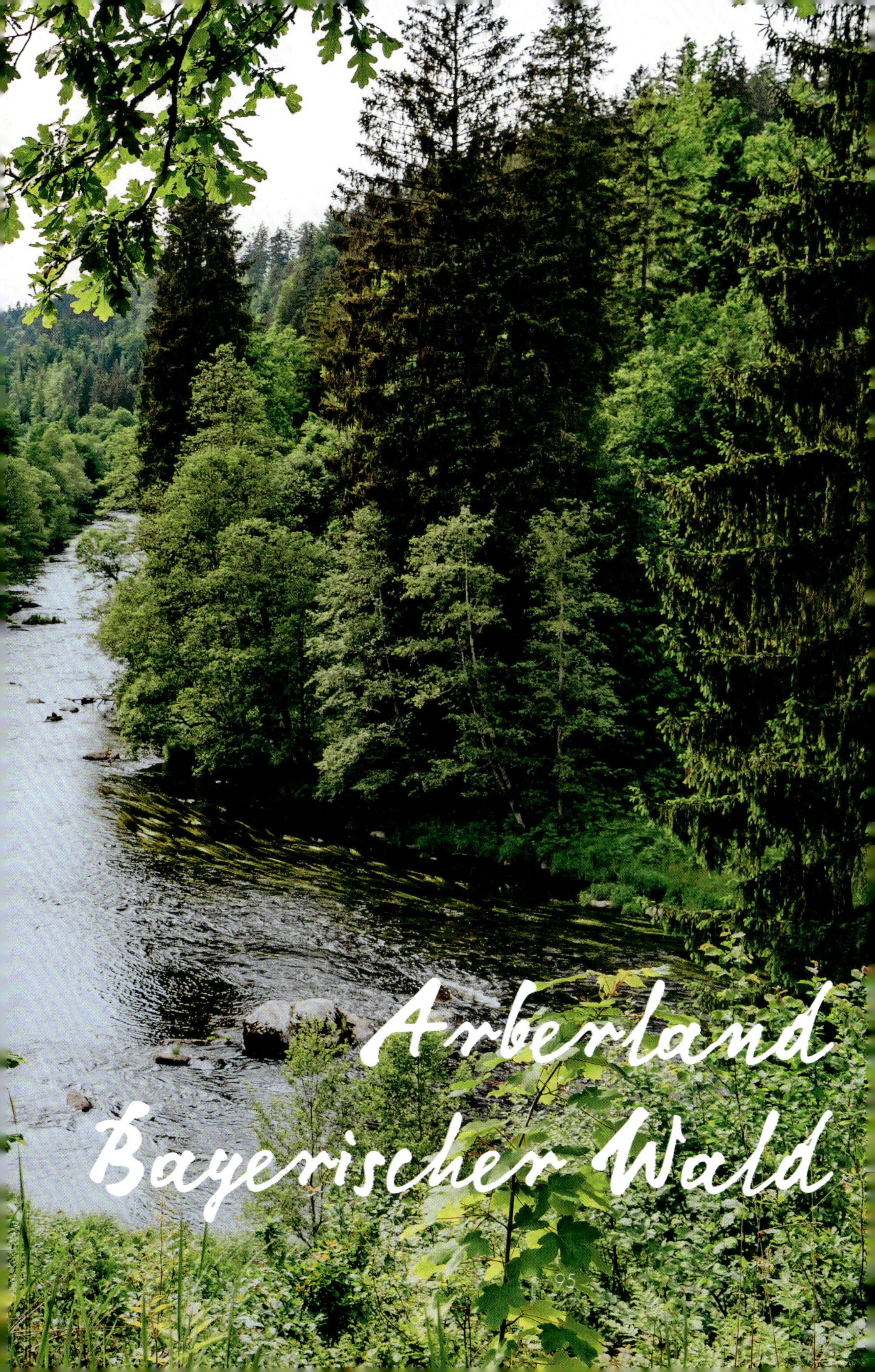

Arberland Bayerischer Wald

21 Burglehrpfad Weißenstein

Geologisches Wunder und Burg

Leicht | 1,1 km | 30 Hm | 0.20 Std.

Tourencharakter
Sehr leicht begehbarer Waldpfad, eher Spaziergang als Wanderung, geologische Besonderheit und Burgruine, Verlängerung mit Museum und »Gläsernem Wald« möglich, überwiegend schattig

Ausgangs-/Endpunkt
Parkplatz gegenüber Burg Weißenstein

GPS-Daten
48.950813, 13.143232

Anfahrt
Bahn und Bus: Ab Deggendorf (WBA RB 35) nach Regen (RUFBUS 8211 oder 8212) nach Weißenstein Ort, Regen
Auto: Über B 85 bei Regen (Wiesenhof) nach Weißenstein; LK Freyung-Grafenau, B 85 Schönberg–Regen, auf Höhe Einfahrt Regen (Wiesenhof) links Richtung Weißenstein; LK Deggendorf, über Rusel St 2135, B 85 Richtung Schönberg, auf Höhe Regen (Wiesenhof) rechts nach Weißenstein

Einkehr
Gasthof zur Weißensteiner Alm, Weißenstein 121, 94209 Regen, Tel. 09921/971 87 68

Information
www.arberland-bayerischer-wald.de

Der Große Pfahl zählt zu den wertvollsten Naturerscheinungen im Bayerischen Wald. In der Nähe der Stadt Regen entdecken wir nicht nur die geologische Besonderheit, sondern auch die Burgruine Weißenstein. Zum Abschluss der sehr kurzen Runde können wir noch die gläsernen Baumskulpturen im Gläsernen Wald besichtigen.

Zur Burgruine Der Rundweg ist mit 1,1 Kilometern zwar ultrakurz, dafür umso malerischer und sehr sehenswert. Beim Parkplatz befindet sich zur linken Hand der Burgkiosk Weißenstein,

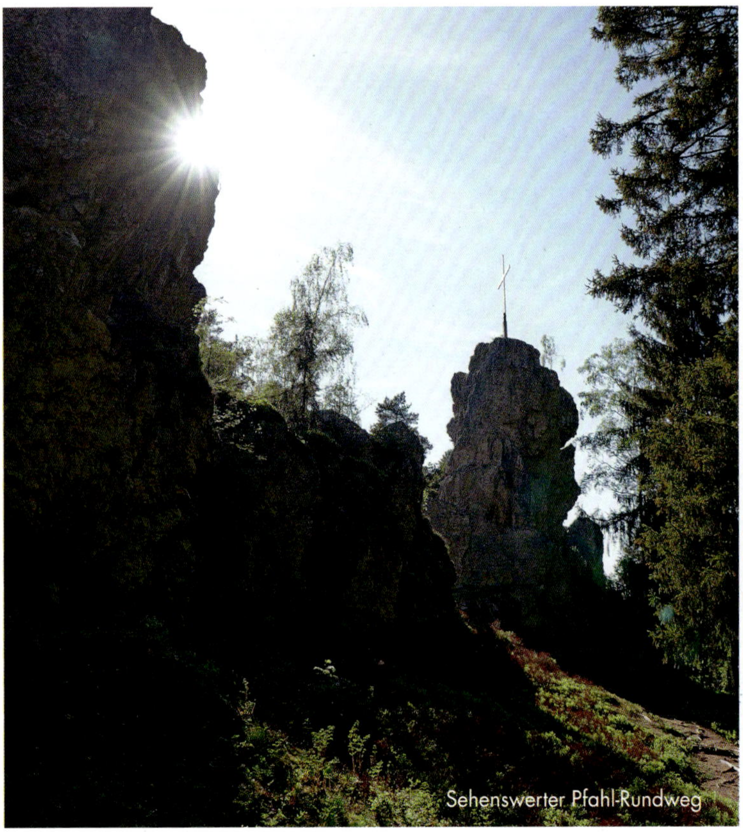
Sehenswerter Pfahl-Rundweg

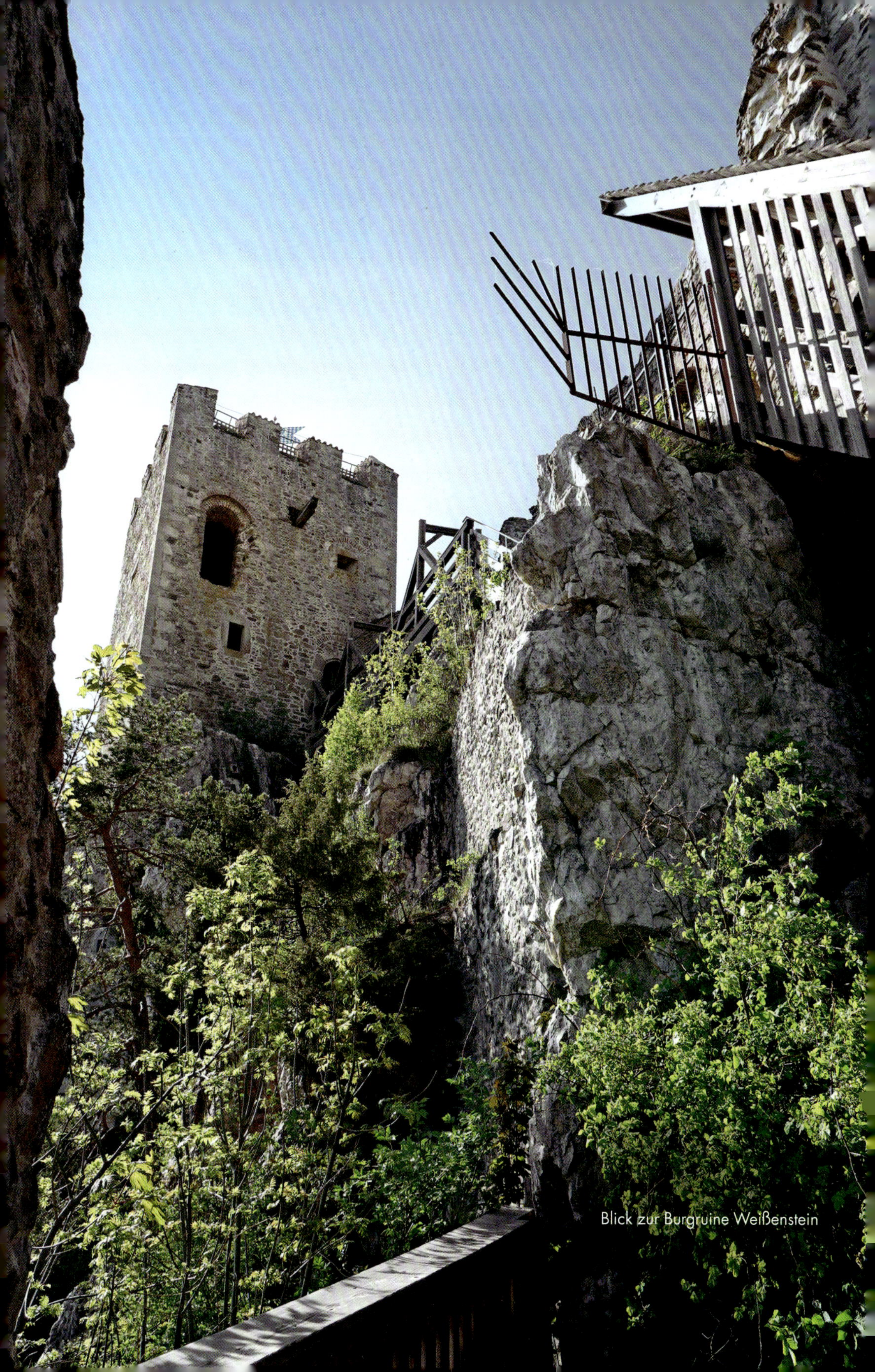

Blick zur Burgruine Weißenstein

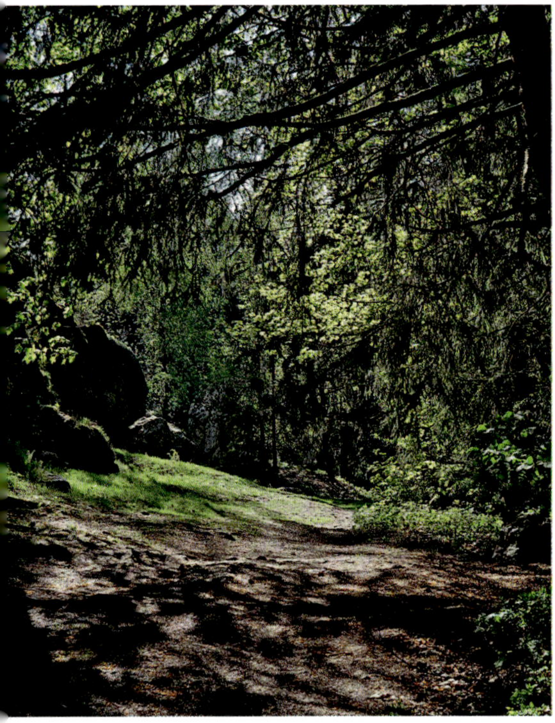

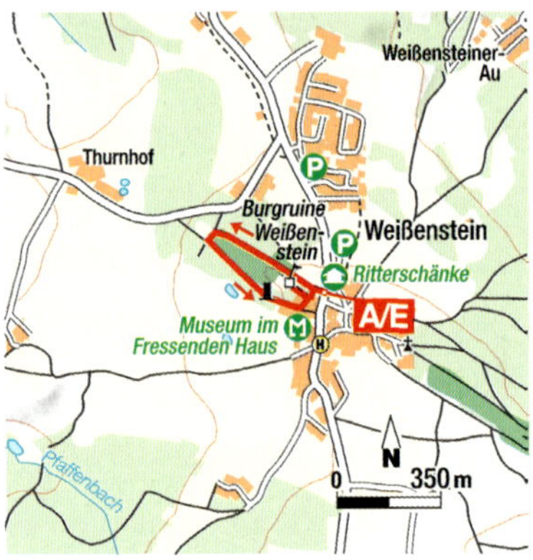

Eine herrliche Waldkulisse umgibt den Pfahl und die Burgruine.

gegenüber der Straße treffen wir zunächst auf das Museum »Das Fressende Haus«. Früher wurde in dem Gebäude Getreide gelagert, später war es das Zuhause des Dichters Siegfried von Vegesack. Weil die Instandhaltung sehr viel Geld kostete, nannte er es das »Fressende Haus«. Seit 1984 befindet sich in dem Gebäude ein Museum. Momentan ist nur eine Besichtigung der Sonderausstellung wegen Sanierungsarbeiten möglich. Der Eintritt ist für den Zeitraum der Bauarbeiten kostenlos.

Unser Rundweg beginnt gleich neben dem »Fressenden Haus«. Auf den Informationstafeln werden die Hintergründe und die Geschichte der Burg sowie die Entstehung des Pfahls erläutert. Der weiße Quarzfelsen tritt zwischen Moosbach und Viechtach und auch bei Weißenstein aus der Erdoberfläche hervor. In exponierter Lage mit freiem Rundumblick wurde um 1100 die gleichnamige Burg auf dem Pfahl erbaut. Aufgrund der besonderen geologischen Gegebenheiten des Pfahls stellte man bereits im Jahr 1940 eine Fläche von sechs Hektar unter Naturschutz. Dieses Gebiet umfasst auch die Burg Weißenstein.

Erstmals urkundlich erwähnt wurde die Burg Weißenstein im Jahr 1244. Vermutlich wurde sie von den Grafen von Bogen auf dem bedeutsamen Handelsweg von der Donau nach Böhmen errichtet. Mit dem Aussterben der Grafen von Bogen ging sie zunächst in den Besitz der bayerischen Herzöge über, bevor die Degenberger Eigentümer wurden. In den darauffolgenden Jahrhunderten wurde sie 1468 im Böcklerkrieg, 1633 von den Schweden und 1742 vom Pandurenoberst Trenk während des österreichischen Erbfolgekriegs zerstört. Im 19. Jahrhundert war Weißenstein ein beliebtes überregionales Ausflugsziel, insbesondere für Künstler. Nach der Restaurierung Anfang der 1990er-Jahre ist die Burgruine seit 1996 in Besitz der Stadt Regen. Gleich zu Beginn der Wanderung bieten sich spektakuläre Blicke zum Pfahl und zur Burgruine. Der Rundweg führt auf einem Wurzelpfad durch einen romantisch anmutenden Wald.

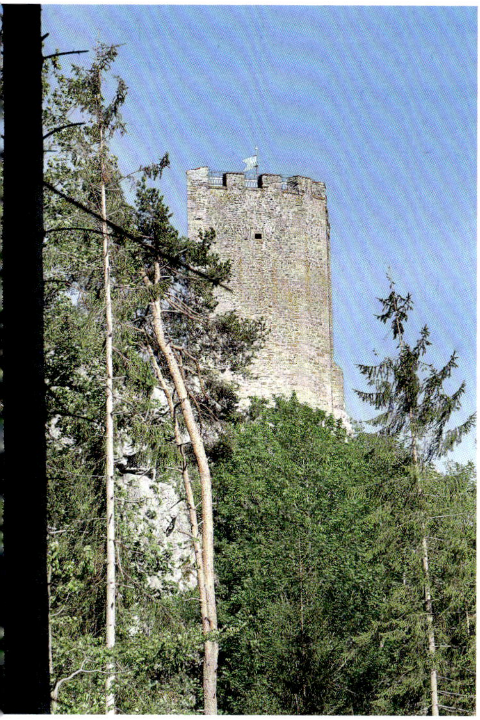

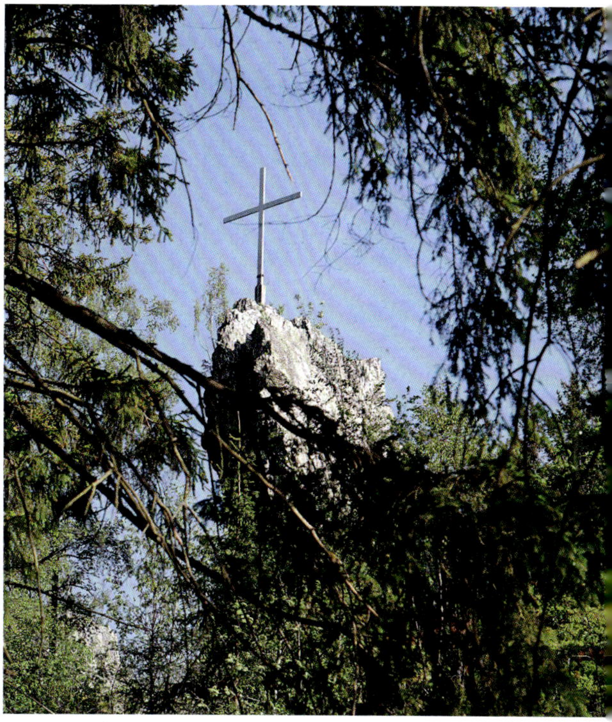

Es lohnt sich, immer wieder stehen zu bleiben, um den mächtigen Pfahlschiefer, die Burg oder das filigrane Gipfelkreuz zu betrachten. Charakteristisch für den Pfahl sind Wälder mit Bäumen wie Esche, Bergahorn und Ulme. Am Gestein finden sich die typischen moosigen Silikatflechten. Der Pfahl bietet Lebensraum für Tiere wie Reptilien, Insekten oder Fledermäuse, die sich gerne in den Spalten verstecken.

Gläserner Wald

Beim »Gläsernen Wald« handelt es sich um Baumskulpturen aus Flachglas. Eine Besichtigung der Kunstwerke ist ganzjährig möglich. Die Edeltannen aus Glas »wachsen« neben der Burgruine Weißenstein und sehen aufgrund von Lichtbrechungen zum Sonnenaufgang und Sonnenuntergang besonders schön aus.

Rückweg Gemäß der Markierung laufen wir nun auf der anderen Seite des Pfahls zurück. Erneut wandern wir durch den herrlichen Mischwald und erreichen anschließend die Rückseite der Burg. Momentan ist ähnlich zum »Fressenden Haus« eine Besichtigung aufgrund von Sanierungsarbeiten nicht möglich. Der kleine Rundweg lohnt sich dennoch wegen des eindrucksvollen Pfahls, der Außenansichten der Burg und des wunderschönen kleinen Wanderwegs.

Links: Markante Burgruine Weißenstein

Rechts: Pfahl mit Gipfelkreuz

22 Patersdorfer Panoramablick

Wanderziel mit Aussicht

Leicht | 4,2 km | 150 Hm | 1.20 Std.

Tourencharakter
Wald- und Forstwege, ab und zu Asphalt, schöne Aussichten, teils sonnige und teils schattige Abschnitte

Ausgangs-/Endpunkt
Wanderparkplatz beim Berggasthof Schön

GPS-Daten
49.007681, 12.940243

Anfahrt
Bus: Ab Regen (RUFBUS 8207) oder Deggendorf (4142 und RUFBUS 8207) nach Knabenhof, Patersdorf; ca. 1,0 km Anmarsch bis Ausgangspunkt
Auto: Von B 85 und B 11 über Patersdorf bzw. Ruhmannsfelden nach Schön; LK Freyung-Grafenau, B 85 Schönberg–Cham, bei Patersdorf auf B 11 Richtung Deggendorf, nach ca. 1,2 km rechts nach Schön; LK Deggendorf, B 11 Deggendorf–Regen, bei Ruhmannsfelden links nach Schön

Einkehr
Berggasthof Schön, Schön 1, 94265 Patersdorf, Tel. 09929/1330, www.berggasthof-schoen.de; Berggasthof Zottling, Zottling 1, 94265 Patersdorf, Tel. 09929/95909, www.berggasthof-zottling.de; Gaststätte Ponyhof, Steineröd 2, 94265 Patersdorf, Tel. 09929/959162

Information
www.arberland-bayerischer-wald.de

Ein Streifzug durch die Natur rund um den Spitzberg (810 Meter) mit wunderschönen Fernblicken über einige sehenswerte Bayerwaldberge. Begleitet von Schautafeln, die von »Spitzi« dem Feldhasen erklärt werden, Spielgeräten für Kinder und mehreren Einkehrmöglichkeiten, eignet sich die einfache Tour auch mit Kindern.

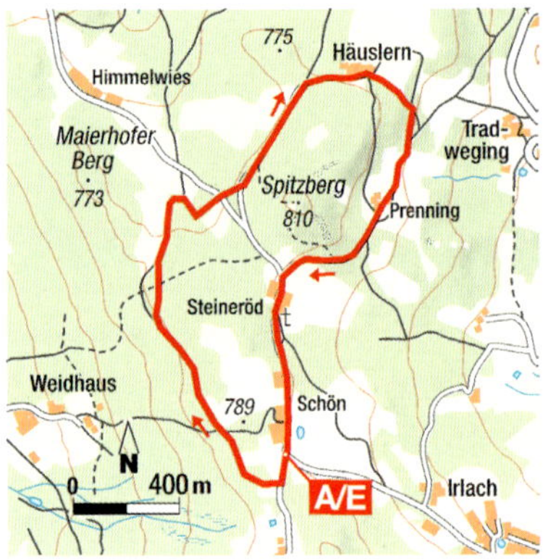

Richtung Spitzberg Beim Parkplatz folgen wir der Asphaltstraße zunächst bergauf und biegen anschließend rechts bei den Wegweisern in den Feldweg ein. Nach 100 Metern werden wir fortlaufend mit Informationsschildern von »Spitzi« begleitet. Der Comic-Feldhase erklärt uns auf leicht verständliche Art und Weise seinen Lebensraum und die hiesige Tier- und Pflanzenwelt. Für Kinder steht außerdem ein kleiner Spielplatz mit Karussell bereit. Wegen der vielen Holzbänke eignet sich der Ort gleichermaßen als Picknickplatz.

Als Nächstes erreichen wir die Lesesteinmauer, sie gibt uns Einblicke in die harte Waldarbeit aus früheren Zeiten. Gemäß der Beschilderung Erlebnispfad halten wir uns anschließend rechts auf einem breiten Waldweg und peilen den zehn Meter hohen hölzernen Aussichtsturm an. Von dort können wir einen kleinen Blick ins benachbarte Kollnburg erspähen. Die Sicht vom Turm ist allerdings ziemlich eingeschränkt. Nach ungefähr 1,3 Kilometern kommen wir an eine Lichtung mit einem auffälligen Stein, auf dem ein Schild mit einem »Hirtaspruch« montiert ist. In früheren Zeiten wurden diese Sprüche von den Junghirten beim traditionellen »Wolfsausläuten« gerufen, um ihren geringen Lohn

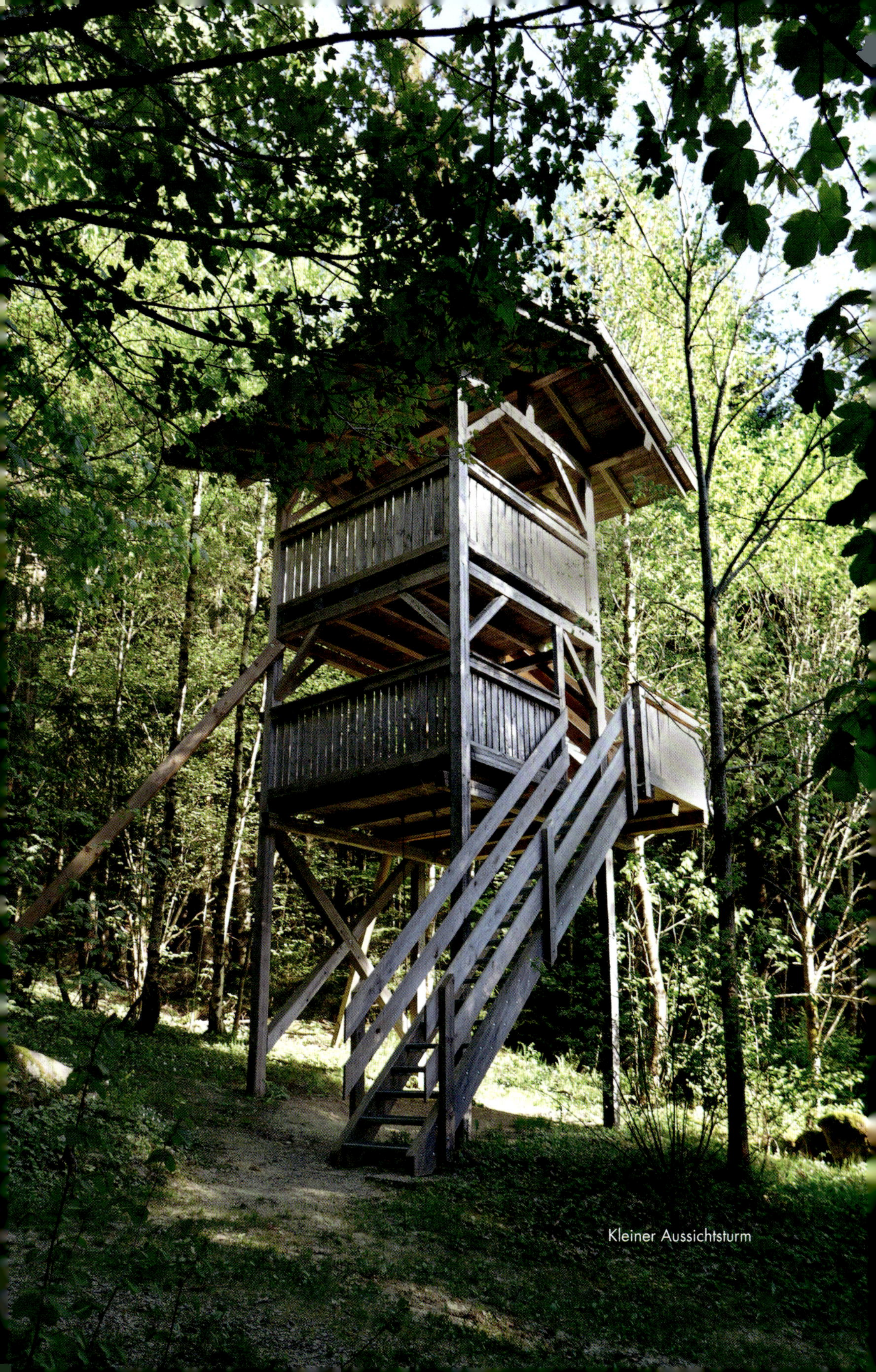

Kleiner Aussichtsturm

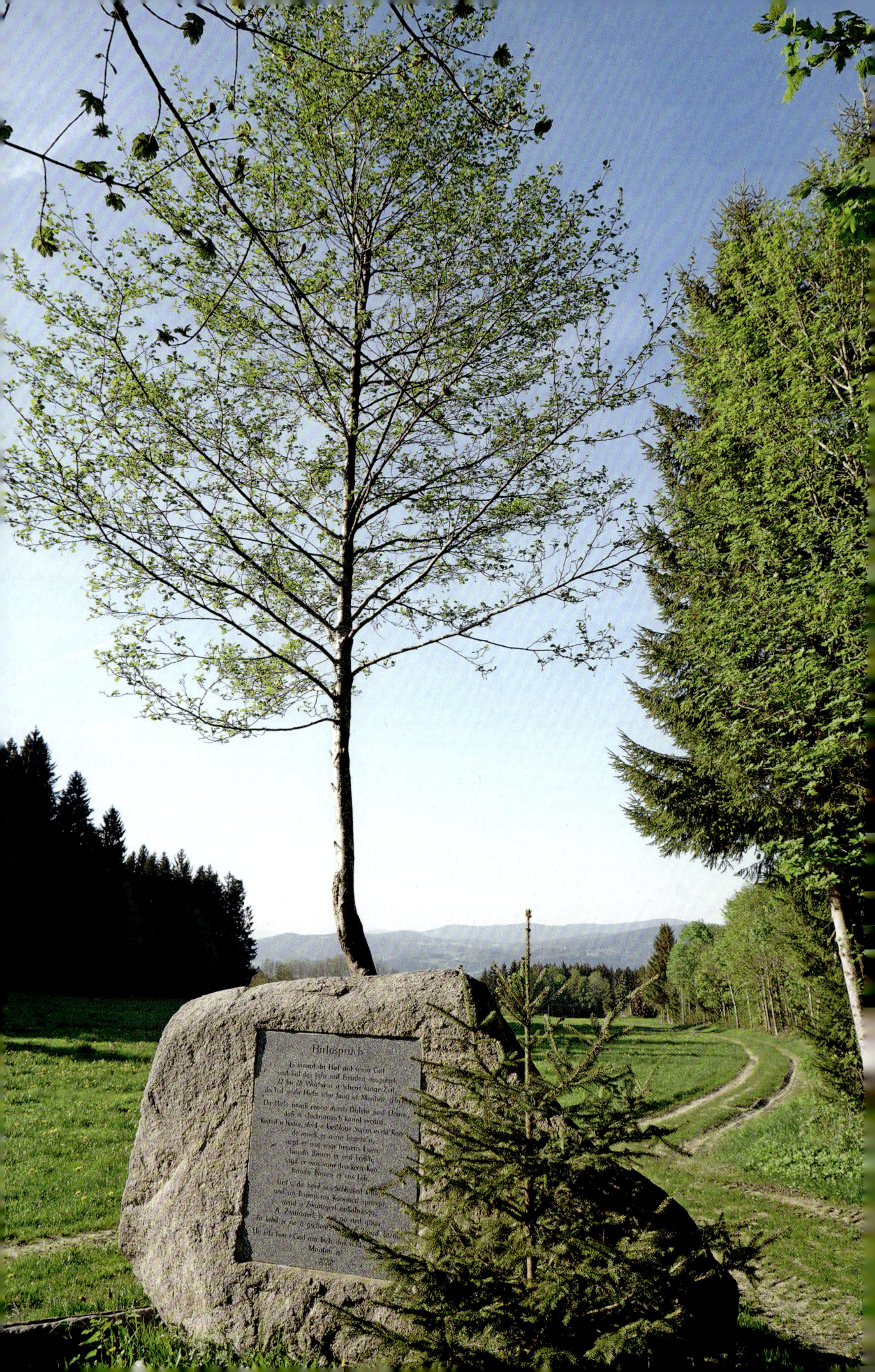
Hirtaspruch

aufzubessern. Die Aussicht an dieser Stelle reicht zu den herrlichen Gebirgszügen vom Kaitersberg, Haidstein und Hohen Bogen im Oberen Bayerischen Wald. Zwischen sattgrünen Wiesen und dem Waldrand wandern wir noch 400 Meter weiter. Am Ende des Wegs gehen wir kurz rechts und unmittelbar gleich wieder links und folgen dem Asphaltweg durch den Wald. Geradeaus wäre eine Abkürzung möglich. Nach zwei Kilometern besteht rechts die Möglichkeit, den Spitzberg mit Gipfelkreuz und seiner schönen Aussicht zu besuchen. Der Aufstieg würde ungefähr fünf Minuten dauern.

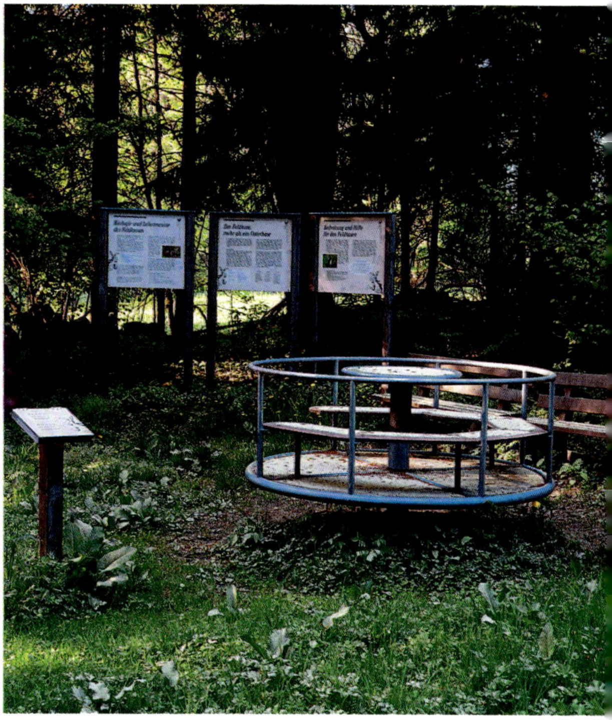

Aussichtspunkt Panoramablick Ohne Bergbesteigung laufen wir rechts weiter vorbei am Waldrand und kommen zum Weiler »Häuslern«. Nach den Einsiedlerhäusern folgen wir der Straße und biegen rechts der Beschilderung in den Wald ein. Wir wandern anschließend kurz in linker Richtung bergab und folgen bereits nach 50 Metern wieder rechts dem Waldweg. Hier sehen wir einen großen, idyllisch gelegenen Bauernhof mit Kühen, den Weiler »Prenning«. Gegenüber des Hofs eröffnen sich herrliche Weitblicke in Richtung Böbrach und Bodenmais. An der Station erfahren wir mehr über den Beitrag der Landwirtschaft für Ernährung, Umwelt und Tradition im Bayerischen Wald. Danach marschieren wir ein letztes Mal ein kurzes Stück durch den üppigen Wald, bis wir eine Pferdekoppel erreichen. Auch hier werden wir an klaren Tagen wieder mit wunderbaren Aussichten belohnt. Im »Ponyhof Biergarten« könnten wir außerdem einkehren. Die restliche Strecke bringt uns zum »Berggasthof Schön«, der ebenfalls zur Rast einlädt. Fast unmittelbar gegenüber der Einkehrmöglichkeit befindet sich eine überdachte Infotafel mit einer fantastischen Aussicht vom Arber bis zum Nationalpark.

Naturlehr- und Erlebnispfad

Geschaffen wurde der ca. vier Kilometer lange Erlebnispfad in Zusammenarbeit mit dem Naturpark Bayerischer Wald und ehrenamtlichen Helfern. Neben den Attraktionen am Wegrand stehen drei verschiedene Gasthöfe für eine Pause zur Auswahl.

Lehrpfad mit Spielstation für Kinder

Linke Seite: Hirtaspruch und herrliche Weitblicke

23 Flusswanderung Schnitzmühle

Mit der Waldbahn am Schwarzen Regen

Mittel	8,9 km	280/305 Hm	3.10 Std.

Tourencharakter
Breite Schotterwege, Waldpfade und teilweise Asphalt, eher schattig; Rückkehr zum Ausgangspunkt mit der Waldbahn

Ausgangs-/Endpunkt
Bahnhaltestelle Gumpenried

GPS-Daten
49.073348, 13.000300

Anfahrt
Bahn: Ab Viechtach oder Gotteszell (WBA RB 38) nach Gumpenried-Asbach
Auto: Von B 85 bzw. B 11 bei Patersdorf über Teisnach auf St 2636 nach Gumpenried; LK Freyung-Grafenau, B 85 Schönberg–Cham, bei Patersdorf über Teisnach auf St 2636 nach Gumpenried; LK Deggendorf, B 11 Deggendorf–Regen, bei Patersdorf geradeaus über Teisnach auf St 2636 nach Gumpenried

Einkehr
Adventure Camp Schnitzmühle, Schnitzmühle 1, 94234 Viechtach, Tel. 09942/948 10, www.schnitzmuehle.de

Information
www.arberland-bayerischer-wald.de

Die Gegend rund um das wildromantische Regental zwischen Teisnach und Viechtach trägt wegen der landschaftlichen Unberührtheit den Beinamen »Bayerisch Kanada«. Zwischen den Orten verkehrt die Waldbahn, die wir für den Rücktransport nutzen.

Am Schwarzen Regen Beim Parkplatz des Bahnhaltepunkts »Gumpenried-Asbach« überqueren wir die Brücke, welche den Fluss überspannt, und wandern in den geschotterten Wanderweg. Zur linken Seite befinden sich die Bahngleise und dem Schwarzen Regen. Auf fast schnurgerader Strecke laufen wir flussabwärts bis zu einem Aussichtspunkt. Gut erkennbar ist er an dem Rastplatz mit Tisch und Holzbänken. Er befindet sich genau in der Kurve des Wegs und gibt eine herrliche Sicht auf den Fluss frei. Von nun an liegt der Schwarze Regen mit der Bahnlinie zur rechten Seite. Der Flussblick ist meistens wegen der Pflanzen

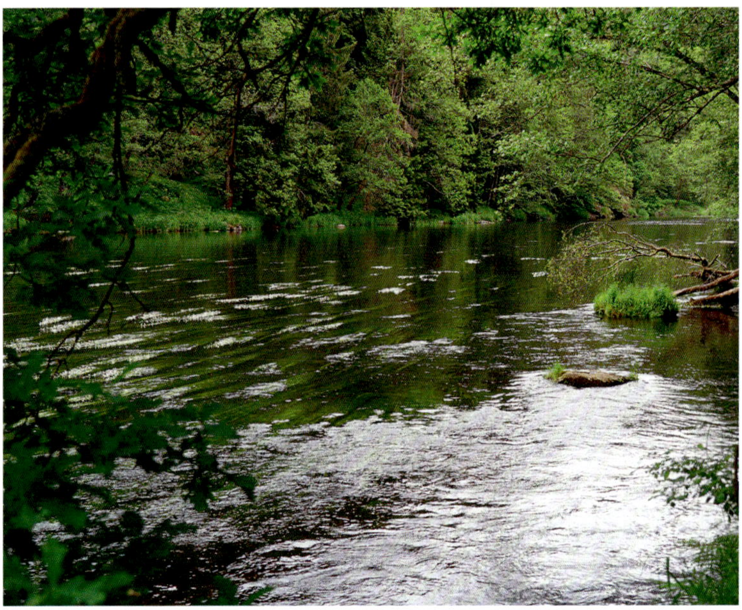

Am Ufer des Schwarzen Regens

und Bäume stark eingeschränkt. Nach 2,9 Kilometern erreichen wir die sehenswerte historische Bahnhaltestelle »Nussberg Schönau«. Es lohnt sich, kurz den Wanderweg rechts zum Fluss zu verlassen, um direkt am idyllischen Ufer eine Verschnaufpause einzulegen. Knapp einen Wanderkilometer weiter wechselt der Schotterweg in einen Waldpfad mit stolzen Fichten. Wir bewegen uns nah am Fluss und können sowohl das Wasser als auch die vorbeifahrende Waldbahn beobachten.

Einkehrtipp

Thaibay-Küche oder bayerische Klassiker? Das Adventure Camp Schnitzmühle zählt derzeit zu den hippsten Lokalen im Bayerischen Wald. Wer an sonnigen Tagen zur Einkehr vorbeikommt, nimmt im sogenannten »Gartendeck« Platz. Besonders an den Wochenenden und zu Stoßzeiten wie mittags und abends wird eine Reservierung empfohlen.

Zur Schnitzmühle Die Markierung leitet uns bei 4,9 Kilometern weg vom Fluss, links in den Wald hinauf. Nach dem Waldgebiet wandern wir an einem alleinstehenden Haus vorbei und kommen nach Haid am Sand. Die Asphaltstraße laufen wir bis zum Ende und biegen anschließend rechts ab. Zwischen Wiesen führt uns die folgende Passage auf einer verkehrsarmen Straße weiter, bis wir bei der nächsten Kreuzung links wieder in den Wald einbiegen und auf Schotter weitermarschieren. Als wir das Waldstück verlassen, reicht die weitläufige Aussicht bis nach Viechtach. Bergab bringt uns der Wanderweg nach Fischaitnach. Dem Schild »Waldbahn« folgen wir nach rechts und wandern geradeaus weiter bis zum Bahnhaltepunkt der Schnitzmühle.

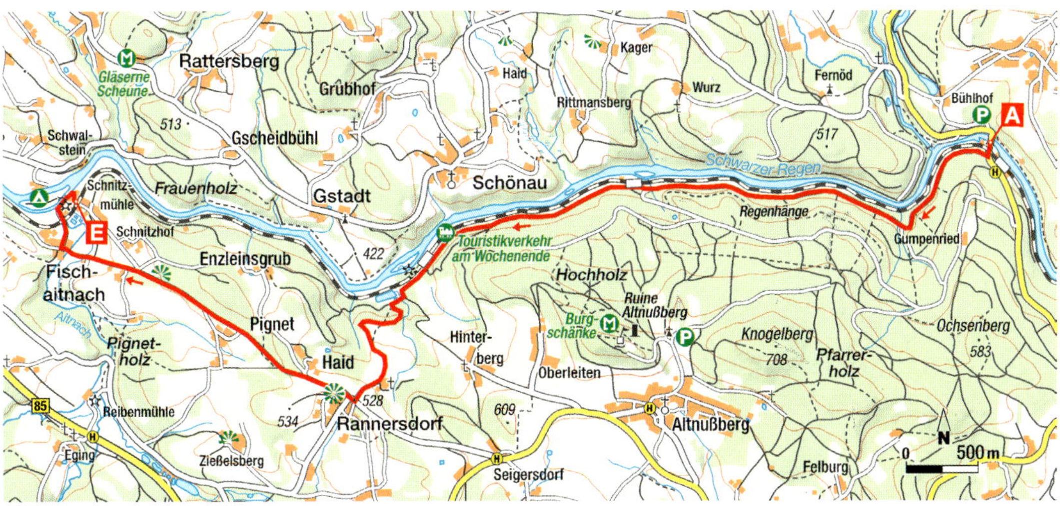

24 Bier-Ge(h)nuss

Wandern mit Waldbahn und Einkehr

Mittel | 9,3 km | 210/290 Hm | 3 Std.

Tourencharakter
Wald- und Schotterwege, teilweise Asphalt, wenig Steigung, Einkehr für Kinder geeignet, Sonne und Schatten im Wechsel

Ausgangs-/Endpunkt
Parkplatz Nationalparkzentrum Falkenstein

GPS-Daten
49.060391, 13.236129

Anfahrt
Bahn: Ab Eisenstein oder Plattling (WBA RB 35) nach Ludwigsthal
Auto: B 11 Zwiesel–Bayerisch Eisenstein bis Ludwigsthal / Nationalparkzentrum Falkenstein; LK Freyung-Grafenau, B 85 Schönberg–Cham, bei Regen auf B 11 Richtung Bayerisch Eisenstein bis Ludwigsthal/Nationalparkzentrum Falkenstein

Einkehr
Trifter-Klause-Schwellhäusl, Schwellhäusl 310, 94252 Bayerisch Eisenstein, Tel. 09925/460, www.schwellhaeusl.de

Information
www.arberland-bayerischer-wald.de

Eine Tour für Genusswanderer mit Einkehr im »Schwellhäusl«. Optional kann im Anschluss das Tierfreigelände und »Haus zur Wildnis« im Nationalparkzentrum besucht werden.

Mit der Waldbahn nach Bayerisch Eisenstein Vom Parkplatz des Nationalparkzentrums Ludwigsthal laufen wir entsprechend der Beschilderung bergauf zum Bahnhof. Nach nur acht Minuten Fahrt erreichen wir die erste Attraktion des Wanderausflugs, den Bahnhof Bayerisch Eisenstein. Im historischen Bahnhofsgebäude locken gleich fünf interessante Ausstellungsebenen die Besucher an. Zum Fortsetzen der Wanderung überqueren wir das Bahngleis und halten uns links auf dem Kopfsteinpflaster der Bahnhofsstraße. Neben Einkehrmöglichkeiten wie der »Schmugglerhütte« reihen sich zur rechten Seite auch die Grenzglashütten, eine Kunstgalerie sowie das Localbahnmuseum ein. Die alten Loks können ebenfalls angeschaut werden. Zur linken Seite blicken wir bis zum »König Arber«, dem höchsten Berg im Bayerischen Wald.

Zum Schwellhäusl Nach dem Bahnmuseum biegen wir links auf Schotter ein, gehen am Vitalparcours vorbei und folgen kurz darauf der Beschilderung Richtung Schwellhäusl in den schattigen Wald. Anschließend wandern wir ein kleines Stück links und unmittelbar danach rechts bergauf auf einem herrlichen Wurzelpfad, umrahmt von gigantischen Fichten und Tannen. Der Wanderweg kreuzt bei 1,9 Kilometern den Radweg. Wir überqueren ihn und marschieren diagonal rechts wieder weiter zum Hochbergsattel. Hier folgen wir zweimal hintereinander der linken Markierung und wandern durch die reizvolle Waldlandschaft. Bei 2,8 Kilometern halten wir uns scharf rechts und marschieren nach Kreuzung des Radwegs diagonal rechts bergab. Ein letztes Mal treffen wir auf den Radweg nach rund 3,5 Kilometern. Ein paar Gehminuten entfernt, sehen wir bereits das Schwellhäusl mit der Trifter-

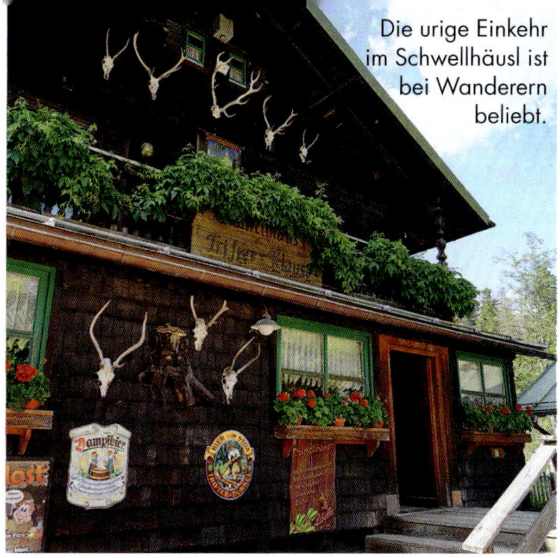

Die urige Einkehr im Schwellhäusl ist bei Wanderern beliebt.

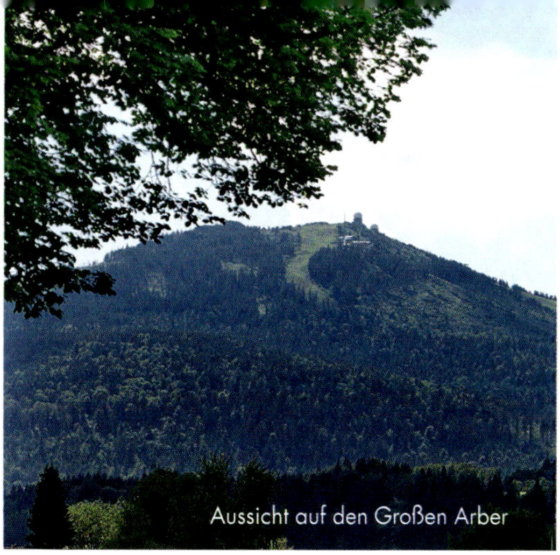

Aussicht auf den Großen Arber

Klause. Auf der großzügigen Sonnenterrasse legen wir bei einer Brotzeit eine Pause ein.

Zum Nationalparkzentrum Falkenstein Nach Verlassen des Schwellhäusls folgen wir der Beschilderung in Richtung Nationalparkzentrum Falkenstein. Die Wanderung führt nun längere Zeit auf einem breiten, barrierearmen Schotterweg fast schnurgerade entlang des Schmalzbachs durch den Wald. Beim Parkplatz Deffernik überqueren wir die Asphaltstraße und folgen weiter der Markierung »Linde«. Nach insgesamt 8,5 Kilometern befinden wir uns im Nationalparkzentrum Falkenstein. Ein letzter Rechtsschwenk und wir laufen zurück bis zum Ausgangspunkt.

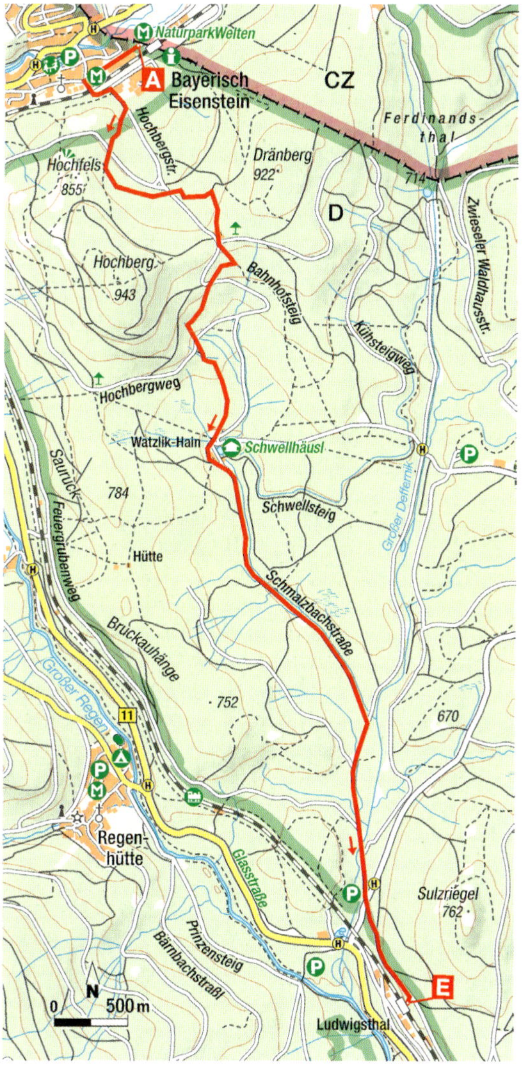

Nationalparkzentrum Falkenstein

Im Tierfreigelände lassen sich mit etwas Glück heimische Wildtiere wie Wölfe oder Luchse beobachten. Für Kinder lohnt sich auch ein Besuch in der Steinzeithöhle. Interessante Hintergrundinformationen zur Region im Nationalpark werden im »Haus zur Wildnis« vermittelt.

25 Wanderung zum Hochfall

Am rauschenden Wasserfall

Mittel	4,3 km	200 Hm	1.35 Std.

Tourencharakter
Wurzelige Wald- und Forstwege, kurzes Stück Asphalt, eher schattig

Ausgangs-/Endpunkt
Wanderparkplatz Oberlohwies

GPS-Daten
49.076627, 13.091609

Anfahrt
Bahn: Ab Deggendorf (WBA RB 35) über Zwiesel (WBA RB 37) nach Bodenmais; ca. 1,5 km Anmarsch bis Ausgangspunkt (ggf. Ortsbus Linie 3 nach Klause)
Auto: B 85 über Regen und Langdorf (St 2135 und St 2132) oder über Teisnach und Böbrach (St 2136) nach Bodenmais

Einkehr
Keine

Information
www.arberland-bayerischer-wald.de

Eine zauberhafte Wanderung im Arberland auf steinig-wurzeligen Wegen im Wechsel mit kurzen Abschnitten auf Asphalt. Die Tour beginnt in der Nähe von Bodenmais und führt durch den Naturpark Oberer Bayerischer Wald zum beeindruckenden Hochfall.

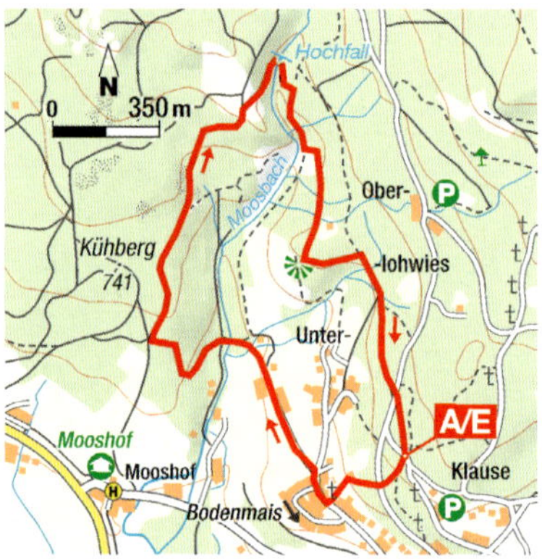

Zum Moosbach Am Wanderparkplatz Oberlohwies folgen wir rechts bergab der ausgewiesenen Markierung Bo60 (rot) in einen wild wuchernden Waldpfad. Nach 200 Metern lichtet sich die üppige Natur und wir überqueren die Asphaltstraße und marschieren gegenüber gleich wieder in den Wanderweg in Richtung »Unterlohwies/Mooshof« ein. Wenig später mündet die Route zunächst auf einen angenehmen Wiesenpfad. Bei der Wohnsiedlung verlassen wir den Wald und laufen das nächste Teilstück kurz auf Asphalt. Wir halten uns rechts gemäß der Markierung und biegen nach etwa 550 Metern links in eine schmale Straße Richtung »Hochfall« ein.

Zwischen weitläufigen Wiesen und herrlichen Weitblicken marschieren wir bis zu einer Pferdekoppel. Holzbänke zieren den Wegrand und können für eine Verschnaufpause genutzt werden. Im Anschluss wandern wir auf einem Schotterweg in den märchenhaft anmutenden Wald. Zwischen mächtige Fichtenbestände schieben sich Buchen mit grell leuchtenden Blättern und sorgen für kühlenden Schatten während der Sommerhitze. Am Wegrand entdecken wir eine aus alten Skiern gezimmerte Sitzbank und vernehmen zum ersten Mal das leise Blubbern des Moosbachs.

Zum Hochfall Der Pfad schlängelt sich nur wenige Meter entlang des Bachs, bis wir ihn über eine kleine Holzbrücke überqueren. Auf einem mit Wurzeln zerfurchten Weg bestreiten wir unsere nächste Etappe im Labyrinth der Bäume. Alsbald nimmt die Steigung etwas zu und wir wandern rechts weiter. Der schattige Wald mit moosigem Boden zeigt sich im Lichtspiel der Sonne von seiner schönsten Seite. Ab und zu lenken größere Felsbrocken am Wegrand den Blick auf sich. Den höchsten Punkt der Wanderung erreichen wir nach rund 2,4 Kilometern. Nun ist auch der tosende Wasserfall bereits deutlich hörbar. Nur ein paar Schritte laufen wir über unbefestigtes Gelände bergab zum Moosbach und gelangen über Steinstufen zur Holzbrücke. Die Brücke dient als Schauplatz, um den Hochfall von allen Seiten bestaunen zu können. Über mehrere Kaskaden stürzen die Wassermassen des zweithöchsten Wasserfalls des Bayerischen Walds in die glatt geschliffenen Steinbecken, wie man sie sonst eher aus dem Alpenraum kennt. Mit einer Fallhöhe von acht Metern darf sich der Hochfall nach den Rißlochwasserfällen als zweihöchster Wasserfall im Bayerischen Wald rühmen. Der Ursprung des Moosbachs liegt zwischen den Bergen Enzian und Kleiner Arber auf einer Höhe von 1163 Metern. Im Jahr 1965 wurde der Hochfall durch die Stadt Regen zum Naturdenkmal erklärt.

Rückweg Wir verlassen den Wasserfall geradeaus über die Brücke und orientieren uns zunächst an der Beschilderung zur Klause. Bei 3,5 Kilometern laufen wir rechts auf den Kiesweg und überqueren bald eine Asphaltstraße. Die letzten Schritte führen uns über einen Waldpfad wieder zurück zum Ausgangspunkt.

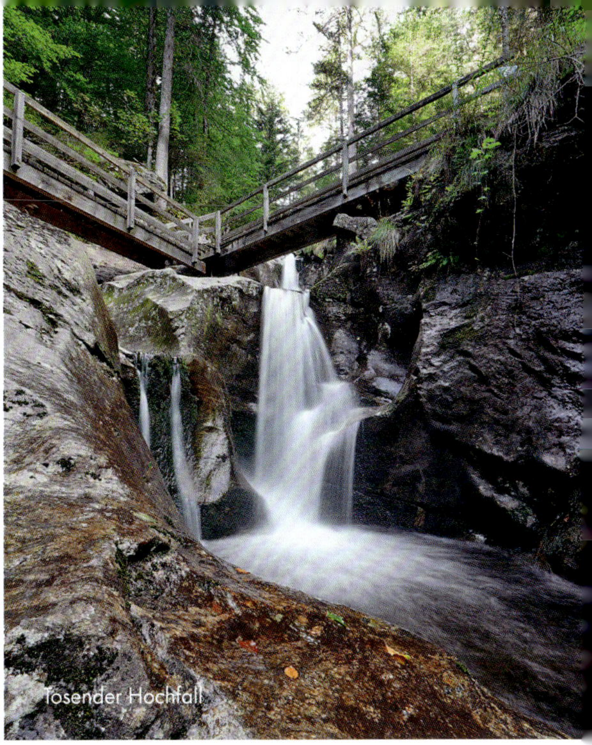
Tosender Hochfall

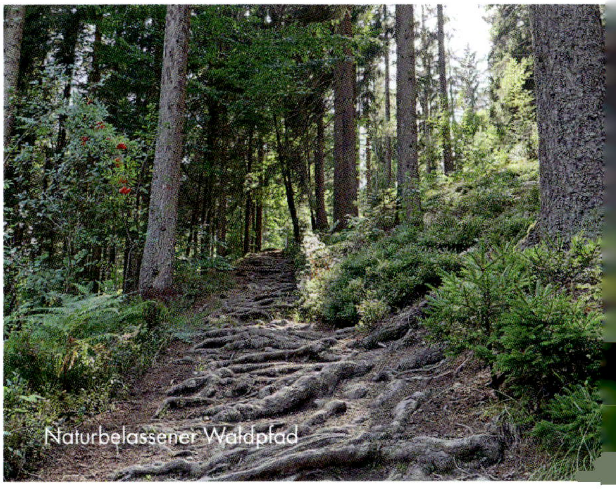
Naturbelassener Waldpfad

»Perspektiv-Wechsel-Weg«

Wer auf etwas andere Art in die Natur eintauchen möchte, findet ganz in der Nähe den »Perspektiv-Wechsel-Weg« der Pfarrei Bodenmais. Er lädt auf meditative Weise zum Experimentieren mit Naturmaterialien ein.

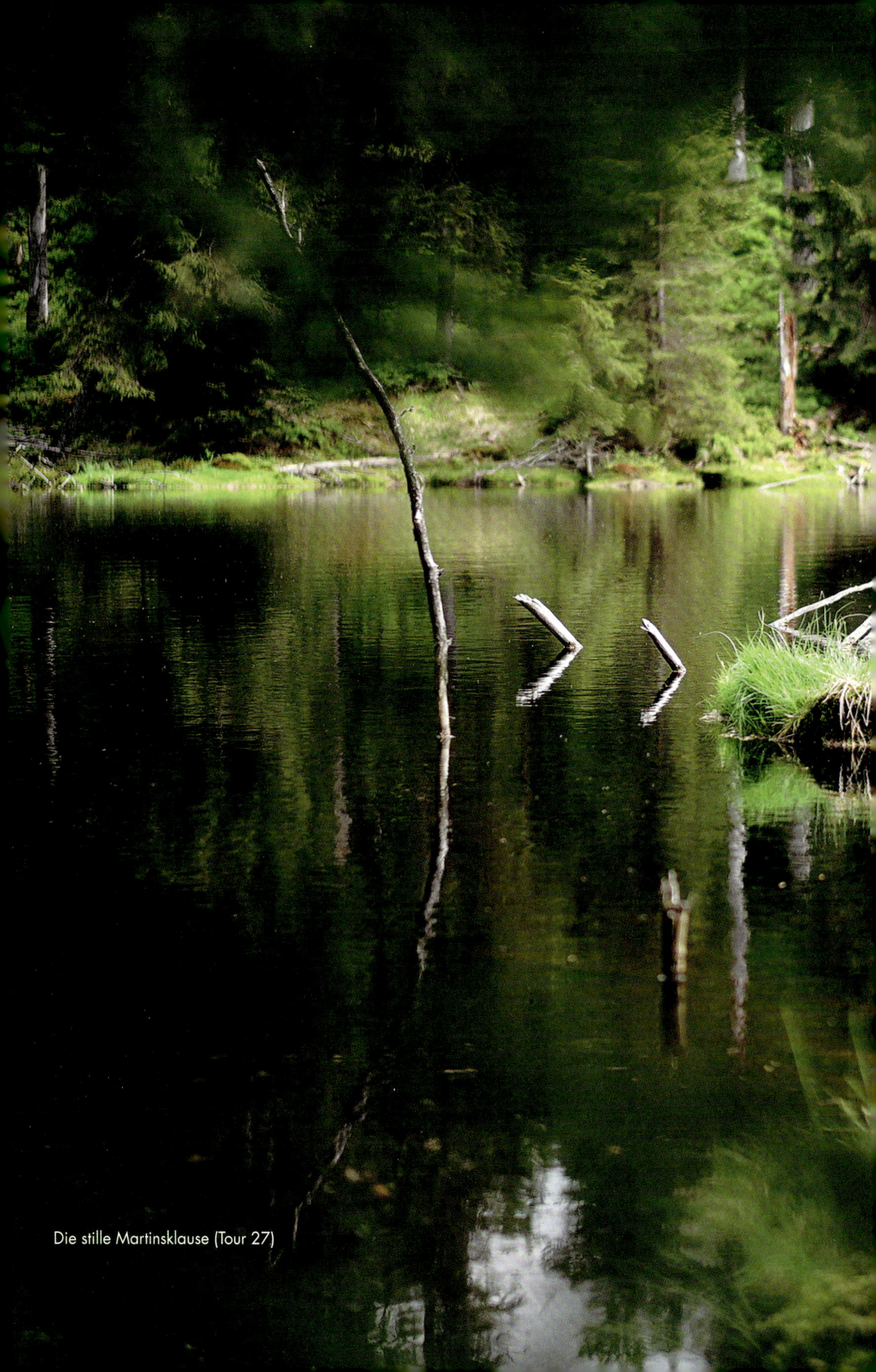

Die stille Martinsklause (Tour 27)

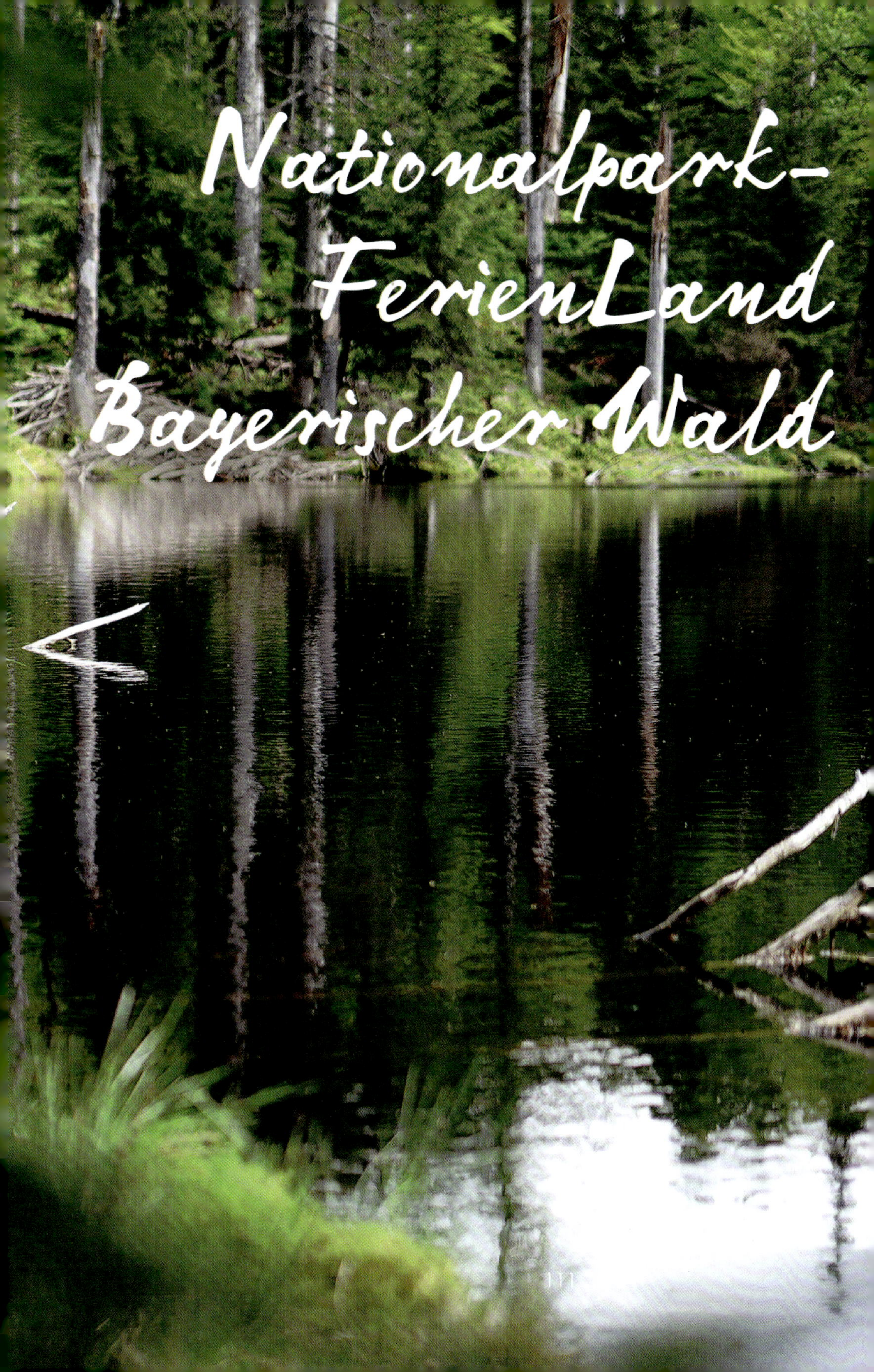
Nationalpark-
FerienLand
Bayerischer Wald

26 Barrierearme Runde an der Ilz

Das letzte Wildwasser Ostbayerns

Leicht | 4,1 km | 90 Hm | 1 Std.

Tourencharakter
Schotterwege und Waldwege, sehr kurzes Stück Asphalt, eher schattig

Ausgangs-/Endpunkt
Parkplatz bei Ilzbrücke, gegenüber Schrottenbaummühle

GPS-Daten
48.732066, 13.439939

Anfahrt
Bus: Ab Grafenau (100) über Freyung (101 und 104) nach Schrottenbaummühle, Fürsteneck
Auto: A3 oder A92 bis Deggendorf, weiter auf A3 Richtung Passau, Abfahrt Aicha v. W. Richtung Tittling, auf der B85 an Tittling vorbei bis zur Abfahrt Freyung, über Loizersdorf-Rappenhof zur Schrottenbaummühle

Einkehr
Gasthaus Schrottenbaummühle, Schrottenbaummühle 1, 94142 Fürsteneck, Tel. 08504/1739, www.schrottenbaummuehle.de

Information
www.ilztal.de

Eine sehr leichte Wanderung im Naturschutzgebiet der traumhaften Oberen Ilz. Die kurze Runde um die Schrottenbaummühle eignet sich samt Einkehrmöglichkeit für die ganze Familie. Auf fast ebenen Schotterwegen lässt sich die Tour auch mit Kinderwagen und mobilitätseingeschränkten Personen bewältigen.

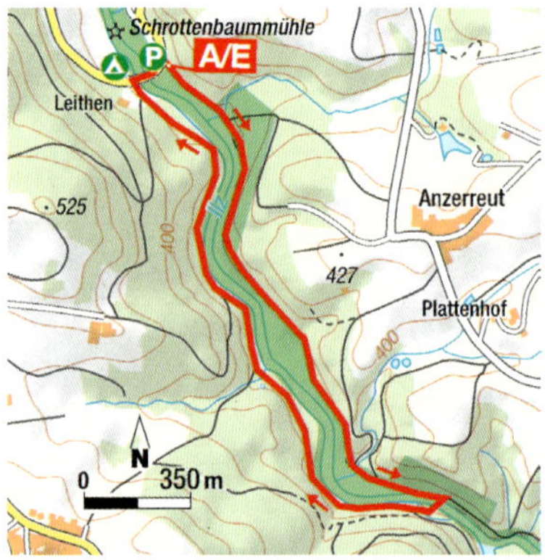

Am Goldsteig Die Wanderung führt uns auf die Wege des Fernwanderwegs Goldsteig. Wir legen nur rund vier Kilometer entlang der 68 Kilometer langen Ilz zurück. Ihr Ursprung liegt im rauen Rachelgebiet (Tour 29) im Bayerischen Wald, in der Dreiflüssestadt Passau vereint sie sich mit den Flüssen Inn und Donau. Wegen seiner dunklen Farbe trägt der Fluss den Namen »Schwarze Perle des Bayerischen Walds«. Die Ilz ist das letzte Wildwasser Ostbayerns und wurde in den Jahren 2002 und 2003 als Flusslandschaft des Jahres ausgezeichnet. Auf einem breiten Waldweg beginnen wir unser Miniabenteuer. Im Wechsel wandern wir zwischen den mächtigen Bäumen des Mischwalds und wunderschönen blühenden Wiesen. An der Ilz zeigt sich

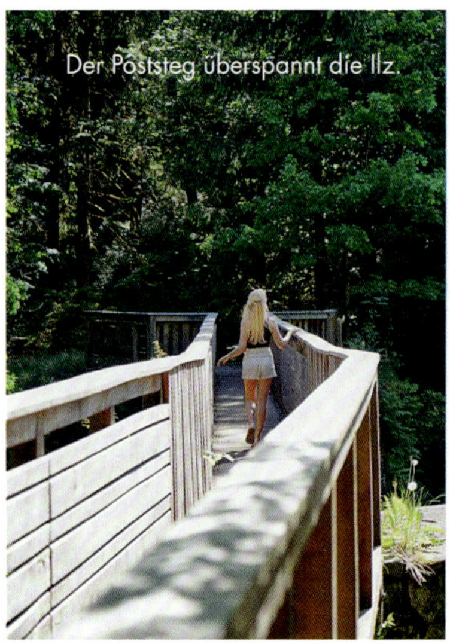
Der Poststeg überspannt die Ilz.

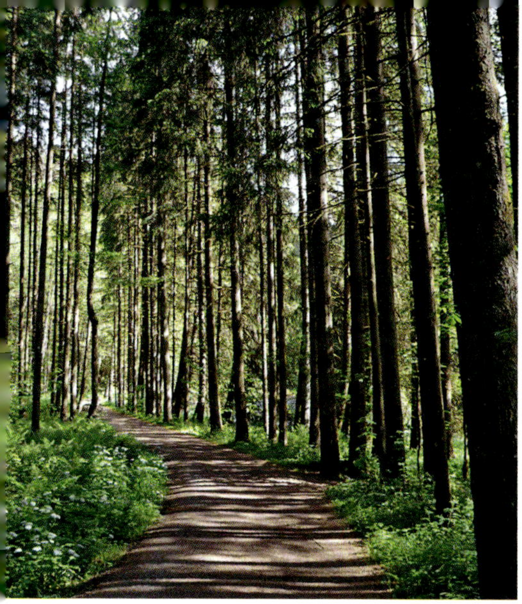

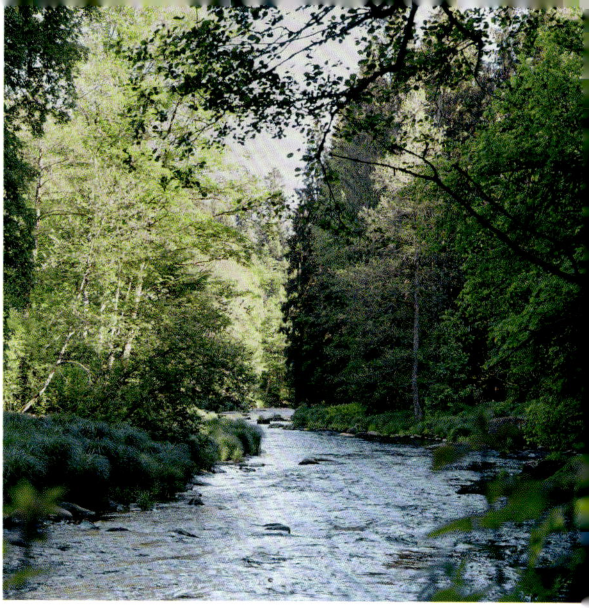

im Frühling und Sommer eine besonders große Pflanzenvielfalt. Je nach Jahreszeit lassen sich Sumpfdotterblumen, Wiesenraute, Eisenhut oder indisches Springkraut betrachten. Zu den besonders geschützten Arten zählt Straußenfarn, welches rund um die »Schwarze Perle« häufig zu sehen ist. Der Reiz der Wanderung liegt in der einzigartig grünen Kulisse, denn Höhenmeter oder gar ein Gipfelziel erwarten uns nicht. Wir wandern stetig geradeaus, dabei laden verträumte Uferstellen oder Holzbänke zum Verweilen und Naturgenießen ein.

Links: Der Weg ist auch mit Kinderwagen befahrbar.

Rechts: Herzstück der Wanderung – die Ilz

Über den Poststeg Nach 1,9 Kilometern halten wir uns rechts und überqueren den »Poststeg«. Die Holzbrücke überspannt die Ilz und bietet uns in beide Richtungen einen malerischen Blick über die Landschaft mit dem Fluss. Nach einer weiteren kleinen Brücke wandern wir nun flussaufwärts. Erstmalig steigt der Weg ein kleines Stück an und wird alsbald wieder eben. Auch auf der anderen Seite der Ilz befinden sich Rastplätze in Ufernähe. Teilweise zieren riesige Felsgebilde den Fluss, manche davon bieten sich durch die Nähe am Ufer sogar zum Sitzen an. Am Wegrand informieren Schautafeln über die Obere Ilz und ihren Wandel. Nach ungefähr vier Kilometern erreichen wir die Asphaltstraße und wandern die letzten Meter zu unserem Ausgangspunkt zurück.

Die Bedeutung der Ilz

Das Naturschutzgebiet Obere Ilz ist geprägt von seltener Flora und Fauna. Flussperlmuschel, Fischotter oder Mopsfledermaus finden dort ihren Lebensraum. Das Wasser ist klar, die dunkle Farbe entsteht durch ausgewaschene Huminstoffe von Mooren und Fichtenwäldern in den Bergregionen des Einzugsgebiets der Ilz.

27 Mystische Martinsklause

Nationalpark und Kunst

Leicht | 4,4 km | 155 Hm | 1.30 Std.

Tourencharakter
Waldwege und Asphalt, eher schattig

Ausgangs-/Endpunkt
Parkplatz Lusenstraße bei Skulpturenpark (Ortsausgang)

GPS-Daten
48.928057, 13.471024

Anfahrt
Bus: Ab Grafenau (Linie 602) nach Waldhäuser Ausblick (15.05. bis Ende bayerischer Herbsferien)
Auto: B 85 über Spiegelau auf Nationalparkstraße oder B 533 über Grafenau und Neuschönau auf Nationalparkstraße Richtung Spiegelau bis Abfahrt Waldhäuser

Einkehr
Café-Restaurant am Guldensteig, Lusenstraße 48, 94556 Neuschönau, Tel. 08553/91250

Information
www.nationalpark-ferienland-bayerischer-wald.de

Wer ursprüngliche Natur liebt, wird sich bei der kleinen Wanderung durch den Nationalpark Bayerischer Wald sehr wohlfühlen. Neben der stillen Martinsklause erleben wir wunderschöne Ausblicke über die Ortschaft Waldhäuser und treffen auf die Skulpturen des heimischen Künstlers Heinz Theuerjahr.

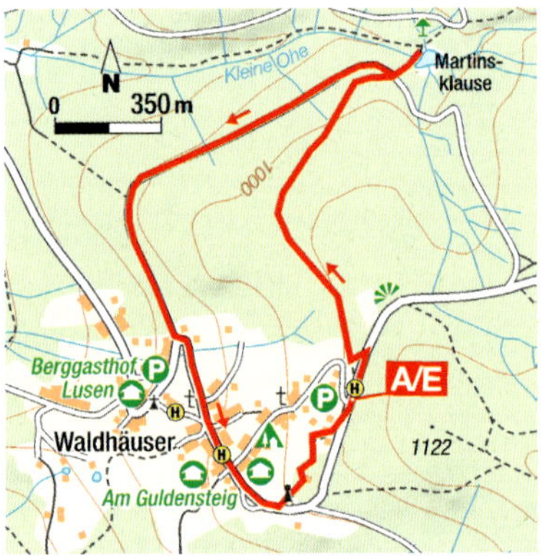

Zur Martinsklause Die ersten 150 Meter folgen wir bergauf der Asphaltstraße, dann halten wir uns beim schmalen Schotterweg links. Bei der Beschilderung mit der Markierung »Zaunkönig« wandern wir links in den Wald. Nun sind wir umgeben von imponierenden Buchten, Fichten und Tannen, während sich der Weg in Richtung Martinsklause schlängelt. Wir passieren eine kleine unscheinbare Holzbrücke und an der Kreuzung nach 1,5 Kilometern wandern wir weiter in Richtung Martinsklause. Nachdem wir nur wenige Schritte bergab laufen, erreichen wir das idyllisch gelegene Etappenziel.

Klausen wurden in früheren Zeiten zum Triften von Holz errichtet. Außerhalb der Schneeschmelze führten die Bergbäche nicht ausreichend Wasser, um das Holz von den Bergregionen ins Tal zu transportieren. Das Wasser wurde angestaut und bei Bedarf zum Fluten ausgelassen. Die Martinsklause wird wie alle Klausen im Bayerischen Wald als Kulturdenkmal erhalten und gepflegt. Ihr Wasser speist die Kleine Ohe. Bei unserem Etappenziel, dem kleinen Stausee, befinden sich Holzbänke, die sich für einen Stopp in der mystisch anmutenden Umgebung eignen.

Waldhäuser Ausblick Nach dem kurzen Abstecher halten wir uns auf dem Schotterweg rechts. Es lohnt sich, am Wegrand Ausschau nach Pflanzen zu halten. Vor allem im Nationalpark kommen Wanderer in den Genuss, seltene Blüten und Farne zu entdecken. Nach rund 3,2 Kilometern verlassen wir den Wald und wandern auf der asphaltierten Lusenstraße weiter. Dabei können wir weit über die Täler blicken. Wer Lust auf eine Einkehr hat, findet auf der gegenüberliegenden Straßenseite das »Restaurant & Café am Guldensteig«. Kurz nach dem Ortsausgang biegen wir links ein und folgen der Beschilderung zum Waldhäuser Ausblick. Die Rastbank auf der Anhöhe lädt dabei zum Verweilen ein.

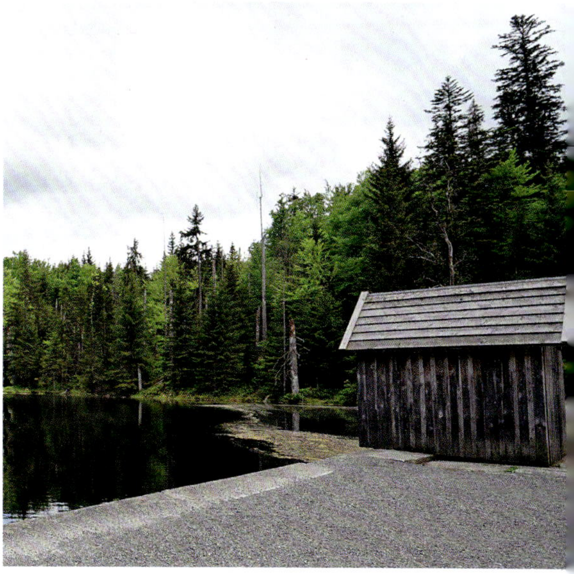

Martinsklause im Nationalpark Bayerischer Wald

Skulpturen Heinz Theuerjahr Nun laufen wir auf einem schmalen Waldpfad in Richtung des Gartens des Künstlers Heinz Theuerjahr. Seine Werke verteilen sich über das Gelände und können kostenlos besichtigt werden. Insgesamt 14-mal reiste der Künstler, Bildhauer und Grafiker nach Afrika. Die Tierwelt und archaischen Formen Ägyptens spiegeln sich in den Formen seiner Skulpturen wider.

Nach dem Gelände erreichen wir wieder die Lusenstraße. Ein letzter schöner Weitblick über Waldhäuser und wir wandern zurück zum Parkplatz.

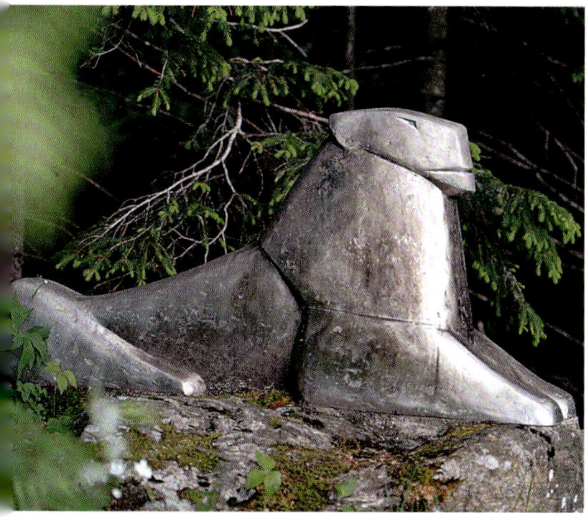

Skulptur von Heinz Theuerjahr

Optionaler Routenvorschlag zum Lusen

Der Lusen zählt zu den beliebtesten Bergwanderungen im Nationalpark Bayerischer Wald und ist vor allem wegen des gigantischen Blockmeers bekannt. Wer noch mehr von der Umgebung entdecken möchte, wandert die insgesamt ca. zehn Kilometer lange mittelschwere Route weiter über Teufelsloch und Himmelsleiter zum Lusen.

28 Dreisessel über das Steinerne Meer

Grenzerfahrung an drei Ländern

Mittel	8,8 km	295 Hm	3 Std.

Tourencharakter
Naturpfade mit Felsen und Wurzeln, nach Regen teilweise sehr matschige Pfade, kurzes Stück Asphalt mit steilem Anstieg, schöne Einkehrmöglichkeit und grandiose Aussichten, eher sonnig

Ausgangs-/Endpunkt
Dreisesselparkplatz

GPS-Daten
48.779639, 13.800872

Anfahrt
Bus: Ab Waldkirchen (Linie 606) nach Dreisessel Parkplatz
Auto: A 3 Deggendorf–Passau, Ausfahrt Aicha v. Wald, Autobahnzubringer St 2127 Richtung Hutthurm, dann auf B 12 Richtung Freyung, auf Höhe Deching rechts auf St 2131 abbiegen, über Waldkirchen und Jandelsbrunn nach Altreichenau (St 2130). Ca. 5 km nach dem Ortsausgang rechts auf die 8 km lange Bergstraße bis zum Parkplatz am Ende fahren

Einkehr
Berggasthof Dreisessel, Dreisesselhaus 1, 94089 Neureichenau, Tel. 08556/350, www.dreisessel.com

Information
www.nationalpark-ferienland-bayerischer-wald.de

Magische Augenblicke auf dem Dreisesselmassiv! Charakteristisch stechen die wollsackverwitterten Felsgipfel aus dem Landschaftsbild hervor. Bei schönem Wetter lohnt es sich, die Wanderung rund um den Sonnenaufgang oder -untergang zu unternehmen.

Zum Steinernen Meer Am Dreisesselparkplatz laufen wir die asphaltierte Straße bergauf und bei der Markierung Dreiländereck über Hochkamm rechts auf den Felspfad. Die Umgebung ist gekennzeichnet von mahnend in die Luft ragenden Baumstümpfen und einem neuen jungen Wald. Das Werk von Orkan Kyrill und Borkenkäferbefall ist auf dem Dreisesselmassiv immer noch sichtbar. Keine klassische Naturschönheit, dafür einzigartig, skurril und manchmal bei Nebel auch geheimnisvoll. Zuerst erreichen wir den Bayerischen Plöckenstein (1361 Meter). Die herrliche Fernsicht reicht bis nach Böhmen. Wir wan-

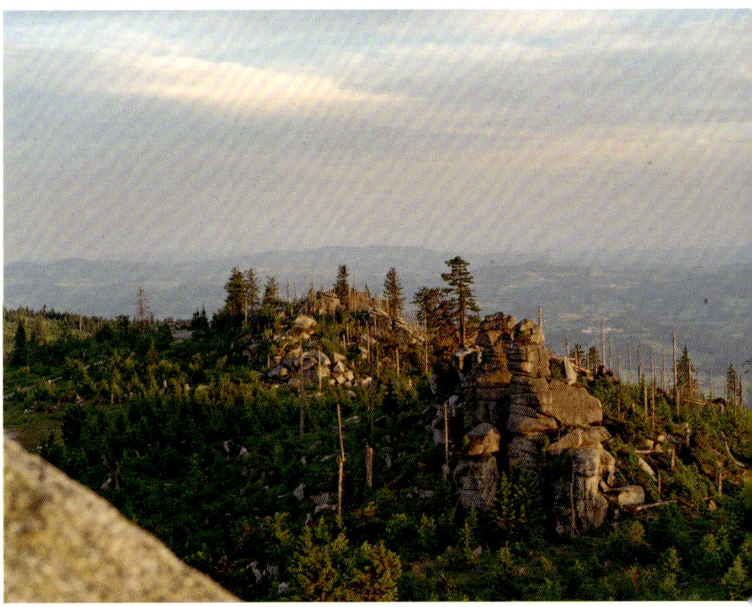

dern weiter und kommen als Nächstes zum Dreiländereck – eine Granitsäule zeigt dort die Wappen von Deutschland, Österreich und Tschechien. Ein großzügiger Rastplatz mit Tischen und Bänken lädt außerdem zu einer Pause ein. Nun wandern wir rechts den Seesteig weiter in Richtung Steinernes Meer. An klaren Tagen mit Föhnwind wird die Wanderung zum Fernsichterlebnis, denn dann reicht der Blick nicht nur über den Bayerischen Wald und das Passauer Land, sondern sogar bis zu den Alpen. Über die Goldsteig-Markierung gelangen wir wieder zum Adalbert-Stifter-Steig und kurz darauf breitet sich vor uns das imposante Steinerne Meer (1320 Meter) aus.

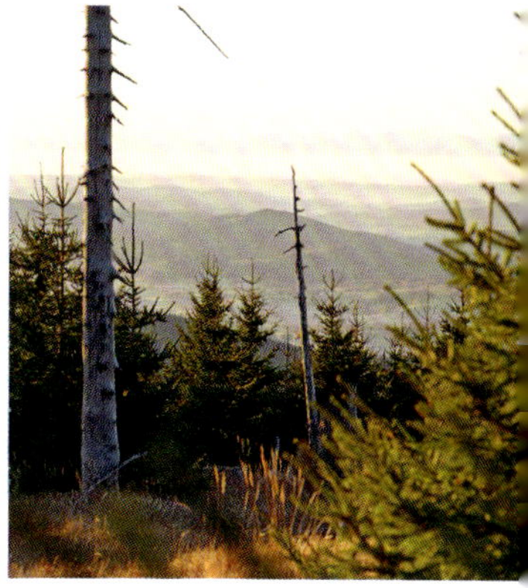

Alpenblick bei Föhn

Linke Seite: Aussicht vom Hochstein

Zum Dreisesselfels Die Route führt nun über Stock und Stein durch den Wald und erfordert gutes Schuhwerk, um die nötige Trittsicherheit zu gewähren. Im Anschluss endet die Passage gegenüber des urigen Berggasthofs. Dort biegen wir nun rechts in Richtung des unverkennbaren Dreisesselfels (1312 Meter) ab. Über eine steinerne Treppe erwandern wir seinen Aussichtspunkt und genießen erneut die wunderbare Fernsicht. Nach dem Abstieg können wir entweder gleich im Berggasthof einkehren oder weiter zum Hochstein (1333 Meter) laufen. Auf dem Weg dorthin begegnen uns weitere bizarre Felsformationen zwischen grün wucherndem Farn. Das Gipfelkreuz der wollsackverwitterten Felsen erreichen wir wieder über Steinstufen. Oben angekommen breitet sich ein sagenhaftes Panorama vom Mühlviertel über den Böhmerwald und den Bayerischen Wald aus. Unterhalb des Felskolosses wartet ein weiteres sehenswertes Fotomotiv. Zur linken Seite des Hochsteins schmiegt sich die Johann-Nepomuk-Neumann-Gedenkkapelle an die Felsen. Die Kapelle ehrt den Heiligen Johann Nepomuk Neumann aus dem Böhmerwald. Eisengitter verwehren den Zutritt, erlauben dennoch einen Blick ins Innere mit dem kleinen Altar. Nach der Kapelle wandern wir die gleiche Strecke zurück, vorbei am Berggasthof und zuletzt die Asphaltstraße bergab, bis wir wieder den Wanderparkplatz erreichen.

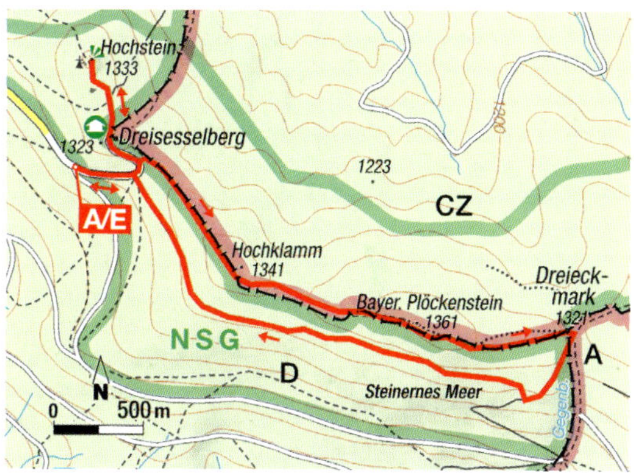

Sage um den Dreisessel

Laut der Sage rührt der Name Dreisessel von einem Treffen der Könige von Bayern, Österreich und Böhmen. Auf dem Felsgipfel sollen sie die Grenzen der drei Länder ausgehandelt haben. Das Dreisesselmassiv wird rege besucht. Einsamkeit und Idylle erlebt man frühmorgens während der Woche.

29 Nationalpark-Wanderung Rachelsee

Zum Urwaldsee

Mittel | 7,9 km | 355 Hm | 2.30 Std.

Tourencharakter
Schroffe Naturpfade mit Felsen und Wurzeln, mit Einkehr, eher schattig

Ausgangs-/Endpunkt
Diensthüttenstraße Wanderparkplatz, bis Racheldiensthütte mit Igelbus

GPS-Daten
48.952856, 13.425777

Anfahrt
Bus: Ab Grafenau (Linie 602) über NP-Zentrum (Linie 601) nach Diensthüttenstraße
Bahn und Bus: Ab Zwiesel (WBA RB 36) nach Spiegelau (Linie 601) nach Diensthüttenstraße
Auto: B 85 über Spiegelau auf Nationalparkstraße oder B 533 über Grafenau und Neuschönau auf Nationalparkstraße Richtung Spiegelau bis Parkplatz Diensthüttenstraße

Einkehr
Racheldiensthütte,
Tel. 08553/979004

Information
www.nationalpark-ferienland-bayerischer-wald.de

Unterhalb des höchsten Bergs im Nationalpark, des Großen Rachel, erwartet uns der sagenumwobene und gleichnamige Rachelsee. Durch seine weit abgeschiedene und naturgeschützte Lage ist er nur zu Fuß erreichbar und so gesehen ein echtes Wanderhighlight. Eine passende Einkehr finden wir in der Racheldiensthütte.

Zum Rachelsee Beim Parkplatz steigen wir in den Igelbus (Nummer 601) und fahren wir bis zur Haltestelle der Racheldiensthütte. Dort empfängt uns das urwaldartige Gesicht des Nationalparks und wir wandern über Steintreppen und einen wurzeligen Pfad bis zur Racheldiensthütte. Nun halten wir uns an die Markierung »Buntspecht Rundweg« und marschieren links an der Racheldiensthütte sowie dem Naturdenkmal Schachtenbachklause vorbei. Wie alle Klausen im Bayerischen

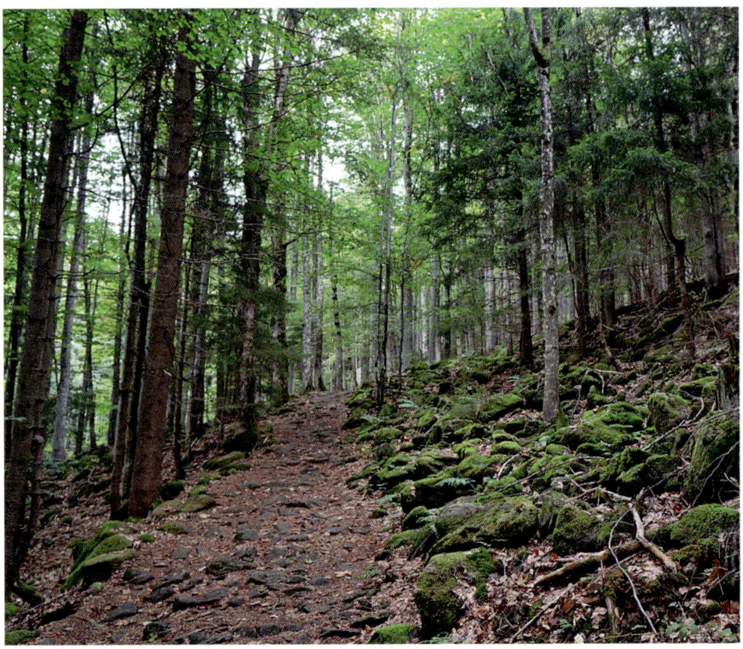

Unterwegs auf urwaldartigen Pfaden

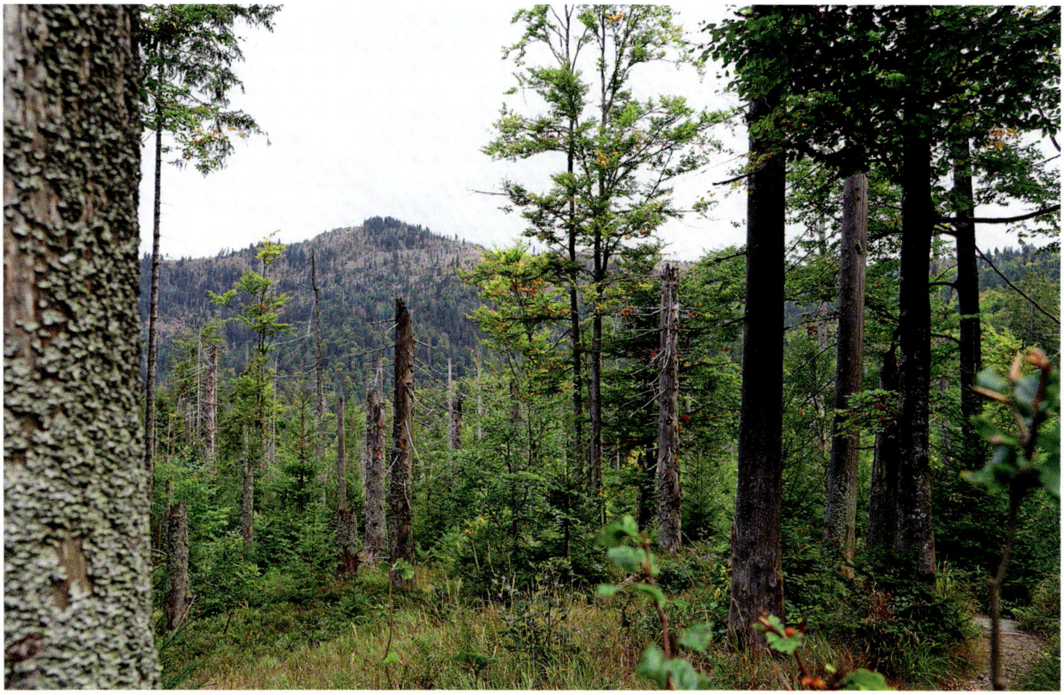

Fernsicht zum Gipfel

Wald wurde der Stausee künstlich erbaut, um das Triften von Holz zu ermöglichen.

Zunächst verläuft die Strecke auf sehr bequemem Schotter, bis wir nach wenigen Hundert Metern rechts bei der Holzschranke in den dunklen Wald einbiegen. Der Pfad ist auf dieser Etappe überwiegend von einem mächtigen Buchenwald umrahmt, der sich mit steigenden Höhenmetern immer mehr in einen beeindruckenden Bergmischwald verwandelt. Ab und an sehen wir die Handschrift des Nationalparks mit entwurzelten Bäumen, die nicht durch menschliche Eingriffe beseitigt werden. Bald nimmt die Steigung stetig zu und der Weg wird deutlich steiniger. Immer wieder ergeben sich bei Lichtungen überraschende Aussichten zum Bergkamm. Nachdem wir den Bach überquert haben, wandern wir bei der nächsten Abbiegung rechts wieder auf einem bequemen Schotterweg.

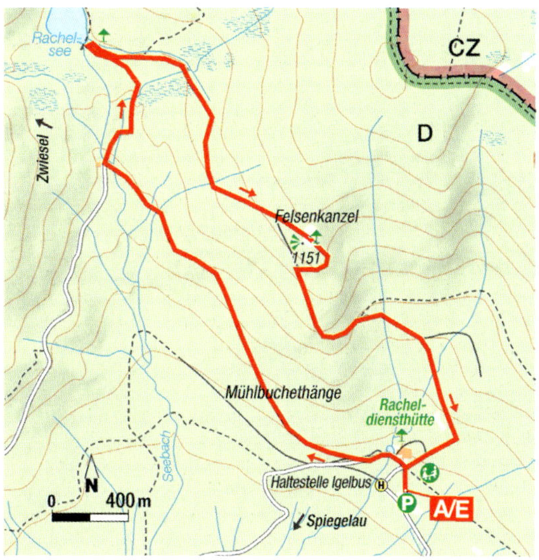

Geradeaus hinauf führt uns die Route weiter und wir erreichen kurz danach den stillen, eindrucksvollen Rachelsee. Er ist ein seltenes Exemplar, denn das Wasser zeigt sich nährstoffarm, mit saurem pH-Wert und Huminsäuren von gelblicher bis bräunlicher Färbung. Aufgrund seiner Einzigartigkeit wurde dem Rachelsee im Rahmen des Schutzgebiets Natura 2000 eine europaweite Wertschätzung zugesprochen. Es ist einer der Bergseen, um den sich einige unheimliche Sagen und Mythen ranken. Der Eingang der Unterwelt soll sich an seiner tiefsten Stelle von 13,5 Metern befinden und die Seelen verstorbener Menschen tummeln sich angeblich am Rachelsee. Am Ufer des Sees reihen sich zumindest harmlos erscheinende Rastbänke auf, bei denen man die nahezu übernatürliche Strahlkraft des Sees an ruhigen Tagen in vollen Zügen genießen kann.

Botanische Besonderheiten am Rachelsee

Neben dem Großen und Kleinen Arbersee ist der Rachelsee der dritte Karsee im Bayerischen Wald. Er ist der einzige natürliche See im Nationalpark. Sein dunkles Gewässer ist frei von Fischen, wovon beispielsweise Libellenlarven profitieren.

Zur Felsenkanzel Wir laufen ein kleines Stück zurück und biegen links gemäß der Beschilderung in einen schmalen Waldpfad

Eine Minibrücke bringt uns trocken über den Bachlauf.

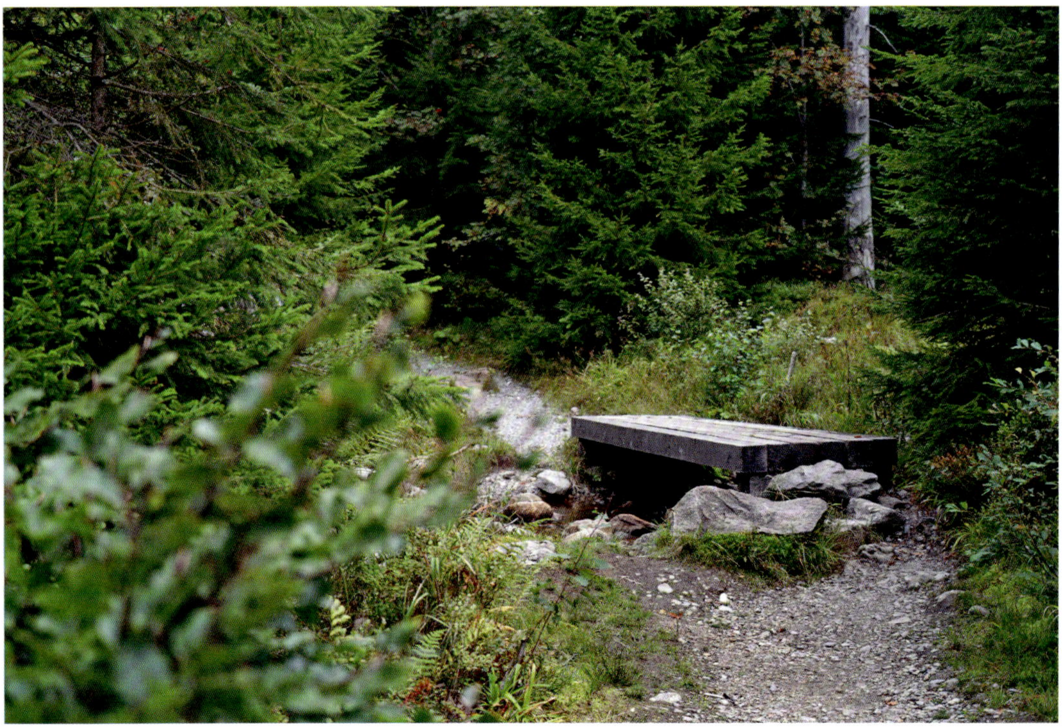

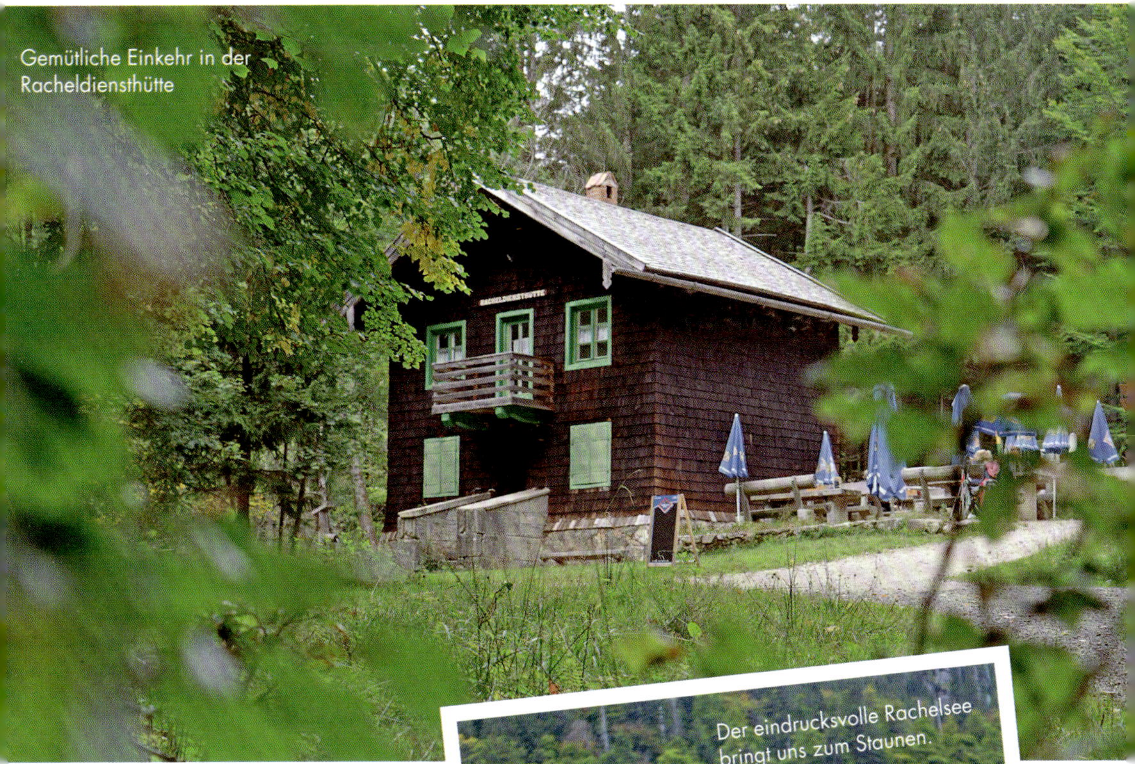

Gemütliche Einkehr in der Racheldiensthütte

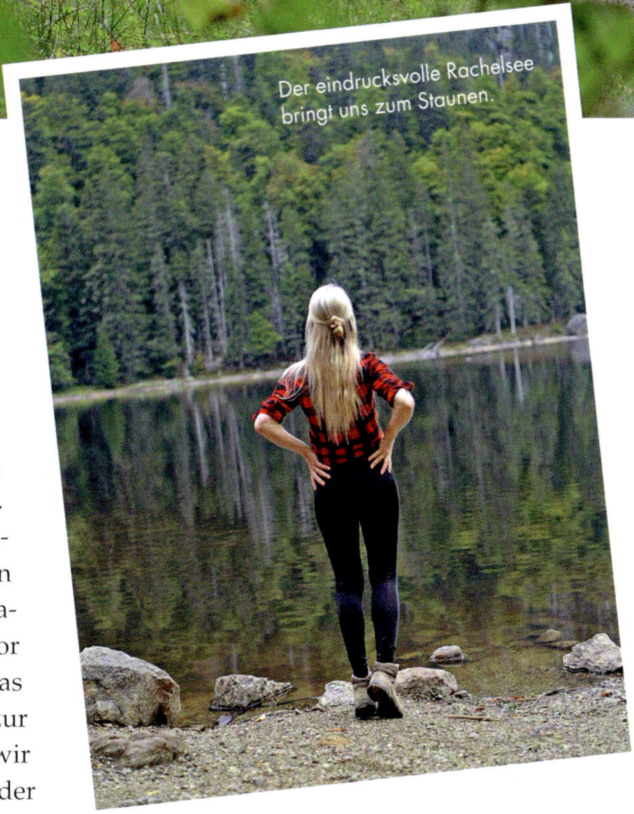

Der eindrucksvolle Rachelsee bringt uns zum Staunen.

ein. Bei der nächsten Abbiegung bleiben wir auf der Strecke weiter geradeaus und wandern fortwährend in einer ungestümen Kulisse. Bergauf erreichen wir die hölzerne Schutzhütte »Felsenkanzel«, vor der sich eine großzügige Waldwiese ausbreitet. Gegenüber der Hütte entdecken wir beträchtliche Felsen, die uns leider keine Aussicht bieten. Anschließend wandern wir in flotterem Tempo talwärts. Bei der nächsten Markierung halten wir uns links, danach halb rechts, bevor wir kurz vor Ende eindeutig rechts abbiegen. Das letzte Waldstück bringt uns zurück zur Racheldiensthütte. Dort gönnen wir uns eine verdiente Pause, bevor uns der Bus wieder zum Parkplatz chauffiert.

30 Saußbachklamm in Waldkirchen

Berauscht zur Haller Alm

Leicht | 5,4 km | 115 Hm | 1.35 Std.

Tourencharakter
Leichte Waldpfade in der Klamm und Asphalt in Waldkirchen, mit Einkehr, sonnig und schattig

Ausgangs-/Endpunkt
Parkplatz Saußmühle, Waldkirchen

GPS-Daten
48.717805, 13.594059

Anfahrt
Bus: Ab Passau oder Grafenau (100) nach Altenheim, Waldkirchen; ca. 1,5 km Anmarsch bis Ausgangspunkt
Auto: A3 Deggendorf–Passau, Ausfahrt Aicha v. Wald, Autobahnzubringer St2127 Richtung Hutthurm, dann auf B12 Richtung Freyung, auf Höhe Deching rechts auf St2131 in Richtung Waldkirchen abbiegen. Ausfahrt Waldkirchen nehmen, Richtung Zentrum halten. Den Kreisverkehr an der ersten Abfahrt Richtung Hauzenberg (St2132) verlassen und kurz darauf links zur Saußmühle abbiegen

Einkehr
Haller Alm,
Tel. 08581/8753

Information
www.nationalpark-ferienland-bayerischer-wald.de

Südlich von Waldkirchen tauschen wir die Stadt gegen Naturidylle pur und wandern am Ufer der Saußbachklamm entlang. Der Weg ist einfach zu begehen und eignet sich für Groß und Klein. In der Klamm finden wir die urige Haller Alm zum Einkehren.

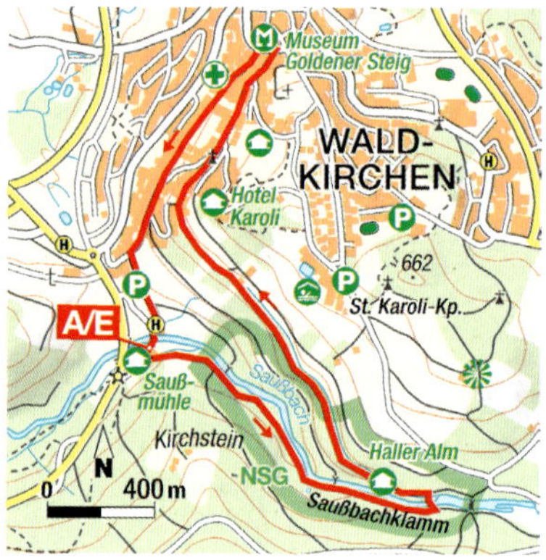

Zum Saußbach In Waldkirchen starten wir beim Parkplatz Saußmühle. Dort zeigt uns gleich die Markierung, eine rote »1«, den Saußbachklamm-Weg an. Auf einem Schotterweg umringt von dichtem Pflanzenbewuchs wandern wir kurz bergauf, bis wir den schattigen Wald erreichen. Nun ertönt bereits das Rauschen des Saußbachs und wir marschieren fortan neben dem Bach mit seinen kleinen Wasserfallkaskaden. Bei 450 Metern lassen wir die Brücke links unbeachtet, wir wandern weiter geradeaus. Während der Tour entdecken wir mehrere schöne Rastplätze, die sich mal links und mal rechts des Wegs befinden. Die meisten sind direkt am Ufer platziert und bieten einen schönen Blick zur Klamm. Nach 800 Metern setzen wir unsere Wanderung über ein paar Steinstufen fort und kurz danach sehen wir den Karlsbrunnen mit seinem eiskalten Wasser und einer Sitzgelegenheit zur rechten Seite. Auch die nächste Brücke lassen wir unbeachtet und wandern weiter bergauf. Nur wenige Schritte weiter führt die nächste Brücke direkt zur Alm. Wer mag, kann hier bereits einen »Pausenabstecher« einlegen.

Wir laufen weiter am Denkmal »Ilgmeier« vorbei. Der Weg wird kurz etwas steiniger und der Saußbach spaltet sich kurz vor dem Staudamm. Nun überqueren wir die Brücke bei rund 1,5 Kilo-

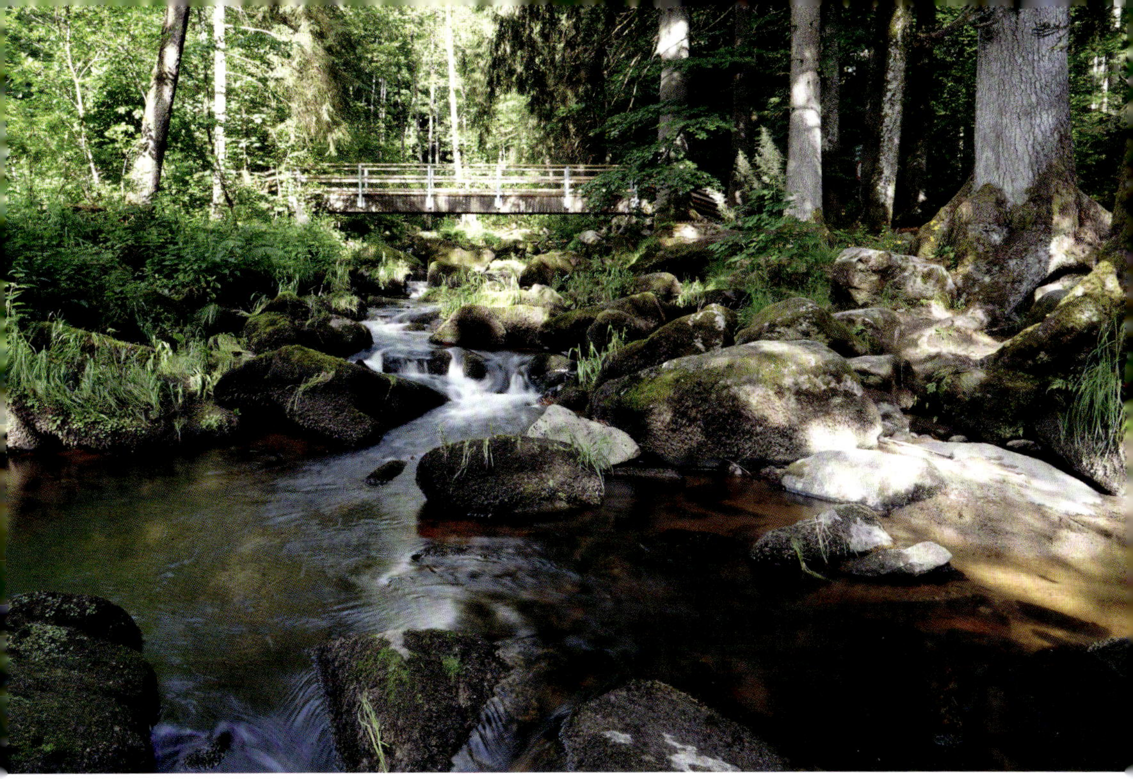

metern und halten uns gleich links. Auf der anderen Seite des Bachs wandern wir weiter, während sich zur rechten Seite der Triebwerkkanal befindet. Auf einem ebenen Schotterweg setzen wir die Route fort und bald können wir links einen steilen Pfad bergab zur Haller Alm nehmen. Ein zweiter, etwas kinderwagenfreundlicherer Zugang befindet sich wenige Meter dahinter.

Felsen und kleine Wasserfälle prägen das Bild in der Saußbachklamm.

Nach Waldkirchen Bei der Kreuzung laufen wir weiter geradeaus und nach rund drei Kilometern verlassen wir den Wald und wandern auf der Asphaltstraße Graben. An der kleinen malerischen Kapelle marschieren wir geradeaus Richtung Kirchturm. Am Ende der Straße spazieren wir links auf die Ringmauerstraße und anschließend gleich wieder links in die Straße Erlenhain.

Einen Kilometer laufen wir nun durch die Häusersiedlungen von Waldkirchen, bis wir wieder auf den Schotterweg einbiegen. Kurz vor Schluss halten wir uns links, passieren die Brücke über den Saußbach und erreichen unmittelbar danach wieder unseren Ausgangspunkt.

Alternativrouten

Nach Ende des Walds verläuft die Tour etwas zäh durch die Häusersiedlungen. Wer nicht gleich links auf die Ringmauerstraße einbiegt, kommt rechts hoch zur Eisdiele Tiziano, die als eine der besten in Waldkirchen gilt. Möchte man den »Stadtspaziergang« vermeiden, läuft man einfach am Waldende die gleiche Strecke retour.

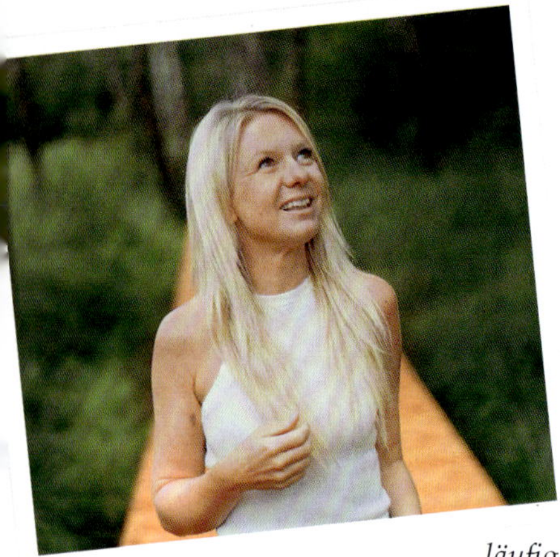

Christiane Maier

Zugabe

Ein Wanderführer für Wandermuffel? *Immer wieder höre ich, dass meine Fotos viel Lust auf den Bayerischen Wald machen, aber man nicht so gerne wandert. Und genauso oft gibt es von mir die Antwort, dass Wandern nicht zwangsläufig Kondition und Können erfordert. Wandern kann einfacher und entspannter sein als so mancher Stadtbummel.*

Hinter den Kulissen … *Eine Wanderung für das Buch oder den Blog zusammenzustellen dauert länger, als man sich vorstellen mag. Anfahrt, Notizen, Fotos, Filmen, Technikaussetzer und das liebe Wetter. Im Frühling wollte es einfach nicht grün werden und während des Hitzesommers durchkreuzten mehrere hartnäckige Gewitterfronten meine Wanderpläne. Kurz vor Abgabe wurde eine Route gestrichen und so musste schnell Ersatz her, denn veröffentlicht werden zum Schutz von Natur, Tier und Mensch ausschließlich offiziell markierte Wege.*

Und dann kam Gusti … *Wer die Route zum Gallnerberg (Tour 15) nachwandert, kommt vielleicht in den Genuss tierischer Begleitung. Die Hündin »Gusti« des Bauernhofs beim Gallnerkirchlein wandert gern ungefragt mit Einheimischen und Fremden zu ihrem Hausberg. Verzweifelt versuchte ich »Gusti« nach Hause zu schicken, ohne Erfolg! Erst am Gipfel machte sie sich brav auf den Heimweg. Leider ist sie noch etwas fotoscheu …*

In der Ruhe liegt die Kraft … *Egal für welche Kurzwanderung ihr euch entscheidet, jedes Eck im Bayerischen Wald ist auf seine eigene Weise charmant. Genießt die einzigartigen Naturmomente draußen im »Woid« und wenn der »innere Wandermuffel« sich meldet, ist es halb so wild. Der Berg läuft euch nicht weg! Lasst es ruhig angehen …*

Auf ein zufälliges Zusammentreffen am Gipfel, bei einer Einkehr oder am verträumten Ufer der Ilz freue ich mich jederzeit.

Eure Christiane Maier

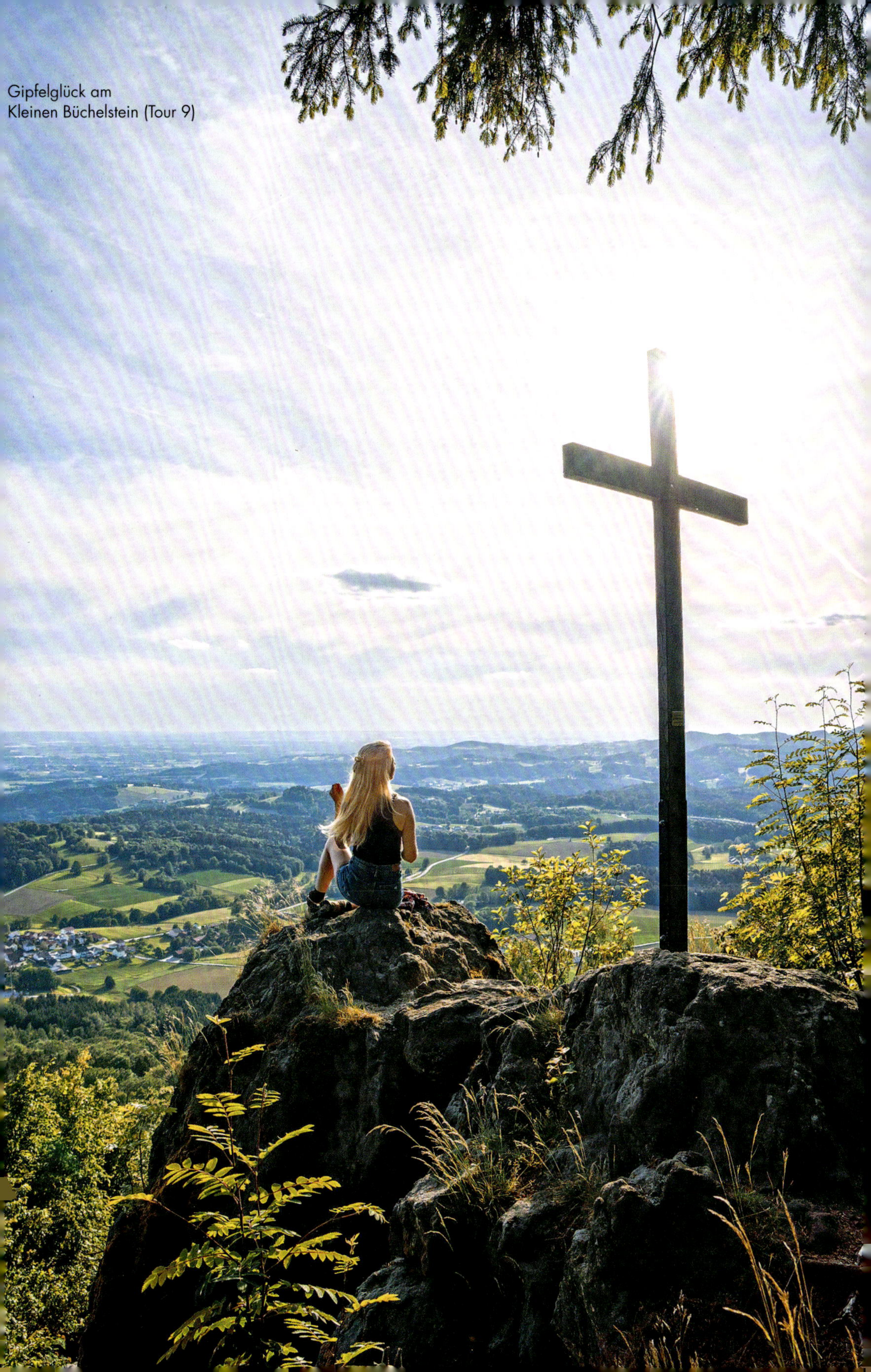

Gipfelglück am Kleinen Büchelstein (Tour 9)

Register

Ebenfalls erhältlich ...

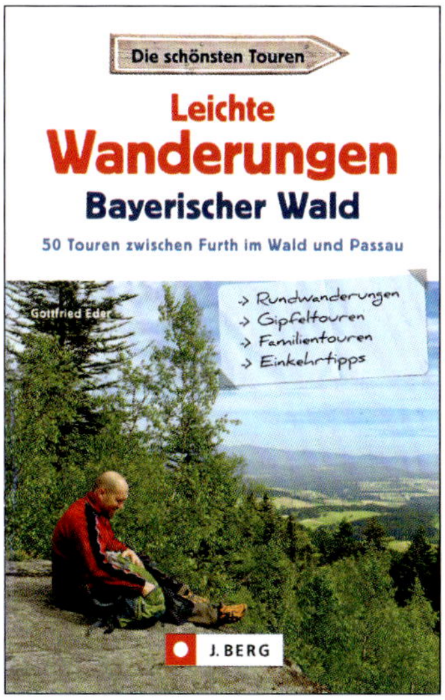

ISBN 978-3-86246-604-7

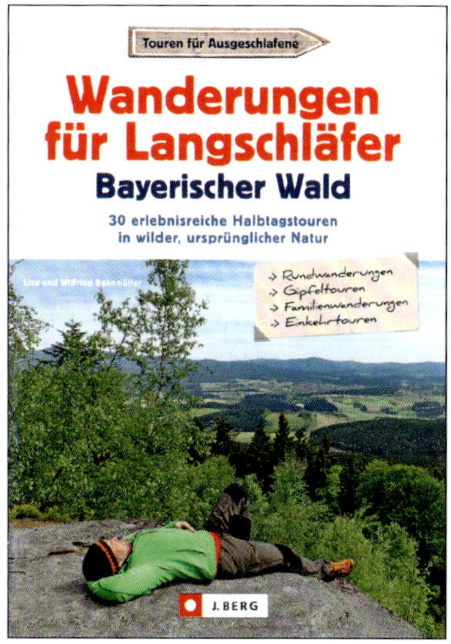

ISBN 978-3-86246-810-2

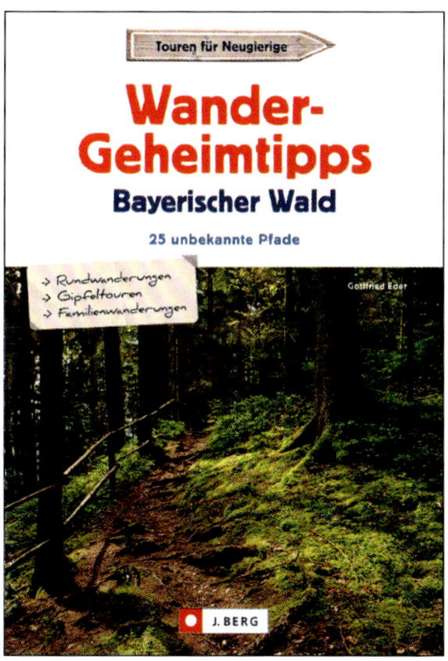

ISBN 978-3-86246-689-4

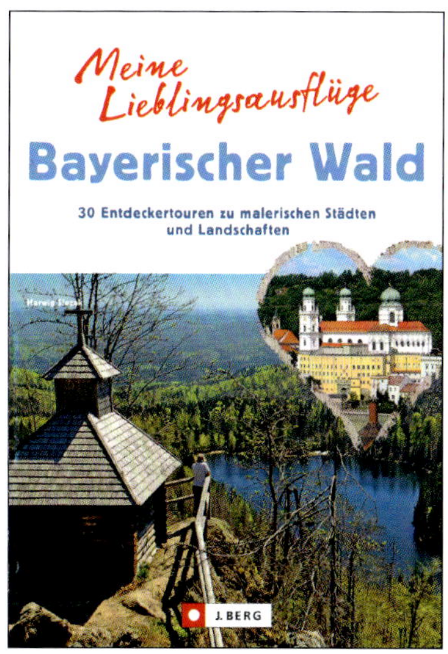

ISBN 978-3-86246-575-0

J. BERG

www.j-berg-verlag.de

Impressum

Verantwortlich: Lea Niesler
Redaktion und Layout: mcp concept GmbH, Kolbermoor
Repro: LUDWIG:media
Kartografie: Bruckmann Verlag, Heidi Schmalfuß
Herstellung: Bettina Schippel
Printed in Turkey by Elma Basim

★★★★★

Sind Sie mit diesem Titel zufrieden? Dann würden wir uns über Ihre Weiterempfehlung freuen. Erzählen Sie es im Freundeskreis, berichten Sie Ihrem Buchhändler, oder bewerten Sie bei Onlinekauf. Und wenn Sie Kritik, Korrekturen, Aktualisierungen haben, freuen wir uns über Ihre Nachricht an Bruckmann Verlag, Postfach 40 02 09, D-80702 München oder per E-Mail an lektorat@verlagshaus.de.

Unser komplettes Programm finden Sie unter www.j-berg-verlag.de

Alle Angaben dieses Werks wurden von den Autoren sorgfältig recherchiert und auf den neuesten Stand gebracht sowie vom Verlag geprüft. Für die Richtigkeit der Angaben kann jedoch keine Haftung übernommen werden, weshalb die Nutzung auf eigene Gefahr erfolgt. Insbesondere bei GPS-Daten können Abweichungen nicht ausgeschlossen werden. Sollte dieses Werk Links auf Webseiten Dritter enthalten, so machen wir uns die Inhalte nicht zu eigen und übernehmen für die Inhalte keine Haftung.

In diesem Buch wird aus Gründen der besseren Lesbarkeit das generische Maskulinum verwendet. Weibliche und anderweitige Geschlechteridentitäten sind dabei ausdrücklich mitgemeint, soweit es für die Aussage erforderlich ist.

Empfehlung der Redaktion
Sie sind auf der Suche nach weiterführender Literatur? Dann empfehlen wir Ihnen unseren Titel *Die Bayerischen Hausberge für Wandermuffel.* Oder Sie werfen einen Blick in die Zeitschrift *BERGSTEIGER.* Hier werden Sie bestimmt fündig.

Bildnachweis: Alle Bilder stammen von der Autorin.
Umschlagvorderseite: Gipfelglück am Kleinen Büchelstein (Tour 9)
Umschlagrückseite: Verwunschene Pfade (Tour 29)

Die Deutsche Nationalbibliothek verzeichnet diese Publikation in der Deutschen Nationalbibliografie; detaillierte bibliografische Daten sind im Internet über http://dnb.d-nb.de abrufbar.

ISBN 978-3-86246-690-0